纳税筹划理论与实务

蓝相洁　主编

中国财经出版传媒集团
中国财政经济出版社

图书在版编目（CIP）数据

纳税筹划理论与实务 / 蓝相洁主编. --北京：中国财政经济出版社，2020.9
ISBN 978-7-5095-9994-5

Ⅰ.①纳… Ⅱ.①蓝… Ⅲ.①税收筹划-教材 Ⅳ.①F810.423

中国版本图书馆 CIP 数据核字（2020）第 160137 号

责任编辑：刘五书 李 静　　责任校对：张 凡
封面设计：王 颖　　责任印制：党 辉

纳税筹划理论与实务
NASHUI CHOUHUA LILUN YU SHIWU

中国财政经济出版社 出版
URL：http：//www.cfeac.com
E-mail：cfeac@cfemg.cn

社址：北京市海淀区阜成路甲 28 号　邮政编码：100142
营销中心电话：010-88191522
天猫网店：中国财政经济出版社旗舰店
网址：http://zgczjjcbs.tmall.com
北京富生印刷厂印刷
成品尺寸：170mm×240mm　16 开　14.75 印张　279 000 字
2021 年 5 月第 1 版　2021 年 5 月北京第 1 次印刷
定价：58.00 元
ISBN 978-7-5095-9994-5
（图书出现印装问题，本社负责调换）
本社质量投诉电话：010-88190744
打击盗版举报热线：010-88191661　QQ：2242791300

前　言

纳税筹划是基于对税收制度、税收政策和财务会计制度充分研究的前提下，通过对公司组织结构、经营方式、筹资形式、投资方向进行分析并按照财务会计制度对财务会计处理进行选择设计，或通过个人纳税人具体情况进行分析等方法，为纳税人提供合理的纳税建议，并制订相应的方案以规避税务风险，合理减轻税收负担的一门综合性的课程。纳税筹划在西方出现也比较早，随着经济的发展，逐步建立了以所得税为中心的税收制度体系，这也推动了税务代理咨询业务和纳税筹划业务的发展。在此期间，国外也自行编撰了纳税筹划教材还有一些适用于职业资格考试的教材，例如《初级税收筹划》《高级税收筹划》。但总体而言，无论是教学教材还是考试教材都缺乏对纳税筹划基本原理和技术的系统讲解，并且各国的有关教材都是基于本国税制进行编写的。如果将这些教材简单地引入我国，可能对我国的人才培养的针对性不强。

随着我国高等教育体制的不断完善，对人才的培养要求也发生了转变，尤其是对经济管理类人才的要求将越来越强调实践能力和操作能力的培养，相关专业的学生不仅要求掌握一定的财税理论知识，还要具备与之相匹配的实务操作能力。因此，为完善我国经济管理类学科建设，提高教学质量，规范教学内容，培养综合性财税人才，广西财经学院编写了一套融知识性、启发性、实践性于一体，并且适合于我国经济管理类各专业教学所需要的“21 世纪课程教材”。这套教材与同类的教材以及出版物相比，具有更高的权威性、实用性和针对性。

2017 年 10 月 30 日，国务院常务会议通过《国务院关于废止〈中华人民共和国营业税暂行条例〉和修改〈中华人民共和国增值税暂行条例〉的决定（草案)》，标志着实施 60 多年的营业税正式退出历史舞台，也标志着营改增试点工作全部完成。2016年7月1日，为深化财税制度改革，促进资源有效利用，加快生态文明建设，我国开始全面推进资源税改革。随着我国个人所得税制在2018年进行了调整，开始采用分类和综合相结合的征收模式，并且在费用扣除项目中增加了专项附加扣除，这在很大程度上提高了个人所得税的综合性和计征的复杂性，同时也刺激了个人对专业税务咨询业务和纳税筹划服务的需求。伴随着税收政策一次次的重大调整，我们对教材稿件进行了多次修订和完善，让广大师生能够更好地学习和使用。

本教材由蓝相洁教授担任主编，基于最新的税收政策信息，教材共分为十一章，具体分工如下：蓝相洁、陈鑫婷负责第一章纳税筹划概述和第二章纳税筹划基本理论；董一欣负责第三章纳税筹划策略与方法；陈燕萍负责第四章纳税筹划的风险与防范和第九章个人所得税的纳税筹划；徐铎夏负责第五章增值税的纳税筹划；吴美欣负责第六章消费税的纳税筹划和第七章关税的纳税筹划；毕怡负责第八章企业所得税的纳税筹划；洪巍巍负责第十章其他税种的纳税筹划和第十一章国际税收筹划，本教材最后由蓝相洁教授进行统稿。

各位编者在自身的学习实践中总结了不少对教材编辑有用的材料。但不可回避的问题是，由于税收筹划的研究在我国还处于起步阶段，很多问题（包括理论问题在内）也有待进一步研究。教材中某些案例的设计也不是很完美，需要在实践过程中进一步改进。因此，本教材中不尽如人意的地方仍然存在，甚至有不当或者错误之处，诚望各位读者批评指正。感谢全国广大教师对本教材的关心和支持，真诚希望各位使用本教材的老师和学生能够提出宝贵意见，以便我们进一步修订和完善。

编者

2020年5月

目　　录

第一章

纳税筹划概述

导语： 在社会主义市场经济条件下，随着税收法定主义原则逐步实施和治税的理念深入人心，纳税人为了减轻自身税负，实现经济利益的最大化，对于纳税筹划也愈加重视。本章主要介绍了纳税筹划的概念、特点、分类、目标和原则，并总述了纳税筹划的规则。通过本章的学习，可以对纳税筹划有一个基本的了解。

第一节　纳税筹划的概念和特点

一、纳税筹划的概念

我国经过40多年的改革开放，既涌现出一批规模不断扩大、国际化程度不断提高的企业，也出现了一批批中小型企业。近几年来，这些企业的治理水平和税收遵从度不断提高，税收和我们每个人的关系也越来越紧密。同时，我国居民的个人收入水平不断提高，其取得收入的来源日趋多元化，个人投资和消费方式也呈多样化发展。伴随着我国税制体系和征管制度的改革和完善以及征管水平的提高，无论企业还是居民个人的涉税事项都在不断增多。一般来说，根据我国当前的税法，一个从事制造业的企业大体要缴纳七八种税，若一个小康之家购买了商品房和汽车，另有房子出租，投资一点股票，就可能要缴纳个人所得税、车辆购置税、印花税、契税、城市维护建设税、车船税等。不论在哪个国家，都要求纳税人要依法纳税，对不履行纳税义务的人要进行法律制裁。但是在不违背税法的前提下，纳税人就没有什么办法可以合法地减轻自己的税收负担吗？纳税人就应该被动地按税务部门的要求缴税吗？答案是否定的。纳税人有依据法律缴纳税款的义务，但也有依据法律，经过合理的、巧妙的安排以实现减轻税负的目的。

【案例1-1】 易先生准备承包一个企业，承包期为2016年6月1日至2017年3月31日。在承包期间，企业固定资产折旧5000元，上缴租赁费50000元，预计实现会计利润53000元（已扣除租赁费，未扣除折旧费），易先生自己不领取工资。已知该地区规定的业主费用扣除标准为每月 800 元。

在营业执照上，易先生目前面临着两个选择，要么继续使用原有企业的营业执照，要么将其变更为个体工商户执照。哪种方式税后利润更高呢？

方案一：变更为个体工商户

本年度应纳税所得额 = 53000 − 800 × 10 = 45000（元）

换算成全年的所得额 = 45000 ÷ 10 × 12 = 54000（元）

年应纳税额 = 54000 × 35% − 6750 = 12150（元）

实际应纳税额 = 12150 ÷ 12 × 10 = 10125（元）

易先生实际取得的税后利润 = 53000 − 10125 = 42875（元）

方案二：仍使用原企业的营业执照

该企业应纳税所得额 = 53000 − 5000 + 50000 = 98000（元）

应纳企业所得税 = 98000 × 25% = 24500（元）

易先生实际取得承包、承租收入 = 53000 − 5000 − 24500 = 48000 − 24500
= 23500（元）

应纳个人所得税 =（23500 − 800 × 10）− 1250 = 14250（元）

易先生实际取得的税后利润 = 23500 − 14250 = 9250（元）

从上面的例子中，我们可以初步了解到税收筹划的基本概念。税收筹划也称纳税筹划或税务筹划。目前对税收筹划的定义，尚难以从词典和教科书中找出很权威或是很全面的解释。下面是国外一些学者或辞典对税收筹划的解释。

荷兰国际财政文献局《国际税收辞典》中记录道，税收筹划是指纳税人通过经营活动或个人事务活动的安排，实现缴纳最低的税收。

美国 W. B. 梅格斯博士在其《会计学》一书中指出，在纳税发生以前，有系统地对企业经营或投资行为作出事先安排，以达到尽量少缴税的目的，这个过程即为税收筹划。

印度税务专家 N. J. 雅萨斯威认为，税收筹划是纳税人通过财务活动的安排，以充分利用税收法规所提供的包括税收减免税在内的一切优惠，从而享有最大的税收利益。

加拿大收入署和法院将某些纳税筹划活动看作是正当的避税，同时，将一些情况如股东利用外国公司转移所得视为不正当避税。

阅读各大文献后，以上三名学者的定义较为权威，通过简单分析，我们不难发现其中的细微差别。印度专家雅萨斯威的税收筹划定义实际上是建立在利用税收优惠的基础之上的，是严格意义上的节税，而荷兰国际财政文献局的定义却只片面地强调交纳最低的税收，忽视了纳税人的整体利益。美国梅格斯博士的定义内容较为全面，但也片面强调了税负最低的单一目标。

因此，纳税筹划是指纳税人于纳税义务发生之前，运用自身的法定权利，在税法允许的范围内，通过对投资、经营、理财等事项的筹谋策划，以获取自身整体利益最大化的经济行为。理解纳税筹划概念应把握以下几个方面：

（1）纳税筹划的主体是纳税人。纳税筹划是纳税人主动的经济行为。在现实生活中，纳税筹划的操作主体可以是纳税人委托的代理人，包括税务师事务所等。进一步说，纳税筹划对应的主体是征税人。因此，不能将纳税筹划概念延伸到征税人的征税活动。

（2）纳税筹划的客体是纳税义务发生之前的投资、购销、经营、理财等经济活动，是对纳税行为的事先筹谋和策划。严格地说，如果纳税义务已经发生，那就不存在纳税筹划了，只能依法履行纳税义务。

（3）纳税筹划的依据是纳税人的权利。在社会主义市场经济和现代民主法治社会中，根据权利与义务相适应的原则，纳税人不仅是纳税义务人，而且还是纳税权利人。纳税筹划便是法律赋予纳税人的权利之一。

（4）纳税筹划的目的是节省税款支出，获取自身整体利益最大化。因为纳税筹划是在税法允许的范围内进行的，所以说纳税筹划是阳光事业。这就说明纳税筹划不同于一般的避税，更不同于偷逃税收。

（5）纳税筹划是一种经济行为，是纳税主体维护自身权益的经济活动。从政府的角度看，正是纳税筹划才使得政府运用税收调节经济运行的意图得以落实。

综合以上相互接近的表述，纳税筹划是指在法律和规章允许的范围内，纳税人通过一系列预先的、有目的性的、合法的策划和安排，制作一整套完整的纳税操作方案，以达到减轻自身税负的目的。并通过对纳税主体法人或自然人经营活动等涉税事项作出事先安排，以实现优化纳税、减轻税负或延期纳税为目标的一系列谋划活动。

二、纳税筹划的特点

市场上已有不少关于避税和税收筹划的书籍。《中国税务报》还专门开辟了“税收筹划”周刊，在微观筹划版上刊登的几乎全是有关税收筹划的文章，与此同时，大多数财经类高校的财经和管理类专业本科生也开始开设相关课程。随着我国经济日益融入全球化进程以及公司向海外投资进程的不断加快，纳税筹划必将在我国获得新的发展，这也对纳税筹划的教学和研究提出了新的要求。以下是关于纳税筹划的特点：

（一）合法性

合法性是纳税筹划中最本质的特点，也是纳税筹划区别于逃避纳税行为的基本标志。纳税筹划的合法性体现在其行为是在尊重法律、不违反国家纳税法规的前提下进行的。在合法的前提下，当存在多种可选择的纳税方案时，纳税人就可以利用自身对税法专业知识的掌握程度，选择低税负方案。这种方案反映了纳税人对纳税政策的敏锐度，同时，其也反映了纳税政策是能够引导经济发展和调节纳税人经营行为的。

（二）筹划性

纳税筹划的筹划性包含有事先规划、设计和安排的含义。它是纳税筹划的本质特点之一。在经济活动中产生的纳税义务通常具有滞后性。企业在实际运营中，企业是在企业交易行为发生之后才产生了缴纳增值税、消费税等纳税义务；还有企业一般在收益实现或分配以后，才发生所得税的纳税义务；企业在取得财产或处置财产以后，才有可能缴纳财产税。这种种行为在客观上为纳税人提供了事先策划的可能性。另外，因纳税人和征税对象的性质不同，纳税待遇也往往不同，这也向纳税人提供了可选择低税负的机会，体现了筹划性的重要。

（三）时效性

国家的税收政策法令是纳税人进行理财的一个外部环境。它实际上给纳税人的行为提供了一定的纳税空间，这是无法改变的。因此，纳税人只能适应它，这也表明了纳税筹划受现行的税收政策法令所约束。然而，任何事物都是不断向前发展的，国家税收政策法规也不例外。纳税人面对的这种行为空间并不是一成不变的。税收作为国家掌握的一个重要的经济杠杆，随着国家经济环境的变化，国家的税收法律也会不断修正和完善，税收政策必然根据一定时期的宏观经济政策的需要而制定。也就是说，任何国家的税收政策都不是一成不变的，当国家税收政策变动时，纳税筹划的做法也应及时进行调整。

（四）风险性

纳税筹划的风险性是指纳税人在进行纳税筹划时，因各种因素的存在无法取得预期的筹划结果，并且付出远大于收益的各种可能性。由于纳税筹划是一种事前行为，具有长期性和预见性的特点，所以纳税筹划与任何一种谋求经济利益的管理活动一样，也存在风险。特别是当纳税筹划的基本条件发生变化、筹划的方法选择不当和筹划主体专业水准有限时，纳税筹划的风险不可避免。

纳税筹划的风险则主要表现在以下几个方面：

1. 筹划条件风险。纳税筹划条件包括专业技术人员的素质、筹划技术手段、筹划时机的选择和筹划时间跨度的确定等。如果企业的会计人员和纳税筹划人员的素质不高，选择筹划方案遭受税收处罚的风险就高。同时，在纳税筹划中运用何种技术手段也很重要。由于纳税筹划是在纳税义务发生之前进行的谋划过程，因此要充分考虑纳税时机和筹划时间跨度的选择，推迟或提前、拉长或缩短都可能影响筹划效果，甚至导致筹划失败。

2. 筹划时效性风险。纳税筹划具有较强的时效性。在一个会计期间内企业可以运作一个比较合适的方案，达到企业筹划的预定目的。但是，由于目前我国税制建设与纳税制度还不完善，税收政策的稳定性较差，一些税收细则会出现频繁的变化。如果企业不能及时学习和了解最新的税法与税收政策，及时合理地变更筹划方案，仍然照搬以前期间的方案，就会面临筹划方案失败的风险。

3. 征纳双方认定差异的风险。纳税筹划存在着征纳双方的认定差异。虽然纳税筹划应当具有非违法性，但是纳税筹划更多的是纳税人的主动行为，其方案的确定与具体的组织实施都由纳税人自己选择。但存在一个问题：纳税筹划方案究竟是不是符合法律规定，筹划最终是否成功，是否能够给纳税人带来经济上的利益，却取决于税务机关对纳税人纳税筹划方案的认定。也就是说，纳税人所选择的纳税筹划方案是否违法，需要由税务机关最终裁定。如果纳税人被裁定所选择的方案在实质上是违法的，那么就有可能被认定为“偷税、漏税”，纳税筹划就是失败的。

【案例 1－2】 某纳税人 2019 年度新购进一项固定资产，假如按照税法的规定既可以采用直线折旧法，也可以采用加速折旧法，并且该纳税人根据自己未来生产、经营情况预计，未来所适用的所得税边际税率将会上升，则纳税人选择了直线折旧法，平均每年计提折旧，以享受折旧抵税所带来的所得税节税效应。纳税人因折旧方法的选择而引起的应缴税款的减少属于税收筹划的范围。如果该纳税人将购买固定资产的资本性支出作为费用性支出一次性在所得税前扣除，以加大当期费用扣除的金额，则属于逃避缴纳税款的行为。

【解析】

折旧方法的合理选择。纳税人根据税法的规定所做的折旧方法的选择未违反税法的规定。因此，该行为属于税收筹划范围。纳税人之所以作出这种选择，是因为当边际税率上升时，费用的抵税效应会更大。假设该项固定资产采取直线折旧法，则每年的折旧费用为 100000 元；若采取加速折旧法，则第一年的折旧费用为 150000 元，第二年的折旧费用为 100000 元，第三年的折旧费用为 50000 元。该纳税人预计第一、第二年的所得税税率为 20%，第三年的所得税税率将上升为 25%，则（在不考虑货币时间价值的情况下）：

$$\text{采用直线折旧法将产生的抵税金额} = 100000 \times 2 \times 20\% + 100000 \times 25\% = 65000\ (\text{元})$$

$$\text{采用加速折旧法将产生的抵税金额} = 150000 \times 20\% + 100000 \times 20\% + 50000 \times 25\% = 62500\ (\text{元})$$

采用直线折旧法比采用加速折旧法多节税金额 = 65000 − 62500 = 2500（元）

因此，在预计边际税率会上升时，纳税人可以选择能得到最大抵税效果的折旧计算方法，以享受费用抵税的节税收益。

（五）专业性

专业性是指纳税筹划已经形成一项需要由专业人员来进行的服务。随着面临社会大生产、全球经济日趋一体化时代，国际经贸业务日益频繁，规模也越来越大，而各国税制也越来越复杂，仅靠纳税人自身进行纳税筹划已经显得力不从心。作为第三产业的税务代理、税务咨询便应运而生。在世界各国，尤其是发达国家的会计师事务所、律师事务所纷纷开辟和发展有关纳税筹划的咨询业务，体现出纳税筹划向专业化发展的特点。

（六）综合性

综合性是指纳税筹划应着眼于纳税人资本总收益的长期稳定的增长，而不是着眼于个别税种税负的高低。这是因为一种税少纳了，另一种税有可能要多缴，整体税负不一定减轻。另外，纳税支出最小化的方案不一定等于资本收益最大化方案。在进行投资、经营决策时，除了考虑纳税因素外，还应该考虑其他多种因素。因此考虑趋利避害、综合决策等因素以达到总体收益最大化的目的。

第二节 纳税筹划的分类

一、按节税原理进行分类

按节税的基本原理进行分类，纳税筹划可分为绝对节税和相对节税。

（一）绝对节税

绝对节税是指通过税收筹划直接或间接使纳税绝对总额减少。绝对节税的原理很简单：在各种供选择的纳税方案中，选择缴纳税收最少的方案。绝对节税又分为直接节税和间接节税。

1. 直接节税是指直接减少某个纳税人税收绝对额的节税。因为筹划方案可能会使某些税种的应纳税额减少，但同时可能会使某些税种的应纳税额增加。所以在进行方案比较时，要以不同方案下的净节税额为标准。

2. 间接节税是指某纳税人的税收绝对额没有减少，但间接减少了其他关联纳税人的税收绝对额。

（二）相对节税

相对节税是指一定时期内的纳税绝对总额并没有减少，但因各个纳税期纳税额的变化而使税收的相对总额减少。相对节税主要考虑的是货币的时间价值。货币的时间价值是指货币在周转使用中因时间因素而形成的增值。

通过以下例子来深度理解这两种区别：

【案例1-3】 李某受聘于一家财务咨询服务公司，2019年收入情况如下：每月领取工资13600元，个人负担“三险一金”2500元/月，申报专项附加扣除时，李某向单位报送的专项附加扣除信息如下：上小学的儿子一名、尚在偿还贷款的于5年前购入境内住房一套、年满60周岁的父母两名。已知李某是独生子女，所购住房为首套住房，夫妻约定女子教育和住房贷款利息全额由李某扣除。

【解析】

李某1月应预扣预缴的个人所得税＝（13600－5000－2500－1000－1000－2000）×3%＝63（元）

李某2月应预扣预缴的个人所得税＝（13600×2－5000×2－2500×2－1000×2－1000×2－2000×2）×3%－63＝63（元）

以此类推……

李某全年取得的工资、薪金所得，应由任职单位合计预扣预缴个人所得税756元。

13600×12－60000－2500×12－1000×12－1000×12－2000×12＝25200（元），未超过36000元，税率仍为3%，最终合计需要缴纳个人所得税756元。

假设李某2019年另取得全年一次性奖金20000元。

方法一：年终奖单独计税

20000÷12＝1666.67（元），适用3%的税率，速算扣除数为0，

应纳税额＝20000×3%＝600（元）

合计应纳个人所得税＝756＋600＝1356（元）

方法二：并入综合所得计税

13600×12－60000－2500×12－1000×12－1000×12－2000×12＋20000＝45200（元），税率为10%，速算扣除数为2520元。

应纳税额合计＝45200×10%－2520＝2000（元）

结论：方法一更节税。

通过以上的案例分析研究表明，单独计税比并入计税更加节税。但是在实际生活中，选择哪种节税方式很大程度取决于纳税人的需求。

二、纳税筹划按内容进行分类

纳税筹划按内容进行分类，可以分为避税筹划、节税、“规避纳税陷阱”、转嫁筹划和实现零风险五个方面。

（一）避税筹划

避税筹划是相对于逃税而言的一个概念，是指纳税人采用不违法的手段，利用税法中的漏洞、空白获取纳税利益的筹划。

（二）节税

节税是指纳税人在不违背税法立法精神的前提下，利用税法中固有的起征点、免征额、减税、免税等一系列的优惠政策和纳税惩罚倾斜调控政策，通过对企业筹资、投资及经营等活动的巧妙安排，达到少缴国家纳税的目的。这种筹划是纳税筹划的组成部分之一，理论界早已达成共识，国家也从各方面给予扶持。

（三）“规避纳税陷阱”

“规避纳税陷阱”是指纳税人在经营活动中，利用合法的方式来达到规避纳税政策规定条款中陷阱的目的。如《增值税暂行条例》规定：兼营不同税率的货物或劳务，应分别核算。未分别核算的，从高适用增值税税率。如果人们对经营活动不进行事前的纳税筹划，就有可能掉进“纳税陷阱”，从而增加企业的纳税负担。

（四）转嫁筹划

纳税转嫁筹划，是指纳税人为达到减轻自身的纳税负担，通过对销售商品的价格进行调整，将纳税负担转嫁给他人承担的经济活动。由于通过转嫁筹划能够实现降低自身税负的目标，因此，人们也将其列入纳税筹划的范畴。

（五）实现零风险

涉税零风险，是指纳税人的生产经营处于账目清楚、纳税申报正确、税款缴纳及时与不出现任何纳税违法乱纪行为的状态。当处于风险极小时，也可忽略不计。

当谈及纳税筹划，一般人都会认为是指企业或个人运用各种手段直接减轻自身纳税负担的行为。其实这种认识是相当片面的。因为纳税人除了减轻纳税负担之外，还存在不会直接获得任何纳税上的好处，但是可以避免涉税损失的出现，这也相当于实现了一定的经济收益，其实这种状态就是涉税零风险。因此，实现涉税零风险也是纳税筹划的重要内容。

三、按企业经营过程进行分类

按生产、经营过程进行分类，税收筹划可分为企业投资决策中的税收筹划，企业生产与经营过程中的税收筹划、企业成本核算中的税收筹划以及企业成果分配中的纳税筹划。

企业投资决策中的税收筹划是指企业在投资活动中充分考虑税收的影响，从而选择税负最轻的投资方案的行为。企业为了获得更多的利润，总会不断地扩大再生产，进行投资。可是不同的投资方案显然会面临不同的税收待遇。因此，企业就有了对多种投资方案进行选择比较的机会。具体地说，企业投资决策中的税收筹划包括企业组织形式的选择、投资行业和投资地区的选择、投资规模的确定等。

企业生产、经营过程中的税收筹划是指企业在生产、经营过程中充分考虑税收因素，从而选择最有利于自身生产、经营方案的行为。企业生产、经营中的税收筹划主要是通过产品价格和产业结构决定，通过对生产、经营方式选择来达到生产、经营效果最理想的状态。在生产、经营过程中，要事先预计各种经营方式所承担的税收负担，再作出生产、经营决策。

企业成本核算中的税收筹划是指企业通过对经济形势的预测及其他因素的综合考虑，选择恰当的会计处理方式，以获得税收利益的行为。在能对税收缴纳产生重要影响的会计方法中，主要有固定资产折旧方法和存货计价方法等。例如，存货计价方法有先进先出法、个别计价法、移动加权平均法与月末一次加权平均法。在物价下降的趋势下，采用先进先出法可使前期耗用存货的成本增大、应纳税所得额减少，从而降低前期应缴的税款，实现递延纳税的税收利益。

企业成果分配中的税收筹划是指企业在对经营成果进行分配时应充分考虑各种方案的税收影响，选择税负最轻的分配方案的行为。它主要通过合理归属所得年度来进行。合理归属所得年度是指利用合理手段，将所得归属在税率最低的年度里，从而达到减轻税负或延期纳税的作用。

四、按税种进行分类

按税种进行分类，税收筹划可分为增值税筹划、消费税筹划、企业所得税筹划、个人所得税筹划及其他税种筹划等。在分税种纳税筹划中，应针对每一税种的计税特点及特殊的减免税规定，寻求各自的税收筹划空间，进而作出相应的税收筹划方案。比如对于增值税来说，由于该税种的特点是普遍征收、多环节征收，只要产品的最后售价相同，无论中间经过多少环节，该产品所纳的增值税是相同的。因此，关联企业之间转让定价的纳税筹划方案只会实现相对节税，而绝对税额是保持不变的。针对消费税选择性征收及一次性征收的特点，通过降低出厂销售环节的价格便可以实现绝对节税。

五、按筹划区域进行分类

按税收筹划所涉及的区域，可将纳税筹划分为国内税收筹划和跨国税收筹划。国内税收筹划是指国内企业在本国范围内，通过对投资、生产、经营等安排降低企业税收负担的税收筹划行为。国内税收筹划主要立足于国内税制，通过对不同经营方式、组织方式、投资方式所带来的税收差异进行比较，尽可能寻求纳税最低、税后利益最大化的方案。

跨国税收筹划是指跨国纳税人利用各国之间的税收差异，对跨国经营活动所做的税收筹划安排。随着全球经济一体化进程的深入，跨国经营活动日趋频繁，因此跨国税收筹划已成为跨国纳税人进行跨国经营活动时所考虑的主要问题之一。跨国投资者在进行跨国投资的可行性研究或选择最优投资方案时，通常要把有关国家（或地区）的税负作为确定其资本投向的一个重要因素。另外，各国（地区）政府通常给予跨国投资活动某些特殊的税收优惠待遇。因此，各国（地区）在征税范围、税率以及征管水平上的差异，就有可能成为跨国投资者进行国际性税收筹划的机会。

第三节 纳税筹划的目标

公正、合理的税收政策在整个社会的正常发展中起着至关重要的作用。缴纳税款意味着企业实际经济利益的损失。因此，获取节税收益、减轻企业的税收负担必然成为纳税筹划最直接和最根本的目标。同时，企业经营策略的复杂性也决定了企业制定纳税筹划目标的多重性。一般认为，纳税筹划的目标主要包括以下几个方面：

一、获取节税收益，实现自身整体利益最大化

税法规定，负有纳税义务的单位和个人是纳税人。因此，纳税人包括两种类型：一是自然人；二是法人。但无论是自然人还是法人，作为市场经济的主体，在产权界定清晰的前提下，都有一个共同的特点：追求自身经济利益的最大化。经济利益最大化的实现，不仅要求总收益大于总成本，而且要求总收益与总成本之间差额的最大化。在考虑货币时间价值的情况下，经济利益最大化为总收益现值与总成本现值之间差额的最大化。在总收益一定的条件下，要实现经济利益最大化，就是要使总成本最小化。

上面所述的成本是指为实现某种经济利益采取某种经营活动所要付出的各项费用，如外购原材料、外购动力、支付工人的工资、津贴、固定资产投资支出、销售费用、财务费用和管理费用等。这种成本通常被看作是企业的内在成本。减少企业的内在成本是提高企业总体经济效益的途径之一。作为市场经济主体的纳税人，在产权界定清晰的前提下，为实现自身经济利益的最大化而进行纳税筹划以减轻纳税负担，是市场竞争机制的外在表现，其具有一定的合理性。国家通过制定法律向企业强制或无偿征收的税款也应视作企业的外在成本，它同样是企业必须承担的成本的组成部分。同时，合理减少这种外在成本的支出也是增加企业经济效益的重要途径。

用一个例子来深刻理解此途径。例如，某企业上年应纳税额总计为 300 万元，当年经过一定的纳税筹划，该企业上年应纳税额总计为 250 万元，能否单凭

这一指标变化判定筹划是否成功呢？答案显然不能。姑且不考虑进行税收筹划工作所发生的成本费用，只是考虑应税收入本身。如果企业经营规模较上年没有太大的变化，比如上年的销售收入为1000万元，当年也大致是1000万元，即在销售收入持平的情况下，通过纳税筹划大幅减少了企业的应纳税额，那么，我们认为该筹划工作是成功的。反之，如果企业当年的生产经营规模远不如上年，比如上年销售收入为1000万元，当年仅为500万元，企业应纳税额占销售收入的比例增加到50%，企业的实际税负明显提升，显而易见，该筹划工作是不成功的。

因此，我们所说的减轻企业的税收负担是一个相对概念，即相对地减少经营主体的应纳税额。

纳税人从事经济活动的最终目标是整体利益的最大化，而不单纯是少缴税款。如果纳税人从事经营活动的最终目标仅定位在少缴税款上，那么就无异于舍本逐末。

虽然纳税筹划可以使纳税主体直接或间接获取经济收益，但任何事情都是有成本的，税收筹划也不例外。在进行税收筹划时，应根据主体的实际情况，运用成本收益分析法确定纳税筹划的净收益。如果净收益很小或者负值，则该项筹划就不值得去做。

二、维护自身的合法权益

对于任何市场经济的主体而言，权利与义务总是相伴而生。拥有权利必然要承担义务；承担义务也就必然拥有权利，纳税人也不例外。作为市场经济主体的纳税人，一方面应该承担依法纳税的义务，另一方面也就拥有法律赋予的权利。纳税筹划就是纳税人维护自身权益的方式。依法治税，就是要求纳税人既不少缴税，也不多纳税。这就是说，应该缴纳的税款，纳税人应该一分不少地缴纳，履行自己应尽的义务；不应缴纳的税款，纳税人可以理直气壮地拒绝，因为这是其应该享有的权利。

如果纳税人在纳税活动中不注意维护自身的合法权益，而任由税务机关根据自身需要征收税款，那么这样下去必然会养成税务机关征税的随意性。这时，无论纳税人是否进行纳税筹划，都没有任何意义。因而注意维护自身合法权益是纳税人进行纳税筹划重要目标之一。应该注意的是，这里所指维护自身合法权益并不是要纳税人无理取闹或一味地和税务机关对着干，而只是从依法治税的角度对权力与权利的失衡状态进行调整，以实现税收与经济的良性互动，促进经济的长期持续发展。

三、获取资金时间价值

纳税筹划目标体系的有机组成部分之一是获取资金时间价值。纳税人通过一定的手段将当期应该缴纳的税款延缓到以后期间缴纳，以获取资金的时间价值。

资金的时间价值是指资金在经历一定时间的投资和再投资所增加的价值。既然货币具有时间价值，那么尽量减少当期的应纳税所得额，以延缓当期的税款缴纳就具有理论与实践的意义。虽然有些税款迟早是要缴纳的，但现在无偿地占用这笔资金就相当于获得了一笔无息贷款，其经济效用是非常明显的。

延迟缴纳税款当然要求企业在税法允许的范围之内进行纳税筹划。只要具备可行性，企业可以尽可能多地使用这种无偿资金，而不用担心其规模超过限度。除此之外，通过税收筹划延迟缴纳税款使得企业当期的总资金增加，企业更有能力清偿债务，有利于企业扩大举债规模。

第四节　纳税筹划的原则

一、合法性原则

合法性是纳税筹划的前提和基础。这个“合法”是广义的，不仅表现为手段合法，而且要求筹划的精神实质与方式合法。也就是说，筹划的方法手段不违背税收的立法精神，不钻法律空子。

但在法律未作说明的情况下，纳税筹划究竟是合法的还是违法的？对此，国内学者有不同的看法。有些学者认为，纳税筹划具有社会危害性，虽然没有直接违法，但却违背了税法的立法意图和立法精神，因此不能视为合法；另外一些学者则坚持纳税筹划合法，因为“法无明文不为罪”。

纳税筹划是在合法条件下进行的，是在对国家制定的税法进行比较分析研究后，进行的纳税优化选择。从纳税筹划的概念可以看出，纳税筹划是以不违反国家现行的税收法律、法规为前提，否则，就构成了税收违法行为。因此，纳税人应该具备相当的法律知识，尤其是清楚相关的税收法律知识，知道违法与不违法的界限。

纳税筹划的合法性是纳税筹划最基本的特点，具体表现在纳税筹划运用的手段是符合现行税收法律法规的，与现行国家税收法律、法规不冲突，而不是采用隐瞒、欺骗等违法手段。纳税筹划最根本的做法是利用税法的立法导向和税法的不完善或税收法律、法规的漏洞进行筹划；国家只能采取有效措施，对有关的税收法律、法规进行健全和完善，从而阻止纳税人利用税法漏洞得到减轻税负和降低纳税成本的行为。同时，对待纳税人进行纳税筹划并不能像对待偷税、逃税那样追究纳税人的法律责任，相反只能在政府默认的条件下，企业才能进行纳税筹划。司法机关可以利用纳税人进行纳税筹划找出的漏洞把税收法律法规加以完善。当然，人们进行纳税筹划是合法的，但不一定是合理的。纳税筹划的合法性要求纳税人熟悉或通晓国家税收政策规定，并能够准确地把握合法与不合法的界限。

二、事前筹划原则

纳税筹划必须做到与现行的税收政策法令不冲突。由于国家税法制定在先，而税收法律行为在后。在经济活动中，企业的经济行为在先，向国家缴纳税收在后，这就为人们的筹划创造有利的条件。人们完全可以根据已知的税收法律规定，调整自身的经济事务，选择最佳的纳税方案，争取最大的经济利益。如果没有事先筹划好，经济业务已经发生，应税收入已经确定，则纳税筹划就失去了意义。这个时候如果想减轻自身的税收负担，就只能靠偷税、逃税了。所以，企业进行纳税筹划，必须在经营业务未发生时、收入未取得时先做好安排。

中国古代著名的军事理论家孙子说："夫未战而庙算胜者，得算多也；未战而庙算不胜者，得算少也。多算胜，少算不胜，而况于无算乎？吾以此观之，胜负见矣。"意思是说：开战之前就预见能够取胜的，是因为筹划周密，胜利条件充分；开战之前就预见不能取胜的，是因为筹划不周，胜利条件不足。筹划周密、条件充分就能取胜；筹划疏漏、条件不足就会失败，更何况不作筹划、毫无条件呢？人们根据这些观察，谁胜谁负也就显而易见了。

国家与纳税人之间围绕着征税纳税的关系，其实质是由税法所调整的征纳双方的税收法律关系。税法是引起税收法律关系的前提条件，是征纳双方都必须遵守的行为规范。但是税法本身并不能产生具体的税收法律关系。税收法律关系的产生、变更、消灭必须由能够引起税收法律关系产生、变更、消灭的客观情况，也就是税收法律事实来决定。

三、企业价值最大化原则

纳税筹划的直接目标是少缴税款、降低税收负担，但是这个目标服务于和服从于企业生产经营的终极目标——企业价值最大化。这个原则对筹划提出的要求是，筹划活动必须兼顾全局、考虑各方面因素；在各种备选方案中，选择出符合企业价值最大化要求的、能体现企业全体相关利益者共同利益的方案；进行筹划要兼顾各税种之间的关系，要通盘考虑方案结果对企业整体财务状况的影响，同时还应该考虑带来的非财务影响，包括相关的社会效益。

【案例1-4】 甲机床在某年末资产总额为2000万元，从业90人，预计该企业年末实现应纳税所得额为30万元，则其应纳税额 = 30 × 25% = 7.5（万元）。企业通过筹划，在12月31日前进行公益性捐赠1万元，或者工资支出1万元，则应纳税所得控制为29万元，可享受小型微利企业20%的税率计算应纳税额，

应纳税额 =29 ×20% =5.8（万元）。

四、适时调整原则

纳税筹划是一门科学，有其规律可循。但是，一般的规律并不能代替一切。不论多么成功的纳税筹划方案，都只是一定的历史条件下的产物，不是在任何地方、任何时候、任何条件下都可适用的。纳税筹划的特征是不违法性，究竟何为违法，何为不违法，这完全取决于一个国家的具体法律。随着地点的变化，纳税人从一个国家到另一个国家，其具体的法律关系是不同的；随着时间的推移，国家的法律也会发生变化。企业面对的具体国家法律法规不同，其行为的性质也会因此而不同。由此可见，任何纳税筹划方案都是在一定的地区、一定的时间、一定的法律法规环境条件下和一定的企业经济活动为背景制定的。一成不变的纳税筹划方案，终将妨碍企业财务管理目标的实现和损害企业股东的权益。所以，如果企业要想长久地获得税收等经济利益的最大化，就必须密切注意国家有关税收法律法规的变化，并根据国家税收法律环境的变化及时修订或调整纳税筹划方案，使之符合国家税收政策法令的规定。

五、保护性原则

企业的账簿、凭证是记录企业经营情况的真实凭据，是税务机关进行征税的重要依据，也是证明企业未违反税收法律的重要依据。例如，《中华人民共和国税收征收管理法》（以下简称《税收征管法》）中第五十二条规定："因税务机关的责任，致使纳税人、扣缴义务人未缴或少缴税款的，税务机关在 3 年内可以要求纳税人、扣缴义务人补缴税款，但是不得加收滞纳金。因纳税人、扣缴义务人计算错误等失误，未缴或少缴税款的，税务机关在 3 年内可以追征税款、滞纳金；有特殊情况的，追征期可以延长到 5 年。"这里所说的特殊情况是指涉及的应纳税款额在 10 万元以上。因此，企业在进行税收筹划后，要巩固已取得的成果，应妥善保管好账目、记账凭证等有关会计资料，确保其完整无缺，保管期不得短于税收政策规定的补征期和追征期。

本章小结

本章对纳税筹划从概念、特点、分类、目标和原则方面进行了总体的介绍，总述了纳税筹划的规则。在我国现行税制下，每一种税制的筹划空间和筹划方法都有其特点。纳税人在日常生产经营过程中，应该根据自身情况，具体问题具体分析，使用符合纳税筹划原则的筹划方案，谋求最大的税收利益和企业价值。

复习思考题

1. 简述纳税筹划的概念。
2. 简述纳税筹划应遵循的基本原则。
3. 简述纳税筹划的目标。
4. 简述纳税筹划的筹划风险。

第二章

纳税筹划基本理论

导语：本章主要介绍纳税筹划的基本理论，通过本章学习，读者应该对纳税筹划产生的原因、纳税筹划的战略思想、纳税筹划的工作程序、纳税筹划的积极效应等有一个全面的了解。本章介绍税收筹划基础知识，为后面章节的学习作铺垫，同时也能为读者以后实战打下理论基础，是本课程学习必不可少的部分。

第一节　纳税筹划产生的原因

一、纳税筹划产生的主观原因

任何纳税筹划行为其主观原因都可以归结为一条，那就是利益的驱使。税收筹划是企业对其资产、收益的正当维护，属于企业应有的经济权利。纳税人对经济利益的追求可以说是一种本能，是最大限度地维护自己的利益的行为，具有明显的排他性和利己性的特征。

我们知道，税收是构成企业经营成本的重要组成部分，在价格和成本不变的前提下，利润和税收就是一种此消彼长的关系。上缴的税金多了，企业留利就会减少，反之，上缴的税金少了，企业留利就会增多。因而，在不违反税法的前提下，研究税法和调查税收环境、尽可能减轻税负不仅是合法的，而且也是必要的，否则就有可能造成不必要的重大损失。不论法人还是自然人，也不论税收制度如何公平合理，征税都意味着纳税人直接经济利益的一种损失。所以在这种经济利益的刺激下，一些企业在努力增加收入和降低成本、费用的同时，也在考虑减轻税收负担的问题，以达到利益最大化。这是纳税人进行合法的税收筹划的内在动力和原因。发达国家的企业都非常重视税收筹划问题，大、中型公司一般都聘用税务专家，前来我国洽谈投资项目的外国代表团中，几乎无一例外地有税务专家。我国的一些大中型企业近年来也逐渐意识到了税收筹划的重要性，并逐步将税收筹划提上了议事日程。

任何纳税筹划行为，其产生的根本原因都是经济利益的驱动，即经济主体为追求自身经济利益的最大化。

中国对一部分国营企业、集体企业、个体经营者所做的调查表明，绝大多数企业有到经济特区、开发区及税收优惠地区从事生产经营活动的愿望和要求，其主要原因是税收负担轻、纳税额较少。人们知道，利润等于收入减去成本（不包括税收）再减去税收，在收入不变的情况下，降低企业或个人的费用成本及税收支出，可以获取更大的经济收益。很明显，税收作为生产经营活动的支出项目，应该越少越好，无论它是怎样的公正合理，都意味着纳税人直接经济利益的一种损失。

二、纳税筹划产生的客观原因

任何事物的出现总是有其内在原因和外在刺激因素。纳税筹划的内在动机可以从纳税人尽可能减轻纳税负担的强烈欲望中得到根本性答案。而其客观因素，就国内纳税筹划而言，主要有以下几个方面：

（一）纳税人定义上的可变通性

任何一种税都要对其特定的纳税人给予法律的界定。这种界定在理论上和实际上的界定差别很大，这种差别的原因在于纳税人定义的可变通性。正是这种可变通性诱发纳税人的纳税筹划行为。特定的纳税人要缴纳特定的税，如果某纳税人能够说明自己不属于该税的纳税人，并且理由合理充分，那么他自然就不用缴纳该税种。

（二）课税对象金额的可调整性

税额计算的关键取决于两个因素：一是课税对象金额；二是适用税率。纳税人在既定税率前提下，由课税对象金额派生的计税依据愈小，税额就愈少，纳税人税负就愈轻。为此纳税人想方设法尽量调整课税对象金额使税基变小。

【案例 2-1】 K 公司的 A 企业 2019 年 6 月销售额 75 万元，购进的服装价值 60 万元（上述价格均不含税），毛利率为 23.08%。

A 企业为一般纳税人，那么应纳税额 $=75\times13\%-60\times13\%=1.95$（万元）

A 企业为小规模纳税人，2019 年 6 月应纳税额 $=75$ 万 $\times3\%=2.25$（万元）

A 企业选择一般纳税人和小规模纳税人的分析如下：

当毛利率为 23.08% 时，一般纳税人与小规模纳税人的税负相同；当毛利率大于 23.08% 时，一般纳税人的增值税税负要高于小规模纳税人的税负；当毛利率小于 23.08% 时，一般纳税人的增值税税负会低于小规模纳税人的税负。23.08% 为 3% 与 13% 的比值，作为选择一般纳税人和小规模纳税人的标准。因此，本案例应选择一般纳税人进行纳税。

（三）税率上的差别性

税制中不同税种有不同税率，同一税种中不同税目也可能有不同税率，这种广泛存在的差别性为企业和个人进行纳税筹划提供了良好的客观条件。

（四）全额累进临界点的突变性

全额累进税率和超额累进税率相比，累进税率变化幅度比较大，特别是在累进级距的临界点左右，其变化之大令纳税人心动。这种突变性诱使纳税人采用各种手段使课税金额停在临界点低税率一方。

（五）起征点的诱惑力

起征点是课税对象金额最低征税额，低于起征点的可以免征，而当超过免征点时，应全额征收。因此，纳税人总想使自己的应纳税所得额控制在起征点以下。

（六）各种减免税是纳税筹划的温床

税收中一般都有例外的减免照顾，以便扶持特殊的纳税人。然而，正是这些规定诱使众多纳税人争相取得这种优惠，千方百计使自己也符合减免条件。如新产品可以享受税收减免，这就促使不是生产新产品的商家迫切想出具证明来享受这种优惠。

（七）国家间税收管辖权的差别

税收管辖权是指一国政府在征税方面所实行的管理权力。税收管辖权有三种，即居民管辖权、公民管辖权和地域管辖权。在实践中，世界上没有哪个国家单纯地行使一种税收管辖权，大多数国家以一种税收管辖权为主，以另一种税收管辖权为补充，只是各国的侧重点不同。

每个国家由于其国体或政体不同，导致其管理国家的方式和方法有所不同，该差异反映在税收的管理上。各国对税收的管辖权的规定往往有差别，由于国与国之间的差异，在国家之间的衔接上就可能形成某种重叠和漏洞。比如从事国际贸易或在不同国家间开办的跨国公司，就可以利用这些差别和漏洞，将自己的税收负担降到最低水平。基于这个角度，可以从如下三个方面进行纳税筹划：

1. 对两个国家实行不同税收管辖权所造成的跨国纳税进行纳税筹划。比如 A 国实行地域税收管辖权，B 国实行居民税收管辖权，那么 A 国的居民从 B 国获得的所得就可以躲避所有纳税义务。同样，对于两个国家实行不同的税收管辖权的其他情况，纳税人也可以找出类似的其他办法来避免自己的税收负担。

2. 对两个国家同时实行所得来源管辖权造成的跨国纳税进行纳税筹划。各国确定所得来源的标准不同。有的国家根据所得支付者的来源确定，若所得支付者是本国自然人或法人，则该所得来源于本国，否则该所得并非来源于本国；有的国家则根据其他标准来断定该项所得是否来源于本国。这样，对待涉及两个国家的同一笔所得，当这两国认为这笔所得的支付者与获得者不属于本国自然人或法人时，该笔所得就可以躲避纳税义务。

3. 是两国同时行使居民管辖权所造成的跨国纳税筹划。由于各个实行居民管辖权的国家对自然人和法人是否为本国居民有不同的确认标准，有的国家采用住所标准，有的国家采用时间标准（即以居住时期超过一定期限为准），有的国家采用居住场所标准，还有的国家采用意愿标准，即询问自然人是否愿意成为本国居民；当确定一法人为本国居民时，有的国家采取登记注册标准，有的国家采取机构所在地标准。因此，跨国纳税人有可能同时避开在两个有关国家的纳税义务。

当两个国家同时以住所标准确定自然人的居民身份时，跨国纳税人若在两个国家均无住所，就可以同时躲避在两国的纳税义务；当一国以时间标准确定自然人的居民身份，而另一国以意愿标准确定居民身份时，纳税人可采取不使自己在前者逗留时间超过一定量，而又根据自己的需要选择纳税地点的方式躲避税收；当一国实行注册标准，而另一国实行总机构标准确定一法人是否为本国居民法人时，跨国纳税人可以根据有关国家的标准设置总机构和登记注册，以达到国际避税目的。

在实行居民税收管辖权的国家里，会因为各国确定居民身份的标准不同而产生税收管辖权的真空地带，这些真空地带的存在，为跨国躲避税收大开方便之门。

（八）税收执法效果的差别

一部十分完善的税收法律，如果在征管过程中得不到严格贯彻，其效果也会大打折扣。与世界不少国家相比，我国企业主观上总体认为现行税收负担是比较重的。因此会出现面积比较大的逃避缴纳税款现象。由于税收征管方面不能有效地稽核，司法部门未能及时依法惩处，偷漏税犯罪的成本相对较低。针对这种情况，征管部门要做的是建立一个合理的规定，严格执法，减少偷税漏税事件的发生。为了使税款应征尽征，国家有关部门要做两件事情：一是通过立法程序逐步降低税收负担。按照税收法定主义原则，完善税法并严格执法。其实不难看出这两年我国已经推出了系统的结构性减税政策，许多企业得到了实惠。二是增大财政支出的透明度，使纳税人清清楚楚地知道自己所纳税款确实是用于与纳税人有关的社会“公共需要”，这样可以养成纳税人自觉纳税的意识。从长远来看，这也是建设社会主义法治国家的需要。

第二节　纳税筹划战略思想

一、加强对本企业发展的战略规划研究

根据国家财政税收政策与企业发展目标，结合本企业实际，正确定位企业的

税务管理政策。近年来，国家为促进经济均衡发展，制定了许多特殊优惠政策，每个企业都可以根据本企业的特点，有选择地执行优惠的税收政策。如国家在振兴东北工业基地的政策中提出对东北地区石油、石化行业、机械制造等基础工业实行新增固定资产的增值税可以抵扣政策。据此，东北地区相关行业可以申请执行固定资产增值税抵扣政策，减少企业流转税支出。国家为支持高新技术产业的发展，对相关企业实行企业所得税减免政策。因此，符合条件的高科技企业，就应积极做好认证工作，争取减免企业所得税。国家为增大下岗再就业职工重新就业机会，对录用下岗职工达到一定比例的企业，实行所得税优惠政策。因此，企业在招录员工时，就应有计划地招收下岗职工以达到减免税的目的。总之，企业在纳税管理工作中要根据税法的具体规定，有针对性地选择合理的运作方式，达到依法节约税金支出的目的。企业对税务政策的选择与执行过程，实际上就是战略思维在纳税筹划工作中的体现。

二、细化业务环节

每个业务环节都要进行综合分析，与企业长远发展相联系，通过点面结合方式指导具体业务。在具体业务处理中，不能只顾眼前利益，忽视企业长远目标。我国税法的一个重要特点就是在每个纳税管理条例中都明确规定了一些具体的减免税政策。因此，企业在战略实践过程中，就要针对每类业务的特点，分析税法的相关减免、优惠规定，具体分析各个业务环节的构成，明确纳税环节，分析执行关于减免或优惠的政策对企业的影响，以作出科学决策。如前所述，企业如果选择录用下岗职工的所得税优惠策略，就必须考虑两个问题：一是这些下岗职工的综合素质能否达到企业的要求；二是对企业在减免税期间发展的影响问题。在企业运作过程中，应结合本企业的实际情况，全面权衡，从长计议，确定本企业可执行的优惠税收政策规定，实现法律层面上的纳税筹划，达到依法节税的目的。

【案例 2－2】 某造纸厂 8 月份向汇文文具店销售白纸板 339 万元（含税价格），货款结算采用销售后付款的方式，汇文商店 10 月份只汇来货款 33.9 万元。对此类销售业务，该造纸厂应该如何进行税收筹划？

此笔业务，由于购货方是商业企业，并且货款结算采用销售后付款的方式，因此可以选择委托代销模式，即按委托代销结算方式进行税务处理：该造纸厂 8 月份可以不计算销项税额，10 月份按收到代销单位的销货清单后确认销售额，并计算销项税额：

$$[33.9 \div (1+13\%)] \times 13\% = 3.9\text{（万元）}$$

对尚未收到销货清单的货款可以暂缓申报、计算销项税额。如果不按委托代销结算方式处理，则应计提销项税额：

$[339 \div (1+13\%)] \times 13\% = 39$（万元）

因此，对此类业务，选择委托代销结算方式可以实现递延纳税。

三、建立综合的纳税筹划体系

建立综合的纳税筹划体系可使纳税筹划的思想贯穿企业管理链条的始终。纳税筹划是企业一项综合业务，贯穿着企业业务的始终。例如，沈阳禾丰牧业集团在2019年进行了纳税筹划工作开展层面的调整，财务部门内纳税筹划主体首先对公司战略方向、战略目标、成本控制目标等进行了有效分析，并确立了纳税筹划相关工作开展的大方向，确保了纳税筹划与集团公司战略目标是否达成一致。不仅如此，禾丰牧业更是对战略视角下纳税筹划工作的开展事宜进行了有效分割与规划，战略视角下纳税筹划相关工作在开展上的层次性也能够越发鲜明。因此，在企业纳税管理工作中，纳税筹划作为一项综合工作，需要做到事先规划，在业务发生之前，统筹协调各个部门做好业务的事前分析，对每个业务的发展、纳税环节、业务处理等要有一个综合的运筹。

四、风险防范视角下进行纳税筹划工作开展

一些集团公司战略视角下的纳税筹划工作开展应当注重对相应风险进行防范。在风险防范视角下，纳税筹划工作开展主体更加需要对可能诱发纳税筹划风险的因素进行分析，并有意识地进行相关风险的防范。具体来说，集团公司需要定期对纳税筹划工作开展进行风险评估，在较好分析纳税筹划风险性以及主要纳税筹划风险诱发因素的基础上，更具有针对性地进行纳税筹划工作开展。纳税筹划工作开展主体也要不断提升自身相关工作开展的能力，特别是纳税筹划风险防范能力，以此来更好地进行纳税筹划风险分析和防范。在对一般性纳税筹划风险进行了较好的抵御和防范后，集团公司战略视角下纳税筹划工作开展的实际有效性也能够得到较好提升，纳税筹划也能够为集团公司战略目标达成提供更多支持。

第三节　纳税筹划工作程序

纳税筹划工作一般是经过以下几个步骤，每一个步骤都有特定的任务和要求。在纳税筹划中，只有走好每一步，才能有效地保证筹划目标的实现。

一、纳税筹划目标的确定

纳税筹划目标的确定是整个纳税筹划工作的起点，有了明确的筹划目标，才

能将筹划工作有效地开展起来。对于筹划者而言，筹划目标可以是短期目标，也可以是长远目标；可以是单个税种的目标，也可以是总体税负的目标；可以是单纯税收目标，也可以是税后利益最大化目标等。不同的纳税筹划目标，对筹划工作的要求也是不一样的。因此，纳税筹划的第一步必须根据现行国家税制的情况和纳税人的具体情况，制定出具有可操作性的筹划目标，为筹划工作明确方向。

二、寻找纳税筹划的空间

纳税筹划的目标确定之后，必须根据现行有关税制的具体规定，寻求纳税筹划的空间。纳税筹划的空间是指现行税制中存在允许纳税人选择的地方，纳税人通过选择不同的纳税条款，或运用不同的纳税方式，或对税收条款作出有利于自己的解释，或从有利于自己的方向使用，并从中获取税收利益。任何税制都存在一定程度的筹划空间即被纳税人选择或利用的地方，如果没有筹划空间，纳税筹划也就没有存在的可能。因此，在纳税筹划目标确定后，对纳税筹划空间的研究便是一项重要的工作。筹划当事人必须要把有关的筹划空间集中起来，以供进一步研究。

三、涉税资料的收集和分析

这是对现行税制提供的筹划空间进行研究分析。一般来说，就某一个筹划目标而言，可能存在多个筹划空间。例如，在多种税收优惠政策并存的情况下，即意味着多个纳税筹划空间的存在，但是对于采用哪种优惠政策，还需要后续进行研究，因为有的时候纳税筹划空间都会附带一定的条件，只有具备了这些条件，才能给使用者带来税收利益。例如，现行税制规定，国务院批准的高新技术产业开发区内的高新技术企业以及在北京市新技术产业开发实验区设立的被认定为高新技术外商投资企业，减按 15% 的税率征收企业所得税。也就是说，高新技术外商投资企业要享受 15% 的企业所得税的税收优惠，必须是建立在高新技术企业以及在北京市新技术产业开发实验区内，如果企业是设立在这些区域之外，则不能享受该税收优惠待遇。可见，即使是高新技术外商投资企业也不是都能够从这一优惠政策中获益。因此，在纳税筹划时，必须根据各种筹划空间条件的要求，充分收集有关的资料进行比较分析，最终确定符合条件要求，或通过一定的努力可以满足这些条件要求的筹划空间并进一步对这些筹划空间的可运用性和能够带来的税收利益与筹划成本进行研究。

四、筹划方案的比较与选择

在充分掌握纳税筹划空间的基础上，筹划者应对各种筹划空间的可运用性以及成本—收益等情况进行分析，最后形成多个可被利用的筹划方案。一般来说，每个筹划方案都有不同的优点与缺点，但是也存在不同程度的风险。在对不同的筹划方案进行比较时，应根据筹划方案运用者的具体情况来定。通常可坚持如下原则进行比较：

1. 净收益最大化，即筹划带来的税收收益扣除筹划成本后的余额最大。

2. 纳税筹划方案运行风险最小化，即该方案被纳税机关认可的程度较高，受税制变动的影响较小，方案能在较长时期内运行。

五、纳税筹划报告的编写

通过对各种备选方案进行比较分析并最后确定了具体的筹划方案后，接下来就是编写纳税筹划报告。纳税筹划报告是纳税筹划工作的总结，是指导今后实施纳税筹划活动的指南。在专门从事纳税筹划工作的中介机构，纳税筹划报告本身就是其所提供的劳务成果。在纳税筹划报告中，全面展示了整个筹划方案的目标、内容、依据、做法，并在一定程度上界定了筹划者与实施者之间的责任。因此，编写纳税筹划报告既是纳税筹划工作不可缺少的一部分，也是反映筹划质量的重要标志。

六、筹划方案的实施

纳税筹划方案的实施是实现纳税筹划目标的重要一步，也是验证纳税筹划方案是否具有可行性的关键。在筹划方案实施过程中，可能会遇到一些在筹划方案设计时意想不到的突发问题，这就需要筹划者对方案实行严格的监督与控制，并及时处理对筹划方案实施不利的问题。如果筹划方案是委托代理机构制定的，则在与代理机构签订代理合同时，应注意明确方案实施过程中的相关问题的处理事项，以确保筹划目标的顺利实现。

七、筹划方案实施的评估

税收制度的多变性和税收环境、纳税人情况的不稳定性的存在，必然对纳税筹划方案的有效实施和预期目标的顺利实现产生一定的影响。因此必须定期对筹划方案的实施情况进行评估。通过对方案的评估，及时找出存在的问题，并对方案进行适当调整，以降低方案的筹划风险，使筹划活动顺利进行。

第四节　纳税筹划积极效应

一、纳税筹划有利于提高纳税人的纳税意识

纳税筹划与纳税意识的增强一般具有客观一致性的关系，纳税筹划是企业纳

税意识提高到一定程度的体现。企业进行纳税筹划的初衷是为了少缴税款或者获得递延纳税的好处，同时，企业采取的是合法合理的方式，通过研究税收法律法规，关注税收政策变化，进行纳税筹划，以尽可能减轻税收负担，获取最大的收益。

二、纳税筹划促使纳税人财务利益的最大化

税收的无偿性决定了企业税额的支付是资金的净流出。依法纳税虽然是企业应尽的义务，但是对企业来说，无论纳税多么正当合理，都是纳税人经济利益的一种丧失。在收入、成本、费用等条件一定的情况下，企业的税后利润与纳税金额互为消长。因此，纳税筹划可以减少纳税人的税收成本，还可以防止纳税人陷入“税法陷阱”。企业在仔细研究税收法规的基础上，按照政府的税收政策安排自己的经营项目、经营规模等，最大限度地利用税收法规中对自己有利的条款，使企业的利益达到最大化。

三、纳税筹划有利于提高企业的会计管理水平

纳税筹划就是为了实现资金、成本、利润的最优效果，从而提高企业的经营管理水平。纳税筹划是一种高智商的增值活动，纳税人为进行税务筹划而任用高素质、高水平人才必然为企业经营管理水平的提高奠定良好的基础。企业进行纳税筹划离不开财务会计，这必然要建立健全财务会计制度，规范财会管理。同时也要求财会人员具备相当水平的业务能力，熟悉会计与税法，可以正确地进行纳税调整，正确计算应纳税额。这不仅有利于企业经营管理水平的提高，而且也有利于提高企业的会计管理水平。

四、纳税筹划有助于税收法规的完善

纳税筹划是指对税收优惠政策进行研究和运用。但是现行税收政策也有某些缺陷、不足和漏洞。因而进行税收筹划可以及时了解税收法规和税收征管中的不合理和不完善之处，从而为国家进一步完善税收政策、法律法规提供依据，并对税收法规起到验证作用。纳税筹划能够有效贯彻税收法定主义原则，推动依法治税的进程。虽然我国的税收法律、法规和相关制度在不断完善中，但仍可能存在覆盖面上的空白、衔接上的间隙处和掌握上的模糊处等，而且除了《中华人民共和国个人所得税法》《中华人民共和国税收征收管理法》《中华人民共和国企业所得税法》《中华人民共和国车船税法》外，我国现在大多是用条例、暂行条例、办法、通知等规范税收，内容分散，不易把握，有时甚至会出现税收规定与民法通则、刑法等其他相关法律、法规不协调之处。同时，也利于加快税收的立法过程及相关法律、法规的相互协调和衔接，使我国法律成为一个相互协调的有

机整体。

五、纳税筹划有利于国家增加税收

在当前困难企业较多、国家又难以一一兼顾的情况下，税负的减轻可以为企业渡过难关、赢得发展提供理论基础。目前，在国家减税政策有限的情况下，纳税人进行纳税筹划可以降低企业的税收负担，这对企业的生存发展十分有利。从在短期内税收筹划减少了国家的财政收入这方面可以体现。由于纳税筹划是符合国家的宏观调控政策，是有利于实现国民经济健康、有序地发展的，所以随着产业布局的逐步合理、资源的进一步优化配置，可以促进生产进一步发展。企业发展了，税源增加了，这样上缴给国家的税款也会同步增长。

六、纳税筹划有助于资源配置

纳税筹划有利于贯彻国家的宏观调控政策。纳税人根据税法中税基与税率的差别，根据税收的各项优惠政策进行投资决策、企业设备改造、产品结构调整等。尽管主观上是为了减轻税负，但是在客观上却是在国家税收的经济杠杆作用下，逐步走向了优化产业结构和生产力合理布局的道路，体现了国家的产业政策，有利于促进资本的流动和资源的合理配置。

本章小结

本章对纳税筹划基本理论作了简单介绍，也是对筹划思路和手段的一个简要总结和分类。在具体的实务操作中我们一定要培养正确的纳税意识，树立合法纳税筹划观念，深入研究税法规定，充分领会税法精神，做到合理筹划并纳税，以达到合理运用企业有限的资金，增加企业效益，促进企业稳定长远的发展。

复习思考题

1. 简述纳税筹划的产生原因。
2. 简述纳税筹划的步骤。
3. 简述纳税筹划的积极效应。

第三章

纳税筹划策略与方法

导语：本章介绍纳税筹划的基本方法，主要探讨纳税人的筹划、计税依据的筹划、税率的筹划、优惠政策的筹划等税收筹划的一般方法。通过本章的学习，学生应掌握税收筹划的基本原理与一般方法，为进一步学习税收筹划操作技巧、提升税收筹划实务操作能力奠定基础。本章是全书的核心章节之一，对学习具体税种的纳税筹划具有重要的作用。

第一节　纳税人筹划的策略与方法

一、纳税人概述

纳税人亦称纳税义务人，是指税法规定的直接负有纳税义务的单位和个人，有时也称法人纳税主体。纳税人可以是法人，也可以是自然人。每一种税都有关于纳税人的具体规定，如果纳税人不履行纳税义务，就应由该行为当事人承担法律责任，纳税人是税制的一个基本要素。

代扣代缴义务人亦称扣缴义务人，是指根据税法规定，有义务从其持有的纳税人收入中扣除应纳税款并代为缴纳税款的企业或单位。代扣代缴义务人主要有两类：向纳税人支付收入的单位或个人，或为纳税人办理汇款的单位。我国税收征管法或者法律法规规定代扣代缴义务人必须严格履行扣缴义务。例如，现行个人所得税法规定，支付所得的单位或者个人为个人所得税的扣缴义务人。

代收代缴义务人是指经济活动中有义务在收取款项时向纳税人收取应纳税款并代为缴纳的单位或个人。例如，现行税法规定，委托加工的应税消费品，除受托方为个人外，由受托方在向委托方交货时代收代缴消费税税款。

负税人是一个与纳税人紧密联系但又相互区别的概念。纳税人是税法规定的直接负纳税义务的单位和个人，其直接向税务机关缴纳税款。负税人是实际负担税款的单位和个人，纳税人不一定是负税人。如果纳税人能够通过一定途径把税款转嫁或转移出去，那么纳税人就不也是负税人；否则，纳税人同时也是负税人。通常情况下，个人所得税和企业所得税的纳税人同时也是负税人，但增值税和消费税等流转税的纳税人不是负税人。

二、纳税人筹划的原理

（一）纳税人筹划的一般原理

纳税人进行税收筹划的实质是对纳税人身份的合理界定或转化，使纳税人承担的税收负担尽量减少或降低到最小限度，或者是避免成为某税种的纳税人。对纳税人进行税收筹划，可以合理降低税收负担，并且方法简单易于操作。纳税人进行税收筹划的关键是准确把握纳税人的内涵和外延，合理确定纳税人的范围。

（二）纳税人筹划的一般方法

纳税人的税收筹划与税收制度紧密联系，不同的税种有不同的税收筹划方法。总体而言，纳税人进行税收筹划一般包括以下几种方法：

1. 对纳税人类型的选择。从纳税人类型的角度分析，现阶段我国有多种不同性质的纳税人，如个体工商户、个人独资企业、合伙企业和公司制企业等，不同性质的纳税人所适用的税收政策存在很大差异，这给税收筹划提供了广阔的空间。

2. 不同纳税人之间的转化。由于不同纳税人之间存在税负差异，因而可以采取转变纳税人身份的办法合理节税。根据税法的规定，增值税纳税人分为一般纳税人和小规模纳税人。这两类纳税人在缴纳增值税时，计税方法和征管要求不同。现行税法规定，年应税销售额超过小规模纳税人标准的其他个人按小规模纳税人纳税，对于非企业性单位以及不经常发生应税行为的企业，可以选择按小规模纳税人纳税。年应税销售额未超过标准的，从事货物生产或提供应税劳务、应税服务的小规模纳税人，若账簿健全，能准确核算并提供销项税额、进项税额，并能按规定报送有关税务资料的，经企业申请，税务部门可将其认定为一般纳税人。一般纳税人实行进项税额抵扣制，而小规模纳税人必须按照适用的征收率计算增值税，不实行进项税额抵扣制。一般情况下，小规模纳税人的税负略重于一般纳税人，其原因是选择一般纳税人可以抵扣进项税额，尤其是当应税销售额增值率较小时，一般纳税人的税负明显低于小规模纳税人。但这也不是绝对的，小规模纳税人的税负不一定在任何情况下都比一般纳税人重，这需要比较两类纳税人的应税销售额增值率与税负平衡点的关系，合理合法地选择税负较轻的纳税人身份。纳税人之间的转化一般存在多种情况，比如增值税一般纳税人和小规模纳税人之间的转变，可以借此实现节税。

【案例 3－1】 假设有 5 个人成立一家公司（未上市），每个人占公司 20% 的股权，2014 年底，公司的年度利润总额 350000 元。在无纳税调整事项的情况下，将税后利润全部分配给这 5 位股东，每位股东的实际收入是多少？

【解析】

因是公司制企业，故需要先缴纳企业所得税 87500 元（350000×25%），税后利润为 262500 元，平均分配给 5 位股东，每个人可获得 52500 元的股息红利所得。按照个人所得税法的规定，每位股东仍需缴纳 20% 的个人所得税 10500 元（52500×20%）。最终，每个股东实际税后净收入 42000 元（52500－10500）。

纳税人采用公司制经营还是采用合伙制经营，取决于企业的经营性质与经营规模等一系列前提条件。如果采用公司制企业，需要先征一次企业所得税，其自然人股东取得股息红利所得还要缴纳一次个人所得税；如果采用合伙制经营，则对其合伙人只征一次个人所得税。

假设采用合伙企业形式（其他条件不变），由于其不具备法人资格，因此，按照税收法规的规定，这个合伙企业不需要缴纳企业所得税，仅需就每个自然人合伙人的所得缴纳适用于个体工商户生产、经营所得的个人所得税。每个股东实际分得的收入为 70000 元，适用税率 10%，每位股东缴纳的个人所得税为 5850 元，税后净收入为 64150 元（70000－5850）。

经比较可知，在合伙制的情况下，每位股东比公司制情况下的年税后净收入多 22150 元（64150－42000）。

避免成为纳税人的另一种办法是，通过税收筹划安排使纳税人发生的经济业务不属于某些税的征税范围，因而该经济业务就无须纳税，我国税法对征税范围有明确的界定。在一定条件下合理安排经营活动和纳税事项，避免其进入征税范围，就可以彻底免除纳税义务。考虑征税范围的税收筹划方法是逆向思维，即反其道而行之，目的是找出不属于征税范围的业务内容，例如，《中华人民共和国个人所得税法》（以下简称《个人所得税法》）规定，个人将财产出租给承租人在中国境内使用而取得的所得才属于来源于中国境内的财产租赁所得，才负有个人所得税的纳税义务，需要缴纳个人所得税。如果个人将财产出租给承租人在境外使用，那么取得的财产租赁所得就不属于来源于中国境内的所得，从而不需要缴纳个人所得税。

3. 避免成为纳税人。纳税人可以通过灵活运作，使得企业不符合某税种纳税人的条件，从而彻底规避税收。例如，在企业内部设立的一些内部组织或附属组织不属于纳税人，不具有独立法人资格的分公司或分支机构也不是企业所得税的纳税人，但具备独立法人资格的子公司则属于企业所得税的纳税人。

【案例 3－2】南方某企业欲兴建一座花园式工厂，除厂房、办公用房外还包括厂区围墙、水塔、变电塔、停车场、露天凉亭、游泳池、喷泉设施等建筑物，总计造价为 1 亿元。如果这 1 亿元都作为房产原值的话，该企业自工厂建成的次月起就应缴纳房产税，每年应纳房产税（扣除比例为 30%）为：

$$10000\times(1-30\%)\times1.2\%=84\text{（万元）}$$

这84万元的税负只要该工厂存在，就不可避免。如果以20年计算，这将是1680万元。

该企业如果把除厂房、办公用房外的停车场、游泳池等建筑物建成露天的，并且把这部分建筑物的造价同厂房、办公用房的造价分开，在会计账簿中单独记载，则这部分建筑物的造价不计入房产原值，也不需缴纳房产税。

该企业经过估算，除厂房、办公用房外的建筑物的造价为800万元左右，独立出来后，每年应缴纳房产税为：9200×(1－30%)×1.2%＝77.28（万元）

每年节省税款6.72万元（84－77.28），以20年计算，就节约了134.4万元的房产税。

对于房产税的征税范围，我国税法给出了其他更为细致的规定。《中华人民共和国房产税试行条例》规定，房产税由产权所有人缴纳：产权属于全民所有的，由经营管理单位缴纳；产权出典的，由承典人缴纳；产权所有人、承典人不在房产所在地，或者产权未确定及租典纠纷未解决的，由房产代管人或者使用人缴纳。《国家税务总局关于未取得房屋产权证书期间如何确定房产税纳税人的批复》（国税函〔2002〕284号）规定：根据《中华人民共和国房产税暂行条例》第二条中房屋“产权未确定及租典纠纷未解决的，由房产代管人或者使用人缴纳”的规定，凡以分期付款方式购买、使用商品房，且购销双方均未取得房屋产权证书期间，以确定房屋的实际使用人为房产税的纳税义务人，缴纳房产税。

《国家税务总局关于进一步明确房屋附属设备和配套设施计征房产税有关问题的通知》（国税发〔2005〕173号）对房屋附属设备和配套设施计征房产税范围问题作出了规定：

第一，为了维持和增加房屋的使用功能或使房屋满足设计要求，凡以房屋为载体，不可随意移动的附属设备和配套设施，如给排水、采暖、消防、中央空调、电气及智能化楼宇设备等，无论在会计核算中是否单独记账与核算，都应计入房产原值，计征房产税。

第二，对于更换房屋附属设备和配套设施的，在将其价值计入房产原值时，可扣减原来相应设备和设施的价值；对附属设备和配套设施中易损坏、需要经常更换的零配件，更新后不再计入房产原值。《财政部国家税务总局关于具备房屋功能的地下建筑征收房产税的通知》（财税〔2005〕181号）对具备房屋功能的地下建筑的房产税政策明确如下：第一，凡在房产税征收范围内的具备房屋功能的地下建筑，包括与地上房屋相连的地下建筑以及完全建在地面以下的建筑、地下人防设施等，均应当依照有关规定征收房产税。第二，对于与地上房屋相连的地下建筑，如房屋的地下室，地下停车场、商场的地下部分等，应将地下部分与地上房屋视为一个整体按照地上房屋建筑的有关规定计算征收房产税。第三，出租的地下建筑，按照出租地上房屋建筑的有关规定计算征收房产税。

第二节 计税依据筹划的策略与方法

一、计税依据概述

计税依据也称税基，计税依据是计算税金的基本依据。不同税种的计税依据大不相同，税法对计税依据作出了明确规定。

（一）增值税的计税依据

销售货物、提供应税劳务的销售额是指纳税人销售货物、提供应税劳务向购买方（承受应税劳务、应税服务者也视为购买方）收取的全部价款和价外费用，但不包括收取的销项税额。价外费用（实属价外收入）是指在价外向购买方收取的手续费、补贴、基金、集资费、返还利润、奖励费、违约金、滞纳金、延期付款利息、赔偿金，代收款项、代垫款项、包装费、包装物租金、储备费、优质费、运输装卸费以及其他各种性质的价外收费。

凡随同销售货物、提供应税劳务向购买方收取的价外费用，无论其会计制度如何核算，均应并入销售额计算应纳税额。税法之所以规定各种性质的价外收费都要并入销售额计算征税，目的是防止以各种名目的收费减少销售额，进而逃避纳税的现象出现。含税销售额是指纳税人在销售货物、提供应税劳务时采用销售额和销项税额合并定价所得到的销售额。为了正确计算增值税，必须将含税销售额换算为不含税销售额，其计算公式如下所示：

不含税销售额 = 含税销售额 ÷ (1 + 税率)

需要注意的是，对增值税一般纳税人向购买方收取的价外费用和逾期包装物押金，应视为含税收入，在征税时换算成不含税收入，再并入销售额。

（二）组成计税价格

纳税人销售货物或者提供应税劳务的价格明显偏低并无正当理由的，以及单位和个体工商户发生的视同销售货物行为（如将货物交付他人代销，将自产、委托加工或购买的货物无偿赠与他人等）作为视同销售处理时无法获得销售额的，按下列顺序确定其销售额：

1. 按纳税人最近时期同类货物的平均销售价格确定；

2. 按其他纳税人最近时期同类货物的平均销售价格确定；

3. 组成计税价格确定，组成计税价格的计算公式为：

组成计税价格 = 成本 × (1 + 成本利润率)

既征收增值税又征收消费税的应税货物，其组成计税价格的计算公式为：

组成计税价格 = 成本 × (1 + 成本利润率) + 消费税税额或

组成计税价格＝成本×(1＋成本利润率)÷(1－消费税税率)

实行复合计税方法计算纳税的应税货物，其组成计税价格的计算公式为：

组成计税价格＝(成本＋利润＋课税数量×消费税定额税率)÷(1－消费税比例税率)

（三）销售服务、无形资产或不动产

1. 销售额。这里的销售额指的是纳税人销售服务、无形资产或不动产取得的全部价款和价外费用，财政部和国家税务总局另有规定的除外。

2. 组成计税价格。纳税人发生应税行为的价格明显偏低或者偏高且不具有合理商业目的的，以及视同发生应税行为而无销售额的，主管税务机关有权按照下列顺序确定销售额：

（1）按照纳税人最近时期销售同类服务、无形资产或者不动产的平均价格确定。

（2）按照其他纳税人最近时期销售同类服务、无形资产或者不动产的平均价格确定。

（3）按照组成计税价格确定。组成计税价格的计算公式：组成计税价格＝成本×（1＋成本利润率），成本利润率由国家税务总局确定。

（四）消费税的计税依据

1. 从价定率征税的计税依据。采用从价定率征收消费税的计税依据为应税消费品的销售额。销售额是指纳税人销售应税消费品所取得的全部价款和价外费用，但不包括应交的增值税税款。实行从价定率计算消费税的计税依据与增值税的计税依据基本相同。

应税消费品连同包装销售的，无论包装是否单独计价，也不论在会计上如何核算，均应并入应税消费品的销售额中征收消费税。如果包装物不是随同产品作价销售，而是收取押金［收取酒类产品（除啤酒、黄酒外）的包装物押金除外］，则此项押金不应并入应税消费品的销售额中征税。但对因逾期未收回的包装物不再退还的押金或者已收取的时间超过12个月的押金，应并入应税消费品的销售额，按应税消费品的适用税率征收消费税。

对于既随同应税消费品作价销售，又另行收取押金的包装物，凡纳税人在规定的期限内不予退还押金的，均应并入应税消费品的销售额，按应税消费品的适用税率征收消费税。

对于酒类产品生产企业销售酒类产品（实行从量定额办法征收消费税的啤酒和黄酒产品除外）而收取的包装物押金，无论押金是否返还，也不论在会计上如何核算，均需要并入酒类产品销售额中，依酒类产品的适用税率征收消费税，纳税人销售的应税消费品以人民币以外的货币结算销售额的，应当按人民币折合率折算成人民币计算应纳税额，这里的人民币折合率可以选择销售额发生的当天或当月1日的人民币汇率中间价，纳税人应事先确定采取何种折合率，确定后一年内不得变更。

2. 从量定额征税的计税依据。从量定额征税的计税依据是应税消费品的销售数量，适用定额税率，其基本计算公式如下所示：

应纳消费税税额 = 应税消费品的销售数量 × 单位税额

其中，销售数量是指纳税人生产、委托加工和进口应税消费品的数量，具体规定如下所示：

（1）销售应税消费品的，为应税消费品的销售数量。

（2）自产自用应税消费品的，为应税消费品的移送使用数量。

（3）委托加工应税消费品的，为纳税人收回的应税消费品数量。

（4）进口应税消费品的，为海关指定的应税消费品进口征税数量。

（五）企业所得税的计税依据

企业所得税的计税依据为应纳税所得额，即：

应纳税所得额 = 收入总额 - 不征税收入 - 免税收入 - 准予扣除项目 - 以前年度允许税前弥补的亏损

二、计税依据筹划的策略与方法

（一）收入筹划

销售收入是企业利润表中的重要项目，它不仅影响企业利润的形成，还影响企业所得税的计算与缴纳，而且它还是计算企业增值税、所得税等税种的关键因素；收入筹划的具体方法有：

1. 销售方式及收入结算方式的选择。

（1）企业销售方式税收筹划。企业在经营过程中，采用的销售方式是多种多样的。在这些不同的销售方式下，销售者取得的销售额的大小和时间是不同的，负担的税负也有较大的差异。因此，可以通过税收筹划，采用合理合法的手段降低企业当期销售额，减少应纳税额。

（2）企业结算方式税收筹划。企业销售货物有多种结算方式，不同的结算方式其收入的确认时间有不同的标准。如我国《企业增值税法暂行条例》规定，企业采用现销方式，收到货款或是取得索取货款的凭据的当天确认销售收入；企业采用托收承付或是委托收款方式，发出货物并办妥托收手续的当天确认销售收入；企业采用的赊销和分期收款方式销售货物，按合同约定的收款日期的当天确认销售收入。因此，企业可根据企业产品销售策略选择适当的销售收入确认方式，尽量推迟确认销售收入，从而推延纳税义务发生时间。这样，通过销售结算方式的选择，控制收入确认的时间，可以合理归属所得年度，以达到减税或延缓纳税的目的。

（3）收入确认时点的控制与选择。企业的生产经营活动与收入的取得密切相关，通过各种方法控制收入实现的条件，选择收入实现的时间显得非常重要。在进行税收筹划时，企业应特别注意临近年终时所发生的销售业务收入确认时点的筹划。企业可推迟销售收入的确认时间，例如，直接收款销货时，可通过推迟收款时间或推迟提货单的交付时间，把收入确认时点延至次年，获得延迟纳税的税收利益。

（4）劳务收入计算方法的选择。长期合同工程的收益计算可采用完工百分比法和完成合同法，考虑税收因素的影响，采用完成合同法为佳。因为完成合同法在工程全部完工年度才报缴所得税，故可获得延缓纳税之利益；完成合同法可反映实际成本、费用和毛利。若采取完工百分比法，则易造成“前盈后亏”的现象；如果企业每年均无亏损，宜采用完成合同法，因该方法可享受延缓纳税及合并计算费用限额的利益。但企业若有前五年待弥补亏损，且开工前就已存在，则以采用完工百分比法为佳。

2. 收入筹划的案例分析

（1）企业赊销方式筹划。由于市场竞争的加剧，越来越多的企业为了在竞争中求发展，巩固并扩大产品的市场占有份额，通常采用产品赊销策略，并且在企业发出货物时即开出销货发票做销售入账。这样使得企业应收账款数额增多，为客户垫付了大量资金，负担了大笔的管理费用、坏账损失和机会成本，而且提前缴纳了大量的税款。

【案例 3－3】（2018 年案例）有一家农药制造企业，为增值税一般纳税人。①经审计 2017 年产品销售收入 1.8 亿元；应收账款年初余额为 0.2 亿元，年末余额为 1.4 亿元；销售利润率 12%，利润总额 2160 万元；企业所得税税率 25%，净利润 1447 万元；②企业平均每月发生的可抵扣增值税进项税额约为 100 万元；③企业平均每月发生跨年应收账款 1000 万元，并在发生赊销行为时企业就开出增值税销售发票，据以确认即期收入；④同期银行活期存款年利率为 1.71%。

为简化起见，这里不考虑应收账款的资金占用及其成本，也不考虑管理费用和可能发生的坏账损失，仅从税收筹划的角度，说明即期确认收入而提前缴纳的增值税和预缴的所得税使企业造成数目可观的资金占用损失，以及适当改变产品销售收入确认时间而延迟纳税产生的财务效应。

由于每月 1000 万元的赊销收入的确认，导致该企业每月缴纳增值税：1000 × 11% ＝110（万元）；全年除发生应收账款直接垫付 1.2 亿元货款外，还垫付增值税 1320 万元（110×12），这笔垫支的税款可以看作是企业丧失了投资盈利的机会，按同期银行活期存款利率计算，这笔资金全年平均被占用的机会成本：1320 ×1.71% ＝22.572（万元）。同时，按月预缴所得税：1000 ×12% ×25% ＝30

（万元）；全年预缴360万元（30×12），同时发生占用机会成本：360×1.71%=6.156（万元）。两项税款造成企业机会成本损失共计28.728万元。

企业为促销而采用赊销政策时为避免上述损失发生，企业的办法是在合约中推迟确认收入时间，收到货款时再开具销售发票并确认收入。但这样做，一则客户因不能取得扣税凭证而可能影响客户的采购积极性，造成产品市场占有率的下降；二则也影响企业的收入，因为销售收入和规模也是衡量一个企业市场竞争力的重要条件。因此，企业必须在扩大收入与税务负担之间寻求平衡，权衡利弊从而进行决策。

改变企业即期赊销即期确认收入的销售方式为分期付款销售方式，不失为一种既降低税负、又不影响企业收入的好策略。按我国《企业增值税法暂行条例》规定，企业采用分期收款方式销售货物，按合同约定的收款日期的当天确认销售收入。分期付款销售是指企业按销售合同规定事先一次性向购货方发出全部货物，购货方在收到货物后，再按合同规定的付款时间和比例分期支付款项的一种销售与结算方式。其特点是一次发货，货物的使用权一次转移，再分期收款，货物的所有权分期转移，分期确认收入；发出货物时不能开具销售发票作收入入账，而按实际成本作“分期收款发出商品”入账，反映该批货物存放地点的改变，等合同约定的付款期到后，企业按合同约定的比例和金额开具增值税销售发票作收入入账。

（二）成本费用筹划

1. 存货计价方法的选择

这里的存货是指企业在生产经营过程中为销售或者耗用而储存的各种资产，如商品、产成品、半成品、在产品以及各类材料、燃料、包装物、低值易耗品等。存货是资产负债表中的重要项目，也是利润表中用来确定构成主营业务成本的一项重要内容。

存货流转有实物流转和价值流转两个方面，由于实物流转与价值流转往往不相一致，因而必须采用某种存货成本流转的假设，采用适当的存货计价方法在期末存货与已售存货间分配成本。存货计价不同，企业存货营业成本就不同，从而影响应税利润，进而影响所得税。因此，存货计价是纳税人调整应税利润的有利工具，选择最有利的存货计价方法就有可能达到合法避税的目的。

销货成本 = 期初存货 + 本期存货 − 期末存货

由上述公式得知，期末存货的大小，恰好与销货成本高低成反比。换言之，本期期末存货的多计，必然会降低本期销货成本，增大本期收益。此外，本期期末存货的多计，又会增加下期期初存货成本，从而使下期的销货成本提高，降低下一期的收益。因而能否正确地确定存货的价值与能否正确地反映企业的经营成果和财务状况有着密切的关系。由于存货计价对企业的收益和应税所得额均有直接影响，会计制度规定的存货计价方法又有多种，不同的计价方法对企业利润和纳税多少的影响是不一样的，因而企业在选择存货计价方法时，可选择使用税负较轻的一种方法。

对企业来说，其可选用的存货计价方法主要有先进先出法、个别认定法、后进先出法、加权平均法、移动加权平均法等不同方法。在价格平稳或者价格波动不大时，这几种计算方法对成本影响基本相同；若存在通货膨胀，价格水平总是处于不断上涨的状态时，应尽早补偿材料耗费，推延所得税的交纳时间。通常企业选择存货计价方法的程序为后进先出法、加权平均法、先进先出法。采用先进先出法计算存货成本，其发出存货价格是前期购进存货的价格，在通货膨胀率高，存货储备时间较长的情况下，这部分补偿价值已无法再购到等量的相同存货，这会造成企业成本补偿不足、利润虚增，应补偿存货耗费的部分资金被国家以税收的形式抽走的结果。而采用后进先出法计算存货成本，其期末存货价格接近于期初存货价格，发出存货价格符合市场价格，销售产品成本提高，应纳所得税减少，能较好地减少通货膨胀带来的损失。加权平均法和移动加权平均法由于似乎是均价计算成本，故所得税税款介于两者之间。由于不同的存货计价方法对企业纳税的影响是不同的，因此，这既是财务管理的重要步骤，也是税收筹划的重要内容。

2. 固定资产折旧计算筹划方法。

（1）折旧年限确定的税收筹划。固定资产折旧是根据固定资产原值、预计净残值、预计使用年限或预计工作量、采用直线法或工作量（或产量）法计算出来的。对于固定资产折旧，税法规定按财务制度的规定执行。而企业财务制度虽然对固定资产折旧年限作出了分类规定，但仍有一定的弹性。由于折旧年限本身就是一个预计的经验值，使折旧年限容纳了很多人为的成分，这为税收筹划提供了可能性。

缩短折旧年限有利于加速成本收回，可以使后期成本费用前移，从而使前期会计利润发生后移：由于资金存在时间价值，因前期增加折旧额，税款推迟到后期缴纳。在税率稳定的情况下，所得税的递延缴纳，相当于向国家取得了一笔无息贷款。

（2）折旧方法选择的税收筹划。税法赋予企业固定资产折旧方法的选择权，但选择加速折旧法须经批准，并且选择之后不能任意变更。出于固定资产折旧方法的选用直接影响到企业成本、费用的计算，因此，对固定资产折旧方法的选用，应当科学合理。

不同的折旧方法表现为在固定资产的使用年限内，各会计期或纳税期的折旧额会有差异，进而影响到各期营业成本和利润，这一差异为税收筹划提供了可能。

第三节 税率筹划的策略与方法

一、税率概述

税率是征税额与计税依据之间的比例，是计算应纳税额的尺度，体现着税收的深度。每种税适用的税率都有差别，并且在税法中均事先明确规定：税率的高低直接关系着国家、企业和个人三者之间的利益分配，税率常被称为“税收之魂”，在现实经济生活中，税率的类型主要有比例税率、累进税率和定额税率三种。

（一）比例税率

比例税率是对同一课税对象或税目，不论其数额大小，都规定按同一比例计算应纳税额的税率。目前，我国绝大部分税种都采用比例税率，如企业所得税的税率为25%，增值税的税率为11%、9%、6%，车辆购置税的税率为10%。

（二）累进税率

累进税率是随着课税对象或税目数额的增大而逐级递增的税率，即把征税对象按一定的标准划分为若干个等级，从低到高分别规定逐级递增税率，按累进税率结构的不同。又可分为以下三类：

1. 全额累进税率，即依课税对象的数额设计逐级递增的税率，每次征税时，按与课税对象总额相对应的最高一级税率计算应纳税额，比如我国20世纪50年代的工商所得税曾经采用过21级全额累进税率，虽然全额累进税率计算方法简便，但税收负担不合理，我国现行税制中不再采用全额累进税率。

2. 超额累进税率，即依课税对象的数额设计逐级递增的税率。每次征税时将课税对象的全部数额分级次，按其相应等级的税率计算应纳税额，然后汇总征收，比如个人所得税的工资、薪金所得采用七级超额累进税率。

3. 超率累进税率，它与超额累进税率在道理上是相同的。不过，其税率累进的依据不是征税对象的数额大小，而是销售利润率或资金率的高低，比如土地增值税采用四级超率累进税率。

（三）定额税率

定额税率是按单位征税对象直接规定一定数量的税额，这是税率的一种特殊形式，一般适用于从量征收，比如消费税中的黄酒、啤酒和成品油税目采用的是定额税率。

二、税率筹划的策略与方法

（一）低税率筹划法

低税率筹划法是指纳税人通过一定的合法途径，使其所拥有的课税对象直接适用于较低的税率计税，以达到减轻税收负担的目的。引起这种税收筹划行为的外部原因主要在于税收的地区、行业差异以及对不同所有制性质的企业实行不同税收待遇的结果。

许多国家为了鼓励国内外投资者经营各种经济业务和从事各种经营活动，设立了经济特区和经济开发区，并对经济特区和经济开发区实行税收优惠政策，诸如降低税率、减少纳税环节等。但是，经济特区和经济开发区的税收优惠所产生的影响绝非仅限于那些位于这一区域内的纳税人，因为实施低税区的税收优惠政策在客观上造成了国内区域之间的税收差距，这就为国内纳税人利用这种差距进行税收筹划和利润转移创造了条件。

低税率筹划法除运用区域间税率差别外，有时还运用行业间的税收差别。前者主要表现在所得税方面，而后者主要表现在流转税方面。当流转税税目划分不明确，而一些企业的生产经营活动及其产品又介于两个部门或行业之间，在这种情况下，若两个部门或行业的增值税、消费税税率存在差别，纳税人选择低税率进行计税，可以达到降低税负的目的。

以低税率筹划方法在流转税中的应用为例：

1. 增值税低税率筹划

针对增值税的基本内容和法律条文规定，增值税筹划的各种可能主要在以下几个方面：

第一，利用一般纳税人与小规模纳税人的区别来筹划。税法规定的一般纳税人与小规模纳税人，在计算税款时其税率、计算方法、享受税款抵扣、发票的使用等存在诸多不同，这就给纳税人提供了降低税负的空间，纳税人可能根据自身的情况来决策是成为小规模纳税人对自己有利，还是成为一般纳税人对自己有利，从而合理选择以达到节税的目的。

第二，利用条例规定的基本税率和低税率之差别扩大兼营低档税率的份额或将适用低税率的项目与基本税率混合以达到降低税负的目的。增值税条例规定有五类货物享受低税率，而对这五类货物的界定有一定的缺陷，很容易筹划节税。如五类享受低税率的货物中有农机和农用物品这一类，规定适用低税率的是农机的整机，而农机的部件则不属于农机的征收范围。在现实生活中，很难划分哪些农机属于整机，哪些属于农机部件，因为一些农机生产企业既生产销售农机整机也生产销售农机部件，还可能把一些小农机组装成功能效用更大的农机。因此，农机整机和农机零部件是很难界定的，这方面存在较大的税收筹划空间。

第三，增值税的纳税人在兼营非应税劳务时，可能会把应税劳务与非应税劳务合并计算，按低税劳务计算，以求达到降低税负的目的。

2. 消费税低税率筹划

由于消费税只选择了15种消费品征税，而且根据不同的消费品规定不同的税率，税率最高为45%，最低为3%，即使同一税目下面也有几档不同的税率。税率的高低直接影响纳税人缴纳税款的多少，因此，纳税人筹划的着眼点也主要在如何使应税商品所认定的适用税率为最低，以达到降低税负的目的。比如，利用甲类卷烟、乙类卷烟及烟丝的税率差别来筹划避税，利用白酒、啤酒与黄酒的税率差别来筹划，由于化妆品与护肤品的界限有时较难划分，纳税人就利用化妆品申报纳税，税率一下就从30%降到10%，以此达到降低税负的目的。对油类消费品、对汽车都可以通过不同的手段，以低税率代替高税率的办法来达到筹划节税。

（二）转让定价筹划方法

转让定价又叫转移价格，是指在经济活动中有经济联系的企业各方为均摊利润或转移利润而在产品交换或买卖过程中，不依照市场买卖规则和市场价格进行交易，而依据它们之间的共同利益或为了最大限度地维护它们之间的收入进行的产品或劳务价格转让。转让定价普遍运用于母子公司、总分公司及有利益联系的关联企业之间。这种价格的制定一般不决定于市场供求，而是服务于公司整体利润的要求。

转让定价的作用，可以降低或者拖延缴纳公司所得税；减少从价计征的关税，主要通过分包、拆装增减批量等方式实现；集团公司通过转让定价利用高税区与低税区的税率差别实现税负最小；转让定价在一定条件下，可以实现货币转让逃避外汇管制的束缚。

转让价格制定的方法主要有：

1. 以内部成本为基础的转让价格，采用产品实际成本定价或采用标准成本定价。

2. 以市场价格为基础的转让价格：采用市场交易价格定价或采用成本利润加上成本定价。转让定价筹划主要是通过关联交易进行。关联企业一般以持股或有较为密切的业务关系为特征，因为这些特征反映了企业之间参与管理和控制的程度。转让定价之所以被广泛运用，是因为任何一个商品生产者和经营者及交易双方均有权力根据自身的需要确定所生产和经营产品的价格标准，只要交易双方是自愿的，别人就无权干涉，这是一种合法行为。在经济实践中，关联企业之间利用转让定价筹划节税主要有以下形式：关联企业间商品交易采取压低定价的策略，使企业应纳的流转税变为利润而转移。例如，某橡胶企业是执行高税率产品企业，为减轻产品的税负，将自制半成品以低价卖给可以执行低产品税的联营企业。本企业虽然减少了销售收入，但使联营企业利润增加，企业从中反而多得联营利润，又使流转税少缴。

关联企业间商品交易采取抬高定价的策略转让收入，实现节税。有些实行高税率增值税的企业，在向其低税率的关联企业购进产品时，有意抬高进货价格，将利润转移给关联企业，这样可以获取增值税和所得税两方面的好处。

关联企业间采取无偿借款或支付预付款的方式，转移利息负担，以实现节税的目的。关联企业间技术、管理、广告、咨询等劳务供给采取具有弹性的转让定价转移收入节税。关联企业之间通过固定资产的转让或使用，采用转让定价转移利润进行节税。有些企业将闲置不用的固定资产压低价格租赁或处理给某些关联企业，其损失部分由企业成本负担，减轻企业所得税负，然后，再从关联企业中获取一定的收益。关联企业间通过无形资产的转移和使用，以弹性的转让价格转移收入，实现节税。关联企业之间"硬件"价款向"软件"价款转变。国家规定，技术成果转让和技术咨询服务，可以实行协商定价的方法。关联企业在资产交易过程中，将价款合理转变为技术服务收费以减轻税负。

第四节　税收优惠筹划的策略与方法

一、税收优惠概述

（一）税收优惠的概念

税收优惠是国家利用税收杠杆对经济运行进行调控的一种手段，它是主权国家为实现一定的社会政治或经济目的，通过制订倾斜性的税收法律、法规、政策来豁免或减少经济行为或经济成果的税收负担的行为。税收优惠有税额式优惠、税率式优惠、税基式优惠和税收递延式优惠等四种基本形式。

（二）税收优惠的分类

1. 税额式优惠

税额式优惠是通过直接减少应纳税额的方式实现的免除或减轻税收负担，具体包括税额抵免和减免税等形式。

2. 税率式优惠

税率式优惠是对特定的纳税人或者特定的经济活动，采用较正常税率低的税率征税的方式来实现免除或减轻税收负担，具体包括减按低税率征税和实行零税率。

3. 税基式优惠

税基式优惠是通过直接缩小税基的方式实现的免除或减轻税收负担，具体包括税前加计扣除、亏损抵补和起征点、免征额等。

4. 税收递延式优惠

税收递延也被称为延期纳税，是政府准许纳税人推迟缴纳应纳税款或分期缴纳应纳税款，从而减轻其当期税负。

二、税收优惠筹划策略与方法

国家为了扶持某些行业或针对不同的经济背景，往往会出台一些包括减免税在内的税收优惠政策及相关的税收条款，它体现了国家一定时期的税收导向，纳税人可以充分利用这些税收优惠政策，合理筹划、降低税收负担。

（一）利用税额式优惠

1. 税收减免

税收减免是国家为了照顾某些特定的地区、行业、企业、项目的特殊情况，所给予纳税人免税或减税的优惠措施，它可以是国家的一种税收照顾方式，也可以是国家出于政策需要的一种税收奖励方式，是贯彻国家经济、政治、社会政策的经济手段。如国家为了重点扶持和鼓励发展公共基础设施、节能环保及农、林、牧、渔业等，在《中华人民共和国企业所得税法》（以下简称《企业所得税法》）第二十七条第2项规定，企业投资于国家重点扶持的公共基础设施项目（港口码头、机场、铁路、公路、城市公共交通、电力、水利等），自项目取得第一笔生产经营收入所属纳税年度起，第一年至第三年免征企业所得税，第四年至第六年减半征收企业所得税；《企业所得税法》第二十七条第3项规定对于企业从事符合条件的环境保护、节能节水项目的所得，自项目取得第一笔生产经营收入所属纳税年度起，第一年至第三年免征企业所得税，第四年至第六年减半征收企业所得税；企业所得税法第二十七条第4项所称符合条件的技术转让所得免征、减征企业所得税是指一个纳税年度内居民企业技术转让所得不超过500万元的部分免征企业所得税；超过500万元的部分减半征收企业所得税。国家为了增加农民收入同时促进农业产业化，国家税务总局2010年第2号公告《关于“公司+农户”经营模式企业所得税优惠问题的通知》规定，企业采取该模式从事牲畜、家禽的饲养，即企业与农户签订委托养殖合同，向农户提供畜禽苗、饲料、兽药及疫苗等，农户将畜禽养大成为成品后交付公司收回以及类似的从事农、林、牧、渔业项目生产的企业，可以按照《企业所得税法实施条例》第八十六条有关规定，享受减免企业所得税优惠政策，等等，类似的税收减免政策还有很多，企业在进行相关决策时可以从这些减免条款出发来考虑降低其税收负担问题。

【案例3-4】 A公司是专门从事大豆油料生产的涉农工业企业，该公司有以下两种经营模式可供选择：

方案一：A公司从农户收购大豆，支付价款120万元，上门收购支付运输费用为10万元（不含税），然后自行制成大豆油料耗用的人工和其他费用等共计24.88万元，生产大豆油料耗用电费、辅助材料等进项税额为2.1万元，销售大豆油料取得收入200万元，在该模式下其应纳增值税税额及税收负担率计算如下：

增值税销项税额：200×11%＝22（万元）

允许抵扣的增值税进项税额：120×11%＋10×9%＋1＋2.1＝17.2（万元）

应纳增值税税额：22－17.2＝4.8（万元）

增值税负担率：4.8÷200×100%＝2.4%

方案二：A公司采用“公司＋农户”经营模式，将大豆油料的生产交给农户，公司只负责生产过程的控制，然后从农户直接收购大豆油料共支付价款144.88万元，上门收购运输费用10万元（不含税），销售大豆油料取得收入200万元，在该模式下其应纳增值税税额及税收负担率计算如下：

增值税销项税额：200×11%＝22（万元）

允许抵扣的增值税进项税额：144.88×11%＋10×9%＝16.84（万元）

应纳增值税税额：22－16.84＝5.16（万元）

增值税负担率：5.16÷200×100%＝2.6%

企业所得税方面也有两种方案可供选择：

方案一：A公司直接向农户收购大豆，然后进行加工，2018年1～6月取得利润40万元，根据《企业所得税法》相关规定，公司上半年应纳企业所得税40×25%＝10（万元）。

方案二：A公司采取“公司＋农户”经营模式，2018年1～6月取得利润40万元，根据《企业所得税法》和2号公告（1）相关规定，公司上半年应纳企业所得税5万元（40×25%×50%），减少税款5万元。

由上例可以看出，选择国家鼓励的经营模式，充分利用税收减免等优惠政策会降低企业的流转税和所得税税收负担，从而实现企业税收负担的最小化。

2. 利用税额抵免

税额抵免通常是指对纳税人的国内外所得计征所得税时，准予在税法规定的限度内以其在国外已纳税款抵冲其应汇总缴纳的税款，以避免重复征税。但现在世界各国的税额抵免规定，远远不仅用于避免双重征税，它也可以是税收优惠或奖励的办法，还可以是个人所得税基本扣除的方法。这里的税额抵免泛指从应纳税额中准予扣除的税收抵免额。如对于企业购置并实际使用的用于环境保护、节能节水、安全生产等专用设备，其投资额的10%可以从企业当年的应纳税额中抵免，当年不足抵免的，可以在以后5个纳税年度结转抵免。但企业购置上述设备在5年内转让、出租的，应当停止享受企业所得税优惠，并补缴已经抵免的企业所得税税款。这些专用设备是指符合《环境保护专用设备企业所得税优惠目录》《节能节水专用设备企业所得税优惠目录》和《安全生产专用设备企业所得税优惠目录》规定的专用设备。国家对税收抵免这类条款也有较多规定，企业在进行纳税筹划时也可以从减小应纳税额的角度出发来考虑降低企业的税收负担。

（二）利用税率式优惠

国家为了鼓励某类行业和某类地区的发展，往往对同一税种制订不同的税率，即存在税率差异。它体现了国家的税收鼓励政策。如我国新的《中华人民共和国企业所得税法》（以下简称《企业所得税法》）规定，对于国家重点扶持的高新技术企业，减按15%的税率征收企业所得税。其中高新技术企业是指符合下列条件的企业：（1）符合《国家重点支持的高新技术领域》范围；（2）用于高新技术产品和技术的研究开发费用达到企业当年总收入的一定比重，分别为销售收入2亿元以上的，达到3%，销售收入5000万元至2亿元的，达到4%，销售收入5000万元以下的，达到5%；（3）高新技术产品收入占企业总收入60%以上；（4）具有大专以上学历的职工占企业职工总数30%以上，其中，从事高新技术产品和技术研究开发的科技人员占企业职工总数10%以上。对于小型微利企业，减按20%的税率征收企业所得税。小型微利企业是符合下列条件的企业：（1）工业企业，年度应纳税额不超过30万元，从业人数不超过100人，资产总额不超过3000万元；（2）其他企业，年度应纳税额不超过30万元，从业人数不超过80人，资产总额不超过1000万元。这种优惠税率的条款有很多，企业在进行纳税筹划时可以考虑从降低税率的角度来减轻企业的税收负担。

【案例3－5】大庆某公司为高新技术企业，在选择投资地点时，有以下两种方案可供选择：

方案一：将厂址选择在大庆市内；

方案二：选择在大庆高新技术开发区（国家级）。

如果投资地点不影响企业的税前收益，以5年为例，每年应纳税所得额为1000万元；如果采用方案一，5年纳税总额为1000×25%×5＝1250（万元）；若采用方案二，5年纳税总额为1000×15%×5＝750（万元），相比之下第二个方案少纳税500万元。

（三）利用税基式优惠

1. 税前加计扣除

税前加计扣除是在计算应纳税所得额时，对于构成计税依据的某些项目，准予从计税依据中加计扣除的那一部分。税前加计扣除是税收制度的重要组成部分，许多税种对于加计扣除项目、扣除标准都作了比较详细的规定。这些加计扣除的项目及扣除的范围，有些是对所有纳税人通用的，有些则只是对某些特定的纳税人或征税对象而设计的，即存在税前扣除的特殊性规定。因此，企业可以从这些特殊条款中寻求纳税筹划的可能性。如企业所得税法第 30 条第 1 项规定企业为开发新技术、新产品、新工艺发生的研究开发费用，未形成无形资产计入当期损益的，在按照规定据实扣除的基础上，按照研究开发费用的 75%（执行时间为 2018 年 1 月 1 日至 2020 年 12 月 31 日）加计扣除；形成无形资产的，按照无形资产成本的 175%（执行时间为 2018 年 1 月 1 日至 2020 年 12 月 31 日）摊销。《企业所得税法》第三十条第二项规定企业安置残疾人员的，在按照支付给残疾职工工资据实扣除的基础上，按照支付给残疾职工工资的 100% 加计扣除。残疾人员的范围适用《中华人民共和国残疾人保障法》的有关规定。《企业所得税法实施条例》第三十五条第一款规定，企业依照国务院有关主管部门或者省级人民政府规定的范围和标准为职工缴纳的基本养老保险费、基本医疗保险费、失业保险费、工伤保险费、生育保险费等基本社会保险费和住房公积金准予扣除。企业缴纳的补充养老保险和补充医疗保险业可以按规定在企业所得税前扣除，其具体的标准和范围，根据《财政部、国家税务总局关于补充养老保险费、补充医疗保险费有关企业所得税政策问题的通知》（财税〔2009〕27 号）规定，自 2008 年 1 月 1 日起，企业根据国家有关政策规定，为在本企业任职或者受雇的全体员工支付的补充养老保险费、补充医疗保险费，分别在不超过职工工资总额 5% 的标准内的部分，在计算应纳税所得额时准予扣除；超过的部分，不予扣除。基本养老、医疗和失业保险，可以在补交当期直接扣除。我国税法中，存在很多税前加计扣除的特殊规定，企业可以从缩小税基的角度出发来降低企业的税收负担。

【案例 3－6】 某公司为生产制冷设备的企业，近年来在家庭制冷设备方面有比较大的业务增长和技术拓展。企业为了进一步增强其产品的竞争力，决定购买或者开发一项新技术。若购买该项新技术，则企业需大约支付 300 万元；若企业自行开发该项新技术（形成无形资产），则自行开发费用大约为 340 万元。假设企业当年未加计扣除研究开发费用前的应纳税所得额为 2000 万元，则对于上述两种方案的比较如下：

方案一：企业购买该项新技术

当年应纳税额：$2000 \times 25\% = 500$（万元）

当年税后利润：$2000 - 500 = 1500$（万元）

方案二：企业自行开发该项新技术

根据《企业所得税法》第三十条第一项规定企业为开发新技术、新产品、新工艺发生的研究开发费用，未形成无形资产计入当期损益的，在按照规定据实扣除的基础上，按照研究开发费用的 50% 加计扣除；形成无形资产的，按照无形资产成本的 150% 摊销。

当年应纳税额：$(2000 + 340 - 340 \times 150\%) \times 25\% = 457.5$（万元）

当年税后利润：2000－457.5＝1542.5（万元）

较方案一节约：（1542.5－1500）－（340－300）＝2.5（万元）

由此可见，企业进行研发立项，在财务核算上达到国家“三新”研发费用的税收政策要求，不仅能够很好地节税，减少现金的流出，还能够增强企业的研究开发水平和管理水平，促进企业的进一步发展。因此，企业在进行税收筹划时，可以考虑从充分利用国家税前扣除的有关规定出发，实现税收负担的降低和企业的长远发展。

2. 亏损弥补

根据《中华人民共和国企业所得税法》（以下简称《企业所得税法》）第十八条规定，企业纳税年度发生的亏损，准予向以后年度结转，用以后年度的所得弥补，但结转年限最长不得超过5年。这一规定为纳税人进行纳税筹划提供了空间，纳税人可以通过对企业投资和收益的控制来充分利用亏损弥补的规定，从而达到减轻税负的目的。

这里有两种方法可以采用，如果企业某年度发生了亏损，企业应当尽量使得临近的纳税年度获得较多的收益，也就是尽可能早地将亏损予以弥补。如果企业已经没有需要弥补的亏损或者企业刚刚组建，而亏损在最近几年又是不可避免的，那么，应当尽量先安排企业亏损，然后再安排企业盈利。

需要注意的是，企业的年度亏损额是指按照税法规定的方法计算出来的，而不能利用多算成本和多列工资、招待费、其他支出等手段虚报亏损。

3. 利用税收递延式优惠

税收递延也被称为延期纳税，尽管它不会降低企业应税产品的总体税收负担，但使企业获得了资金的时间价值，从而相对地降低了企业的税收负担。我国税法规定，境外进入免税区的货物，除国家另有规定外，免征增值税和消费税，以后如果免税区的货物再运往非免税区时，再照章征收增值税和消费税；保税区生产的产品，除国家另有规定外，运往境外，免征增值税和消费税。从该规定上来看，这就是一种延期纳税。另外，增值税实行购进扣税法，这为企业利用通货膨胀和时间价值因素相对降低税负创造了条件。企业可以尽量在年初购进原材料，这样就可以在年初不用缴纳或者少缴纳增值税。

本章小结

纳税人筹划的实质是进行纳税人身份的合理界定或转化，使纳税人承担的税收负担尽量减少或降低到最小限度，或者直接避免成为某税种的纳税人。

在税率一定的情况下，应纳税额的大小与计税依据的大小成正比。因此，如果能够控制计税依据，也就控制了应纳税额。在计税依据一定的情况下，纳税额与税率呈现正向变化关系，即降低税率就等于降低了税收负担。

优惠政策的筹划可以使纳税人轻松地享受低税负待遇。优惠政策的筹划关键是寻找合适的优惠政策并把它运用在纳税实践中，在一些情况下还表现为创造条件去享受优惠政策，以获得税收负担的降低。

复习思考题

1. 简述纳税人筹划的一般方法。
2. 计税依据的筹划有哪些操作方法？请具体说明。
3. 如何利用税率进行筹划？
4. 税收优惠的形式有哪些？如何利用其进行税收筹划？
5. 简述转让定价基本思路。

第四章

纳税筹划的风险与防范

导语：纳税筹划被越来越关注的同时，纳税筹划中的风险识别和防控也引起了人们的重视。本章主要研究纳税筹划的风险和防范，分别介绍了纳税筹划风险的含义和特征、纳税筹划产生的原因、纳税筹划风险的种类以及纳税筹划风险的防范措施等四个方面的知识。通过本章的学习，能够让读者警惕和识别纳税筹划中可能存在的风险，并及时作出相应的防范措施。

第一节　纳税筹划风险的含义与特征

一、纳税筹划风险的含义

（一）风险的含义

要了解什么是纳税风险，首先要了解什么叫风险。目前，学术界对风险的内涵还没有统一和权威的定义，归结起来主要有以下几种代表性的观点。

1. 损失可能性观。美国学者海恩斯于 1895 年在其所著的《经济中的风险》一书中最早提出风险的概念，他将风险定义为“损失的可能性”。这个定义非常接近日常生活中使用的概念，主要强调风险可能带来的损失。主要观点认为，损失发生的可能性或者说概率越大，风险越大。

2. 损失不确定性观。著名保险学家特瑞斯·普雷切特将风险定义为“未来结果的变化性”，即是强调了风险具有不确定性的特征。美国学者威雷特则认为风险是“关于不愿意发生的事件发生的不确定性的客观体现”。这一定义强调了以下几点：第一，风险与损失相关；第二，风险的本质是不确定性而非可能性；第三，风险是客观存在；第四，风险被人厌恶，人们不愿意其发生。

3. 预期结果与实际结果差异观。美国学者小阿瑟·威廉姆斯等将风险定义为：“风险是结果中的潜在变化。风险是人们的预期结果和实际结果的差异。这种观点认为，风险是预期结果与实际结果之间的差异大小或偏离程度。这种预期结果和实际结果之间的差异越小或偏离的程度越低，则风险越小；反之，则风险越大。

4. 中国的许多学者认为，风险是事件出现损失的可能性，或者更广义地认为是事件实现收益的不确定性。

（二）纳税筹划风险的含义

一般情况下，从狭义的角度来理解风险更有意义。因此，在对纳税筹划风险管理进行探讨时，侧重点往往放在“损失”上。根据风险的狭义定义，我们把纳税筹划风险定义为由于存在各种不确定因素，导致纳税人的纳税筹划方案的失败及未来经济或其他利益的损失的可能性。纳税筹划风险可能会导致纳税人遭受经济损失、法律惩罚以及信誉损失等负面影响。

二、纳税筹划风险的特征

纳税筹划风险的特征主要是把风险放在纳税筹划这个特定的环境进行讨论的。实际上，纳税筹划风险特征就是具体问题的一种风险特征。因此，纳税筹划风险特征主要是根据风险的特征结合纳税筹划特征推导和延伸出来的。纳税筹划风险主要有以下几种特征。

（一）纳税筹划风险具有客观性

决定纳税人作出纳税筹划决策条件主要有两个方面：一是纳税人所从事的经济活动；二是纳税人所处的税务环境，即相关的税收法规与政策。纳税筹划的过程实际上就是纳税人运用相关的税收政策对经济行为进行事先策划与安排。然而，纳税人的经济行为环境是复杂多变的，税收法规和政策也是复杂和不断变化的，因此，纳税筹划风险存在是不可避免的，具有客观性。

（二）纳税筹划风险具有主观性

纳税筹划风险具有主观性主要体现在纳税筹划方案设计具有主观性。纳税筹划方案的设计主要取决于方案设计者的主观判断。由于纳税筹划设计方案者业务水平参差不齐，因此，纳税筹划的结果也不同。通常来说，纳税筹划成功的概率与方案设计者的业务水平成正比关系。因此，纳税筹划方案具有高度主观风险。

（三）纳税筹划风险具有复杂性

纳税筹划的复杂性主要体现在两个方面。一方面，纳税筹划风险的客观性和主观性决定了其具有复杂性。一是因为纳税人所处的客观环境具有复杂性，比如，社会经济环境和国家的政策法规等客观因素不断变化；二是因为纳税筹划设计方案者具有的主观性也是复杂的。比如不同的纳税筹划方案设计者对风险的偏好不同，业务水平不同，就会设计不同的方案，自然纳税筹划的结果就不尽相同。另一方面，纳税筹划风险带来的结果也是复杂的。纳税筹划风险不仅仅会给纳税人带来经济上的损失，而且也会给纳税人带来法律惩罚和信誉损失等后果。

(四) 纳税筹划风险具有潜在性

纳税筹划风险的潜在性是指纳税筹划风险的可能性和不确定性。由于风险具有不确定性，因而这也在客观上决定了纳税筹划风险也是具有不确定性的。虽然社会经济环境和国家法律法规等因素是复杂多变的，纳税筹划风险不可避免，但这种风险不一定会确切地发生，这里强调的是发生的可能性。

(五) 纳税筹划风险的可度量性

风险的可度量性决定了纳税筹划的可度量性。虽然纳税筹划风险具有不确定性，但是我们可以借鉴造成纳税筹划风险的因素经验数据，运用数量统计等技术手段来加以分析估算，并在此基础上采取相应措施对风险加以预防，从而间接地评估整体风险，并加以控制。

(六) 损失与收益的对立统一性

纳税筹划风险可能带来损失，也可能带来收益，损失与收益具有对立统一性。但由于纳税筹划风险的特殊性，纳税筹划风险往往会给企业带来损失，因此，纳税筹划风险主要是针对损失来说的。

第二节 纳税筹划风险产生的原因

产生纳税筹划风险具有客观性原因和主观性原因。客观原因是指社会、经济和政治环境未来的不确定性，导致纳税人在进行纳税筹划时面临诸多不确定因素，这种不确定性就决定了风险是客观存在的。主观原因是指征纳双方的有限理性。具体而言，纳税筹划风险产生的原因主要包括以下几个方面。

一、纳税人与税务机关权利责任的不对称

纳税人与税务机关都是税收法律关系的权利主体之一，其双方的法律地位是平等的，但由于主体双方是被管理者和管理者的关系，所以双方的权利和义务并不完全对等，表现为税务机关拥有较大的“裁量权”，纳税筹划方案能否顺利实施，在很大程度上取决于税务机关对税收筹划方案的认同程度。

二、纳税筹划方案设计不合理

纳税筹划方案的合理性直接决定了纳税筹划的成败。一方面表现在筹划目标不合理，纳税人进行设计纳税筹划方案时不能仅从纳税筹划节税的目标考虑，还应该考虑企业税后利润最大化和企业价值最大化。因此在制订方案时，企业必须从整体的战略管理角度出发，同时考虑税收因素和非税收因素的影响。如果只考

虑税收因素，虽然实现了节税的目的，但是可能导致纳税人整体利益的减少，产生筹划风险。另一方面表现在纳税筹划成本—收益不合理。即是纳税筹划实施的成本超过了收益。纳税筹划的目的就是为了获得收益，纳税筹划方案就算最终实现了节税，但是筹划成本超过了筹划收益，那么这个筹划方案也是失败的。

三、筹划人员的业务素质水平

成功的纳税筹划要求筹划人员必须具备一定的的法律、财务和税收知识。筹划人员只有知晓什么是合法、什么是非法以及两者的界限，才能确保其减轻税收负担的活动不至于违反相关法律法规；也只有全面了解相关的法律法规、财务和税务知识才能进行纳税筹划。通常，筹划人员的业务素质水平与纳税筹划方案成败是正相关关系，筹划人员的业务素质越高，纳税筹划成功的概率越大，反之，越小。

一方面，由于我国的税收法律法规繁多且变动频繁，众多的补充条款常随着经济情况变化而变化或者为了配合政策的需要而不断进行修正和完善。在一定的程度上对筹划人员提出了更高的要求，不但需要掌握当前的税收法律政策，还要随时关注国家出台的相关补充条款并加以运用。因此，纳税筹划人员的业务素质水平是产生纳税筹划风险的主观原因。

另一方面，筹划人员混淆纳税筹划与偷逃税的概念，也会产生纳税筹划风险。纳税筹划是纳税人在不违反相关税收法律法规的前提下，通过对生产、经营、投资和理财等活动的方式、方法和步骤进行事先安排，以尽可能地实现使纳税人的税收利益最大化。纳税筹划与偷逃税的最主要的区别就是纳税筹划具有合法性，而偷逃税是违法行为。如果纳税人混淆纳税筹划与偷逃税的概念，那么就很有可能触犯法律法规。而且，广义的纳税筹划包括避税筹划。而在实际的筹划活动中，纳税人的避税活动必须得到税务机关的认同才能够成功，否则很容易被税务机关认定为偷逃税，因而产生纳税筹划风险。

四、纳税筹划方案实施的条件发生变化

纳税筹划方案的成败受到内部环境和外部环境的影响。如果当企业内部条件和社会外部条件一方或者同时发生变化时，纳税筹划方案不及时进行调整就有面临失败的风险。

企业内部环境变化，主要是经济活动的变化。企业获得某项税收收益，必须使生产经营活动的某一方面符合所选择的税收政策，这往往制约着企业经营的灵活性。一旦企业预期经营活动发生变化，企业就会失去享受税收优惠和税收利益的必要特征和条件，导致筹划结果与企业的主观预期存在偏差。

社会外部条件的变化主要包括政治环境的变化，如果政治动荡，企业很难进

行正常经营，更别说进行税收筹划；税收政策的变化，由于我国的税收法律法规要随着国家的经济状况变化而不断地调整，特别是调节经济的税收优惠政策变动频繁；国内经济波动，这对纳税筹划风险产生较大和直接的影响。比如，发生通货膨胀时，各种能源、原料、设备及劳动力成本都上涨了，而这些成本与纳税筹划息息相关，所以企业的各种税收负担也会发生变化，这就增加了企业的纳税筹划风险；全球经济波动，国外的税收、金融等政策的变化；自然灾害、突发事件的出现会直接导致纳税筹划方案无法实施。

五、征纳双方的税务筹划认定差异性

税务筹划的本质特征是合法性，但实务中这种合法性最终取决于税务机关对纳税人税务筹划方法的认定。这种主观性的认定在很大程度上决定着企业税务筹划的成功与否。目前，征纳双方在对税务筹划的认定中存在着客观上的偏差，具体来说主要有以下几方面的原因：首先是税收法律、法规的不完善导致税务筹划的认定存在偏差。税收条款设置的不完善，使得不同主体对税收政策有着不同的理解，从而在税务筹划方案的选择与实施中存在着不同的法律认识。其次是具体税收事项的弹性空间赋予了税务机关的自由裁量权，这在客观上也为税务筹划的认定偏差提供了可能性。再次是执法人员的素质参差不齐也是税务筹划认定偏差的一个不可忽视的因素。一旦企业的税务筹划方法被税务机关认定为偷税，那么纳税人所进行的“税务筹划”不仅不能给纳税人带来任何税收利益，相反还要承担相应的经济处罚，造成不必要的税收支出成本。

第三节　纳税筹划风险的种类

一、按纳税筹划风险产生的原因进行分类

按照纳税筹划风险产生的原因，可将其分为以下几种类型。

（一）政策风险

1. 政策选择风险

由于国家目标的多重性和经济活动的复杂性，各国或地区在制定其税收政策时往往会根据其所要实现的目标，对不同的经济活动采取差别化的税收待遇。这种差别化的税收待遇主要有：一是不同国家之间税收政策和税收制度上的差异；二是同一国家税制规定上的差异，如不同的税种适用不同的纳税人、征税对象、税率、纳税环节、纳税期限、减免优惠规定等。

各类企业因从事生产经营投资不同，而分别适用不同的税种，即使一些企业

适用相同税种，也因从业地点、生产销售产品性质、企业组织形式以及盈利规模的不同而适用不同的税率、减免优惠等。这就要求纳税筹划对税收政策应严格按照税法条文的字面含义去理解，既不能扩大，也不能缩小，同时必须注意立法机关、行政机关作出的有效力的解释，才能准确把握税法。

2. 政策变化风险

为了有效地发挥税收的经济调节作用，税收政策必须随着经济环境和经济条件的变化而进行不断地调整。因此，税收政策尤其是税收优惠政策具有不定期性或相对较短的时效性。而企业生产经营行为及其与之相匹配的纳税选择属于事前行为，具有长期性和预见性，这种事前性、长期性和预见性的纳税筹划于税收政策的不定性和较短时效性，会给企业纳税选择特别是长期的纳税选择带来一定的风险。

3. 政策模糊风险

我国现有的税收法律法规层次较多，除了全国人大及其常委制定的税收法律和国务院制定的税收法规外，还存在大量的税收管理职能部门制定的部门规章。这些部门规章往往不够明晰。在这种情况下，企业如依据这些部门规章开展纳税筹划，就很有可能因为对这些部门规章体现的税法精神理解错误而导致纳税筹划的失败。

（二）经营活动风险

经营活动风险主要是由于企业不能准确预测到经营方案的实现所带来的风险，实质上是一种纯粹的经营风险，即经济活动未实现预期效果而导致纳税筹划方案的失败。经营活动风险主要有以下几种：

1. 利用税法漏洞带来的税法陷阱及风险

以直接减少税负为目的的纳税筹划方案，可能导致企业不考虑现行法律、法规中的一些限制而误入税法陷阱。税法陷阱是税法漏洞的对称，是指税法中貌似优惠的规定漏洞，会给纳税人带来更重的税收负担。税法漏洞的存在给企业提供了避税的机会；而税法陷阱的存在，会使得企业不得不小心，以免落入税务当局设置的看似漏洞，实为政府反避税的措施之一的陷阱。企业一旦落入税法陷阱，就要缴纳更多的税款，从而影响了企业正常收益，给企业造成不必要的经济损失。

2. 利用纳税筹划方案带来的纳税成本陷阱及风险

纳税成本陷阱与风险主要有以下两种：一是税务筹划成本超过了税务筹划收益；二是单一税种下降，企业整体税负上升。

纳税筹划成本是企业进行纳税筹划所付出的一切成本，主要包括五个组成部分：主要包括企业为节税而发生的人力、物力、财力的损耗。第一，纳税筹划方案设计成本。比如聘请专业的人士进行纳税筹划而付出的薪酬就是纳税筹划方案设计成本，如果不外聘税务专家，主要表现在企业内部财务人员参与纳税筹划方案设计和实施而支付的工资和奖金；第二，实施成本，而在实施纳税筹划方案时同样需要付出一定的成本，如交通费，实施过程中发生必要的招待费支出等。第三，风险成本，纳税筹划方案因设计失误或实施不当而造成的纳税筹划失败带来的经济损失和法律责任；第四，机会成本，是指实施某一纳税筹划方案而放弃其他纳税筹划方案的最大收益。纳税筹划“收益”包括直接收益和间接收益，前者是指因纳税筹划使纳税人免缴或少缴的税款；后者是指由于纳税筹划方案顺应了税收政策导向，优化了资源配置，促进了企业长期稳定良好发展带来的收益。根据成本收益原则，如果成本小于收益，纳税筹划则是成功的；反之，则失败。在实际操作中，许多企业过于关注纳税筹划方案所带来的成本收益而忽视为此付出的成本，由此可能造成纳税筹划成本超过收益的结果。另一个风险是单个税种税负减轻，企业综合税负上升，纳税人在纳税筹划过程中由于缺乏整体的筹划思路和方案，忽视经济活动及税种之间的关联性，实际操作仅仅就单一经营项目、单一税种或者单一纳税环节进行“纳税筹划”，往往导致企业整体税负的增加，结果是顾此失彼。

综上所述，企业在进行纳税筹划方案选择时，必须进行合理的“成本—效益”分析，不可以忽视企业税后收益最大化这一最终目标。

3. 经营变化风险

纳税筹划过程实际上就是对税收政策的差别进行选择的过程。但是，无论何种差别，均应建立在一定的前提和条件下，即企业日后的生产经营活动必须符合所选的税收政策的特殊性规定。这些特殊性，在给企业的纳税筹划提供可能性的同时，也对企业某一方面的经营活动（经营范围、经营地点、经营期限等）带来了约束性，从而影响着企业经营活动本身的灵活性。如果项目投资后经济活动本身发生变化，或对项目预期经济活动的判断失误，就很可能失去享受税收优惠的必要特征或条件，不仅无法达到减轻税负的目的，而且可能加重税负。

4. 方案实施风险

科学的纳税筹划方案必须通过有效的实施，如果在实施过程中没有严格的实施措施，或没有得力的实施人才，或没有完善的实施手段，都有可能导致整个纳税筹划失败。由于纳税筹划的固有特点是与“法”共舞，即纳税筹划经常是在税收法规规定的边缘操作，以帮助纳税人实现利益最大化；加上我国税收立法体制层次多，立法技术不高，不仅法规内容存在着很多模糊之处，而且法规之间还有一些冲突或摩擦，即使是专业人士有时也难以准确把握，这就给纳税人的纳税筹划带来了很大的操作风险。

从实践中可以看到操作风险包含两个方面的内容：一是对有关税收优惠政策运用和执行不到位的风险，如因残疾人员比例不足而享受了福利的企业优惠，因利用再生资源的比例不足而享受了有关环保方面的税收优惠等。二是在系统性纳税筹划过程中对税收政策的整体性把握不够，形成纳税筹划的综合运用风险，如在企业改制、合并、分立过程中就涉及多种税收优惠的操作问题。根据有关规定，在一般情况下，被合并企业应计算资产的转让所得，依法缴纳所得税，被合并企业以前年度的亏损，不得结转到合并企业弥补，但如果合并企业支付给被合并企业或其股东的收购价款中，除合并企业股权外的现金、有价证券和其他资产，不高于所支付的股权票面价值（或支付的股本的账面价值）20%的，经税务机关审核确认，被合并企业可以不确认全部资产的转让所得或损失，不计算缴纳所得税，其合并以前的全部企业所得税事项由合并企业承担，以前年度的亏损，如果未超过法定弥补期限，可由合并企业继续按规定用以后年度实现的与被合并企业资产相关的所得弥补。凡此种种，如果不能系统理解和全面掌握并加以综合运用，就很容易顾此失彼，导致出现纳税筹划失败的风险。

（三）执法风险

执法风险是由纳税筹划的被动判断性所决定的。严格意义上的纳税筹划应当是合法的，符合立法意图，但这种合法性还需要税务行政执法部门的确认。在这一确认过程中，客观上存在税务行政执法偏差从而产生纳税筹划失败的风险，具体体现在：一是税收制度一般只对有关税收的基本问题作出相应的规定，具有税收条款设置不完善、无法涵盖所有的税收事项的特点，加之客观情况发生不断变化，税收又具有滞后经济发展的特性，由此可能导致征纳双方对税法理解与执行上的不一致；二是税法对具体的税收事项常留有一定的可能弹性空间，在一定范围内，税务机关拥有自由裁量权，客观上给税收政策执行偏差提供了可能性；三是税法执法人员的素质参差不齐，这也是导致税收政策执行偏差的一个不可忽视的因素。因此，企业在开展各种纳税活动时经常会遇到来自一些基础税务行政执法机关的观念冲突与行为障碍。即使是真正的合法行为，结果也极有可能被税务行政执法人员视为偷税或者恶意的避税行为而加以查处，不但得不到节税的效益，反而会加重税收成本，产生纳税筹划失败的风险，给企业带来经济上的损失。

（四）诚信风险

诚信风险是纳税人设计和实施纳税筹划方案所面临的因预期结果的不确定性而不被税务机关认可，有可能被税务机关查实认定为偷逃税，从而被税务机关认定为不讲诚信的纳税人，导致税务机关对该纳税人更加严格和频繁的稽查、施加更加苛刻的纳税申报条件及程序，这就使得纳税人的纳税成本增加。

二、按纳税筹划风险是否可以直接度量进行分类

按照纳税风险是否可以直接度量，可以将其分为以下类型：

（一）定性的纳税筹划风险

定性的纳税筹划风险的特征是不容易直接度量（评估）风险的大小，一般只用“是否变化”“是否存在”等作为风险大小的度量指标。当然，这并不意味着不能对这种风险进行度量。实务中可以采取模糊评测法对定性的纳税筹划风险进行度量，这种方法主要涉及对前面所提到的政策风险、经营活动变化风险、执法风险、诚信风险等进行度量。

（二）定量的纳税筹划风险

定量的纳税筹划风险的特征是能够直接度量风险的大小，且只能通过量化的数字来描述风险的大小，包括度量纳税筹划风险导致的显性损失的大小以及隐性损失的大小两大类。纳税筹划风险导致的显性损失比较直观，可以通过企业的财务数据表现出来，例如，因纳税筹划方案设计不合理而多缴纳的税款、纳税筹划方案被认定为偷税行为而产生的罚款和滞纳金等。纳税筹划风险导致的隐性损失，是指纳税人由于实施所制定纳税筹划方案而放弃的潜在利益，它是一种机会成本，在纳税筹划实务中容易被忽视。

第四节 纳税筹划风险防范措施

企业要在激烈的市场竞争中取胜，一个重要因素就是在于企业能否有效利用税收政策以降低税负，进而降低企业成本，这些都与纳税筹划有关。随着市场经济的不断发展，纳税筹划日益成为一种普遍现象，并且受到越来越多的企业重视。然而，由于纳税筹划是在税法规定的边缘操作，其风险无时不在，但企业却常常忽视这种风险，致使纳税筹划收效甚微甚至失败。因此，企业不仅要重视纳税筹划，更要重视纳税筹划的风险及其防范。

一、建立风险控制机制

纳税筹划存在潜在风险，风险的发生必将危及企业的生存与发展，所以企业管理层必须对纳税筹划的风险给予足够的关注，对纳税筹划风险的形式、状态进行动态监控，对可能发生与预期筹划结果不符的情况要及时反馈、适时调整，将不确定性因素给企业带来的风险降到最低。

（一）纳税筹划风险的事前控制

1. 加强纳税筹划信息管理

纳税筹划活动的首要环节是收集信息，既包括国家税收政策内容，也包括筹划主体过去、现状及其所处的环境。这样才能在充分了解现状的基础上借鉴合理的方法技术进行筹划，以保证纳税筹划方案的有效实施，避免在实施过程中造成不必要的损失。因此，企业需要密切关注财税政策的变化，建立税收信息资源库。纳税筹划的关键是准确把握税收政策，但税收政策层次多、数量大、变化频繁，掌握起来难度非常大。因此，建议企业建立税收资源库，对适用的政策进行归类、整理、存档，并跟踪政策变化，灵活应用。准确理解和把握税收政策是设计筹划方案的基本前提，也是保证筹划方案质量的基础。

2. 加强税务筹划人员素质教育

纳税筹划活动的科学实施离不开高素质的筹划人员，鉴于企业内部税务筹划人员对企业的基本情况比较熟悉，从长远发展角度考虑，企业应该培养自己的税务筹划人员。为提高税务筹划人员业务素质，企业必须聘用精通税务筹划的专门人才或者对现有财务人员进行培训和再教育，从而为实现既定的筹划目标服务。要提高筹划人员的业务素质，一方面要引进高素质的筹划人员，将纳税筹划知识与能力的考核成绩、职业道德修养以及沟通和协作能力作为录取的标准之一；另一方面，要加强包括财会人员在内的从事纳税筹划工作的人员培训，使他们较好地掌握税收、会计、财务、法律、企业管理、风险管理等方面知识，同时加强职业道德教育和沟通、协作能力的培训，使其既能制订正确的纳税筹划方案，又能正确地组织执行纳税筹划方案，还能有效地降低纳税筹划风险。比如筹划人员要正确区分违法与合法的界限，树立正确的筹划观。依法纳税是纳税人的义务，而合理、合法地筹划涉税问题、科学安排收支，这也是纳税人的权利。纳税人应该树立正确的筹划观：税收筹划可以节税，但税收筹划不是万能的，其筹划空间和弹性是有限的。

3. 具体问题具体分析，切忌目标照搬

纳税筹划虽具有一定的规律，但筹划方案设计并没有固定的套路，因为每个企业都是个性的，不存在最好的方案，只有适合企业特征的纳税筹划方案。针对不同的问题，因地制宜，具体问题具体分析。税收筹划方案及其操作结果随纳税人具体情况不同而不同，切忌盲目照搬别人的方案。因此，纳税人需要综合衡量纳税筹划方案，降低税务风险。一个好的税收筹划方案，应该合理、合法，能够达到预期的效果。但是，实施筹划方案往往会“牵一发而动全身”，要注意方案对整体税负的影响；实施过程还会增加纳税人的相关管理成本，这也是不可忽视的问题；还要考虑战略规划、税收环境变迁等风险隐藏因素。

4. 保持纳税筹划方案适度的灵活性

由于纳税人所处的经济环境千差万别，加之税收政策和纳税筹划的主客观条件在不断变化中，因此，要求纳税人在纳税筹划时，要具体问题具体分析，设计方案时要保持相当的灵活性，以便随着国家税制、税法、相关政策的改变及预期经济活动的变化随时调整项目投资，对筹划方案进行重新审查和评估，适时更新筹划内容，采取措施分散，趋利避害，保证纳税筹划目标实现。

（二）纳税筹划风险的事中控制

1. 注重整合纳税筹划目标与财务管理目标

纳税筹划的规则决定了依法筹划是纳税筹划工作的基础。纳税筹划风险控制首先必须坚持合法性原则，离开这个基本点，风险控制就无从谈起。一项违法的纳税筹划，无论其成果如何显著，注定是要失败的。同时，企业应重视纳税筹划目标与财务管理目标的整合，将纳税筹划活动有机地融入财务管理活动中。因为在税法规范的前提下，企业往往面临不同的纳税筹划方案选择，不同税务筹划方案的税负差异影响着企业未来的现金流量，进而影响企业的盈利能力、偿债能力以及投资经营风险。因此，企业应注重在依法纳税的前提下主动地利用税收杠杆维护自己的合法权益，尽量选取相对确定性的筹划技术，有效控制纳税筹划风险和财务风险。例如，某个体户依法要缴纳相应的流转税和所得税，如果向他提供一份纳税筹划方案，可以让他免缴全部税款，前提是要他把经营业绩控制在起征点以下。这项纳税筹划方案一定会遭到拒绝。因为该方案的实施，虽然能使纳税人的税收负担降为零，但其经营规模和收益水平也受到了最大的限制，显然是不可取的。因此，企业开展纳税筹划应综合考虑、全面权衡，不能为筹划而筹划。

2. 加强与税务机关的沟通

纳税筹划认定风险的存在使得企业主观上的税务筹划行为在一定程度上受到行政限制。因此，企业在纳税筹划过程中应加强与当地税务机关的联系，充分了解当地税务征管的特点和具体要求，争取得到税务机关对企业税务筹划行为的认可。事实上，如果企业不能适应主管税务机关的管理特点，或者税务筹划方案不能得到当地主管税务部门的认可，就难以体现它应有的收益。因此，企业应该确立正确的沟通观念，与税务机关进行诚心交流和沟通，以自身诚信纳税的行为树立良好的纳税信誉和形象，并在设计与选择税务筹划方案时诚心地向税务机关咨询，以达成筹划方式意见上的一致，实现企业与税务机关的“双赢”。

3. 充分利用税务代理的专业化服务优势

纳税筹划作为一项高层次的理财活动，要求筹划人员具有很高的综合素质。而实际上，企业纳税筹划人员无论从专业素质还是控制风险的能力上都与专业机构的纳税筹划人员存在着很大差异。因此，在企业无能力独立应对纳税筹划风险时，有必要寻求专业的税务代理机构对企业进行纳税指导，从而有效地控制纳税筹划风险。但要注意以下两个方面：一是不能盲目信赖税务代理的专业化服务，在纳税筹划方案外包出去的同时，企业自身仍要加强对纳税人筹划风险的防范，避免外包的纳税筹划失败而产生损失；二是对税收筹划方案复杂程度和企业筹划人员的专业胜任能力进行合理的评价，应该外包的税收筹划方案外包给税务代理机构，不必要外包的就不外包。

4. 密切关注纳税筹划方案实施条件的变化，不断调整完善筹划方案。

一方面，要密切关注企业自身的条件变化，主要是企业经济活动的变化；另一方面，要密切关注企业外部条件的变化，包括政治方面的变化，税收政策的变化，国内经济的波动，全球经济的波动，国外税收、金融政策的变化，自然灾害、突发事件的出现等。有时甚至要预测、推断变化，不断调整和完善筹划方案，将纳税筹划风险降到最低。

（三）税务筹划风险的事后控制

纳税筹划方案的设计、实施和评估作为一个完整的系统，对企业整个纳税活动进行有效的控制和监管，使之处于合法规范的有序运作之中。在这一动态循环中，绩效评估处于承上启下的重要地位，既是本次循环的结束，又连接着下次循环的开始。一般来说，企业可以根据“成本收益原则”对纳税筹划的绩效进行评估。根据“成本收益原则”，如果“成本”小于“收益”，纳税筹划是成功的，反之则是失败的。成功的纳税筹划方案可以为企业以后的筹划方案设计提供经验借鉴，而失败的纳税筹划方案则要求企业寻求方案失败的原因，进而在下一次纳税筹划设计时接受教训，有效规避纳税筹划风险，以保证纳税筹划方案的有效设计与实施。

二、规范会计核算基础工作

企业经营决策层必须树立依法纳税的理念，这是成功开展纳税筹划的前提。纳税筹划可以在一定程度上减轻企业的税收负担，提高企业的经营业绩，但它只是全面提高企业财务管理水平的一个环节，不能将企业的盈利空间寄希望于税收筹划，因为经营业绩的提高要受市场变化、商品价格、商品质量和经营管理水平等诸多因素的影响，而纳税筹划也是建立在企业生产经营的良性循环的基础上，许多纳税筹划方案的实现都是建立在企业预期经济效益能够实现的前提条件下，才能达到预期目的的。所以依法设立完整规范的财务核算体系，建立完整的会计信息披露制度，正确进行会计核算才是企业进行纳税筹划的基本前提。纳税筹划是否合法，首先，管理创新必须能保证企业正确的核算和符合税收政策的规定，其次，作为企业会计核算的账务处理、会计凭证、账簿、票据都能经得住税务部门的纳税检查。因此，中小企业应正确核算企业的经营行为，规范会计基础工作，为提高纳税筹划的效果提供可靠的依据。

三、贯彻成本效益原则

企业在选择纳税筹划方案时，必须遵循成本效益原则才能保证税收筹划目标的实现。任何一项筹划方案的实施，纳税人均会在获取部分税收利益的同时为实施该方案付出税收筹划成本，以及因选择该筹划方案而放弃其他方案所损失的相应的机会成本。如原材料进项税额抵扣与原材料资金占用之间就存在着矛盾，仅仅考虑进项税抵扣而大量购进原材料，必然以增大原材料资金占用费（包括占用资金机会成本、原材料仓储保管费、原材料变质损失费等）为代价。因此，只有在充分考虑筹划方案中的直接成本和隐含成本的条件下，且当纳税筹划成本小于所得的收益时，该项纳税筹划方案才是合理的和可以接受的。

企业进行纳税筹划，不能仅考虑个别税种的税负高低，需要着眼于企业整体税负的减轻。一项成功的纳税筹划方案必然是多种税收方案的优化选择的结果，优化选择的标准不是税收负担最小而是在税收负担相对较小的情况下，企业整体利益最大化。在选择纳税筹划方案时，不能把眼光仅盯在某一时期纳税最少的方案上，而应考虑服从企业长期发展战略，选择能实现企业整体效益最大化的纳税筹划方案。

四、完善内部管理控制

企业会计核算中不相容业务必须分离，要进一步提高会计核算整体水平和会计信息质量，切实加强对企业内部的管理控制，比如仓库的存货管理与物料会计的存货记账不能由同一人兼任。一个好的内部控制制度可以从根本上防止失真会计信息的产生，从而避免纳税筹划风险的发生。因此管理控制制度的健全、科学，既是企业税收筹划的基础，也是规避税务风险发生最基本、最重要的保证。此外，及时掌握税收政策的更新变化至关重要，对税收政策的理解不能仅停留在文本表面，要正确把握税收政策实质，进行纳税筹划时必须以合法为前提，要全面深入地了解并熟练地运用税收法律的相关规定，这对企业财务主管人员的素质提出了更高的要求。纳税筹划风险案例中，企业往往由于有关税收政策精神理解不到位，纳税操作程序不规范，导致税务风险的发生，造成事实上的偷税，受到税务机关的处罚。可见，只有以完善的内部控制为依托，在充分把握税法实质，熟悉纳税程序的前提下进行的筹划才能使企业在最大程度上规避税收风险。

【案例 4 -1】 2015 年 3 月至 7 月，道兴公司以公司存款购置了车辆（厂牌型号为克莱斯勒大切诺基 3604CC），该车登记所有权人为道兴公司的法定代表人杜毅，并以杜毅的名义缴纳了车辆购置税和购买了交强险、商业险，道兴公司为购车款、车辆购置税和保险费共计支出 700021.13 元，该笔支出未向税务机关缴纳个人所得税和企业所得税。

2016 年 4 月 29 日，贵阳市地方税务局稽查二局开展专项检查工作，对道兴公司进行税务立案检查，稽查二局经过调查发现道兴公司上述涉税问题后，于 2016 年 8 月 12 日作出筑地税稽二罚（2016）8 号税务行政处罚事项告知书，告知道兴公司拟对其作出的处罚决定，并于同日作出筑地税稽二处（2016）8 号税务处理决定书，决定“限期道兴公司对 2014 ~ 2015 年度应扣缴个人所得税

664680.60元进行补扣补缴，对2014~2015年度少缴的企业所得税204906.22元予以追缴，对2014年少缴纳的企业所得税29341.72元按日万分之五加收滞纳金。限你单位自收到本决定书之日起15日内到贵阳市地方税务局将上述税款及滞纳金缴纳入库，并按规定进行相关账务调整。逾期未缴清的，将依照《中华人民共和国税收征收管理法》第四十条规定强制执行”。

根据《中华人民共和国税收征收管理法》第八十八条规定，《税务处理决定书》需先申请行政复议，道兴公司撤回对筑地税稽二处（2017）1号税务处理决定书的起诉。

纳税人的疑问：稽查二局作出税务行政处罚前未向道兴公司制发“限期缴纳税款通知书”是否程序违法；公司出资购车，登记在杜毅名下，杜毅就该购车款是否应缴纳个人所得税。道兴公司认为车辆虽然登记在杜毅名下，但实际使用人、管理人和所有人为公司，车辆不是杜毅个人所得，并提供派车单佐证车辆实际均用于公司业务活动；对于道兴公司认为同一笔购车款（含车辆购置税、保险费），稽查二局征收杜毅的个人所得税还征收道兴公司的企业所得税，属重复征税问题。

税务机关回复第一问题，根据《中华人民共和国税收征收管理法实施细则》第七十三条“从事生产、经营的纳税人、扣缴义务人未按照规定的期限缴纳或者解缴税款的……由税务机关发出限期缴纳税款通知书，责令缴纳或者解缴税款的最长期限不得超过15日”的规定，限期缴纳税款通知书的实质为给予纳税人或扣缴义务人合理的自我纠错期限，稽查二局于2016年8月12日作出的筑地税稽二处（2016）8号税务处理决定中已经按最长限期15日限期道兴公司补缴税款及滞纳金。道兴公司在15日内未补缴税款及滞纳金，稽查二局遂于2016年9月9日作出筑地税稽二罚（2016）8号税务行政处罚决定书，并非道兴公司述称的系直接作出税务处罚决定。综上，稽查二局作出税务行政处罚决定的程序并无不当。

税务机关回复第二个问题，依据《财政部、国家税务总局关于企业为个人购买房屋或其他财产征收个人所得税问题的批复》（财税2008-83号）“……一、根据《中华人民共和国个人所得税》和《财政部、国家税务总局关于规范个人投资者个人所得税征收管理的通知》（财税〔2003〕158号）的有关规定，符合下列情况的房屋或其他财产，不论所有权人是否将财产无偿或有偿交付企业使用，其实质均为企业对个人进行了实物性质的分配，应依法计征个人所得税。

税务机关回复第三个问题，企业所得税、个人所得税，纳税主体分别为道兴公司、杜毅个人，税种、纳税主体和税率等均不同，并非重复征税。

【解析】

1. 对于纳税人的第一个疑问，根据《中华人民共和国税收征收管理法实施细则》第七十三条“由税务机关发出限期缴纳税款通知书，责令缴纳或者解缴税款的最长期限不得超过 15 日”的规定，这实际上就是程序，在本质上税务机关就是违反了程序，但是最终判决是认定为税务机关没有违反程序，所以在征纳双方关系中，税务机关会具有更多的“自由裁量权”。从纳税筹划风险的角度来说就会增加筹划风险。

2. 对于纳税人第二、第三疑问，主要是因为纳税人对税法的不熟悉或者故意偷逃税而导致的。从纳税筹划风险的角度来看，不熟悉税收法律法规或者不分清楚合法与违法的界限，就很可能造成纳税筹划失败，不仅未能节税而且会造成经济损失和法律的惩罚。

本章小结

本章分为四节，第一节主要是介绍纳税筹划风险的含义和特征，在学习这一块内容时要注意学习风险的特征与纳税筹划的特征。第二节主要介绍纳税筹划风险产生的原因。产生纳税筹划风险具有客观性原因和主观性原因。第三节主要是介绍纳税筹划风险的种类。主要按照纳税筹划风险产生的原因和纳税筹划风险是否可以直接度量进行分类。第四节主要介绍纳税筹划风险防范措施。由于纳税筹划是在税法规定的边缘操作，其风险无时不在。因此，企业不仅要重视纳税筹划，更要重视纳税筹划的风险及其防范。

复习思考题

1. 什么是纳税筹划风险，纳税筹划具有哪些特征？
2. 纳税筹划风险如何分类？
3. 如何防范纳税筹划风险？

第五章

增值税的纳税筹划

导语：在学习纳税筹划的基本理论和筹划方法的基础上，从本章开始对各个税种进行纳税筹划。第五章讲述的是增值税纳税筹划，自“营改增”后，增值税已经成为我国的第一大税种，而且增值税税收政策复杂并处于不断变化中，这也为各行业提供一定的税收筹划空间。本章主要以纳税人身份、计税依据、税率、税收优惠以及出口税收政策为切入点，讨论如何对增值税进行税收筹划，从而达到合理节税、减轻企业税负的目的。

第一节　增值税纳税人的纳税筹划

一、纳税人的法律界定

增值税是以商品和劳务在流转过程中产生的增值额作为征税对象而征收的一种流转税。按照我国增值税法的规定，增值税是对在我国境内销售货物或者加工、修理修配劳务（以下简称劳务）、销售服务、无形资产、不动产以及进口货物的单位和个人，就其销售货物、劳务、服务、无形资产、不动产（以下统称应税销售行为）的增值额和货物进口金额为计税依据而课征的一种流转税。

现行增值税征税范围一般包括销售或者进口的货物，货物是指有形动产，包括电力、热力、气体在内。

销售货物，是指有偿转让货物的所有权。进口货物，是指直接从境外进口的货物，同时包括从境内保税工厂、保税仓库、保税区运往境内其他地区的货物。

销售劳务，劳务是指纳税人提供的加工、修理修配劳务。加工是指受托加工货物，即委托方提供原料及主要材料，受托方按照委托方的要求制造货物并收取加工费的业务；修理修配是指受托对损伤和丧失功能的货物进行修复，使其恢复原状和功能的业务。提供应税劳务，是指有偿提供劳务，单位或者个体工商户聘用的员工为本单位或者雇主提供劳务不包括在内。

销售服务，服务包括交通运输服务、邮政服务、电信服务、建筑服务、金融服务、现代服务、生活服务。具体征税范围为交通运输服务，是指利用运输工具将货物或者旅客送达目的地使其空间位置得到转移的业务活动。包括陆路运输服务、水路运输服务、航空运输服务和管道运输服务；邮政服务，是指中国邮政集团公司及其所属邮政企业提供邮件寄递、邮政汇兑和机要通信等邮政基本服务的业务活动。包括邮政普遍服务、邮政特殊服务和其他邮政服务；建筑服务，是指各类建筑物、构筑物及其附属设施的建造、修缮、装饰，线路、管道、设备、设施等的安装以及其他工程作业的业务活动。包括工程服务、安装服务、修缮服务、装饰服务和其他建筑服务；金融服务，是指经营金融保险的业务活动。包括贷款服务、直接收费金融服务、保险服务和金融商品转让；现代服务，是指围绕制造业、文化产业、现代物流产业等提供技术性、知识性服务的业务活动。包括研发和技术服务、信息技术服务、文化创意服务、物流辅助服务、租赁服务、鉴证咨询服务、广播影视服务、商务辅助服务和其他现代服务；生活服务，是指为满足城乡居民日常生活需求提供的各类服务活动。包括文化体育服务、教育医疗服务、旅游娱乐服务、餐饮住宿服务、居民日常服务和其他生活服务。

销售无形资产，无形资产是指不具实物形态，但能带来经济利益的资产。包括技术、商标、著作权、商誉、自然资源使用权和其他权益性无形资产。

销售不动产，不动产是指不能移动或者移动后会引起性质、形状改变的财产，包括建筑物、构筑物等。

根据《增值税暂行条例》《增值税暂行条例实施细则》和“营改增通知”的规定在中华人民共和国境内发生应税销售行为以及进口货物的单位和个人为增值税的纳税义务人。

增值税纳税人划分为一般纳税人和小规模纳税人。这两类纳税人在税款计算方法、适用税率（征收率）以及管理办法上都有所不同。对一般纳税人实行凭发票扣税、计算扣税、核定扣税的计税方法；对小规模纳税人规定简易的计税方法和征收管理办法。一般纳税人和小规模纳税人划分的基本标准是纳税人年应税销售额的大小和会计核算水平，年应税销售额不能达到规定标准但符合资格条件的，也可办理增值税一般纳税人资格登记。

这两类纳税人具体的划分标准为：

一是基本资格登记标准——销售规模的金额标准。

增值税纳税人年应税销售额超过财政部、国家税务总局规定的小规模纳税人标准（以下简称“规定标准”）的，除另有规定者外，应当向其机构所在地主管税务机关办理一般纳税人登记。2018 年 5 月 1 日起，年应税销售额 500 万元（含）以下的，为小规模纳税人。

二是资格条件。

年应税销售额不能达到规定标准但符合资格条件的，也可登记成为增值税一般纳税人。目前规定的资格条件：能够按照国家统一的会计制度规定设置账簿，根据合法、有效凭证核算，能够准确提供税务资料。除国家税务总局另有规定外，一经登记为一般纳税人后，不得转为小规模纳税人。

2019 年 4 月 1 日起，销售货物或者提供加工修理修配劳务、提供有形动产租赁服务的一般纳税人的增值税基本适用税率为 13%；提供交通运输、邮政、基础电信、建筑、不动产租赁服务、销售不动产、转让土地使用权，税率为 9%；境内单位和个人发生的跨境应税行为，税率为零；纳税人发生应税行为，除上述规定外，税率为 6%。一般纳税人允许进项税额抵扣。小规模纳税人适用 3% 的征收率，不得抵扣进项税额。

二、纳税人身份的纳税筹划

我国现行的增值税制度将增值税纳税人分为一般纳税人和小规模纳税人，这两类纳税人实行的税收待遇有差异，所以给我们提供了税收筹划的空间，纳税人可以通过选择一般纳税人和小规模纳税人身份，以达到减少税负的目的。

一般纳税人与小规模纳税人的适用税率和计税方法是不同的。那么，在销售收入相同的情况下，两种纳税人身份哪一个纳税更多呢？从上述税法规定可以看出，在销售额既定的情况下，小规模纳税人的应纳税款即已确定。但一般纳税人的应纳税款还需依据其可抵扣的进项税额而定，可抵扣的进项税额越大，应纳税款越少；反之，可抵扣的进项税额越小，应纳税款就越多。或者其增值率越高，应纳税款越多。

（一）增值率

一般纳税人与小规模纳税人进行税负比较时，增值率是一个关键因素。在一个特定的临界点下，增值税一般纳税人与小规模纳税人应纳税款数额相同，我们把这个临界点称为“无差别平衡点增值率”。当增值率低于这个点时，增值税一般纳税人的税负低于小规模纳税人；当增值率高于这个点时，增值税一般纳税人的税负高于小规模纳税人。无差别平衡点增值率的计算可分为含税销售额无差别平衡点增值率的计算与不含税销售额无差别平衡点增值率的计算。

1. 含税销售额无差别平衡点增值率的计算

假定纳税人含税销售额增值率为 Z，含税销售额为 S，含税购进额为 P（增值税税率为 13%），一般纳税人适用的税率为 13%，小规模纳税人的征收率为 3%。

一般纳税人增值率 $= Z = (S - P) \div S$

一般纳税人应纳增值税税额 $= S \div (1 + 13\%) \times 13\% - P \div (1 + 13\%) \times 13\%$

$$= S \times Z \div (1 + 13\%) \times 13\%$$

小规模纳税人增值税税额 $= S \div (1 + 3\%) \times 3\%$

当增值税税额相等时，即：$S\times Z\div(1+13\%)\times13\%=S\div(1+3\%)\times3\%$

则：$Z=25.32\%$

当增值率低于无差别平衡点增值率25.32%时，一般纳税人的税负低于小规模纳税人，即成为一般纳税人可以节税。当增值率高于无差别平衡点增值率25.32%时，一般纳税人的税负高于小规模纳税人，即成为小规模纳税人可以节税。企业可以按照本企业的实际购销情况作出选择。

同理，可计算出一般纳税人销售或提供税率为9%或6%的商品或服务与小规模纳税人销售或提供征收率为3%或5%的商品或服务的无差别平衡点增值率，如表5-1所示。

表5-1　无差别平衡点增值率（含税，%）

一般纳税人税率	小规模纳税人征收率	无差别平衡点增值率
13	3	25.32
9	3	35.28
6	3	51.46
13	5	41.39
9	5	57.67
6	5	84.13

2. 不含税销售额无差别平衡点增值率的计算

假定纳税人不含税销售额增值率为Z，不含税销售额为S，不含税购进额为P（增值税税率为13%），一般纳税人适用的税率为13%，小规模纳税人的征收率为3%。

一般纳税人增值率 $=Z=(S-P)\div S$

一般纳税人应纳增值税税额 $=S\times13\%-P\times13\%$

$=Z\times13\%\times S$

小规模纳税人增值税税额 $=S\times3\%$

当增值税税额相等时，即：$Z\times13\%\times S=S\times3\%$

则：$Z=23.08\%$

当增值率低于无差别平衡点增值率23.08%时，一般纳税人的税负低于小规模纳税人，即成为一般纳税人可以节税。当增值率高于无差别平衡点增值率23.08%时，一般纳税人的税负高于小规模纳税人，即成为小规模纳税人可以节税。企业可以按照本企业的实际购销情况作出选择。

同理，可计算出一般纳税人销售税率为9%或6%的商品或应税劳务与小规模纳税人销售征收率为3%或5%的商品或应税劳务的无差别平衡点增值率，如表5-2所示。

表 5－2　无差别平衡点增值率（不含税，%）

一般纳税人税率	小规模纳税人征收率	无差别平衡点增值率
13	3	23.08
9	3	33.33
6	3	50.00
13	5	38.46
9	5	55.56
6	5	83.33

（二）抵扣率

在实际操作中，一般纳税人税负高低也取决于可抵扣的进项税额的多少。通常情况下，若可抵扣的进项税额较多，则适宜作一般纳税人，反之则适宜作小规模纳税人。当抵扣额占销售额的比重达某一数值时，两种纳税人的税负相等，这个临界点称为无差别平衡点抵扣率。其计算公式如下（不含税情况）：

假定抵扣率为 Z，不含税销售额为 S，不含税购进额为 P（增值税税率为 13%），一般纳税人适用的税率为 13%，小规模纳税人的征收率为 3%。

一般纳税人抵扣率 $= Z = P \div S$

一般纳税人应纳增值税税额 $= S \times 13\% - P \times 13\%$

$= (1 - Z) \times 13\% \times S$

小规模纳税人增值税税额 $= S \times 3\%$

当增值税税额相等时，即：$(1 - Z) \times 13\% \times S = S \times 3\%$

则：$Z = 76.92\%$

当抵扣率低于无差别平衡点抵扣率 76.92% 时，一般纳税人的税负高于小规模纳税人，即作为小规模纳税人可以节税。当抵扣率高于无差别平衡点抵扣率 76.92% 时，一般纳税人的税负低于小规模纳税人，即作为一般纳税人可以节税。企业可以按照本企业的实际购销情况，根据以上情况作出选择。

同理，我们可计算出一般纳税人销售税率为 9% 或 6% 的商品或应税劳务与小规模纳税人销售征收率为 3% 或 5% 的商品或应税劳务的无差别平衡点抵扣率，如表 5－3 所示。

表 5－3　无差别平衡点抵扣率（不含税，%）

一般纳税人税率	小规模纳税人征收率	无差别平衡点抵扣率
13	3	76.92
9	3	66.67
6	3	50.00

续表

一般纳税人税率	小规模纳税人征收率	无差别平衡点抵扣率
13	5	61.54
9	5	44.44
6	5	16.67

（三）在进行增值税纳税人身份筹划时，还需要注意的几个方面

1. 纳税人年应税销售额超过规定标准的，且未在规定期限内向主管税务机关办理一般纳税人资格登记手续的纳税人，应按照销售额依照增值税税率计算应纳税额，不得抵扣进项税额，也不得使用增值税专用发票，直至纳税人办理相关手续为止。

2. 企业经营的目标是追求利润最大化，这就决定着企业必须根据市场需求不断扩大生产和经营规模。在这种情况下，这一目标限制了企业选择成为小规模纳税人。而且一般纳税人要有健全的会计核算制度，需要聘用专业会计人员，需要投入更多的财力和精力，这必然会增加企业的纳税成本。

3. 如果企业产品的销售对象多为一般纳税人，该企业必须选择成为一般纳税人才有利于产品的销售。如果企业生产、经营的客户多为小规模纳税人或者消费者个人，不受发票类型的限制，其可以筹划的空间就较大。

【案例 5-1】 北京某商业企业年零售含税销售额为 650 万元，会计核算制度比较健全，符合一般纳税人条件，适用 13% 的税率。该企业年购进货物的不含税金额为 300 万元，取得增值税专用发票。该企业如何通过增值税纳税人身份的筹划来进行节税？

【解析】 该企业应纳增值税 = 650 ÷ (1 + 13%) × 13% − 300 × 13%

= 35.78（万元）

企业销售利润 = 650 ÷ (1 + 13%) − 300 = 275.22（万元）

该企业购进货物价税合计 = 300 × (1 + 13%) = 339（万元）

含税增值率：(650 − 339) ÷ 339 = 91.74%

对照表 5-1 发现该企业的增值率超过含税的无差别平衡点增值率 25.32%，成为小规模纳税人可比一般纳税人减少增值税税款缴纳。如果在未来的一段时间，企业的规模不会有太大增长，经营项目也不会有很大的改变，所以可以考虑将企业分设成两个零售企业，各自作为独立核算单位。假定分设后两企业的年含税销售额均为 325 万元，成为小规模纳税人，征收率为 3%，分设后：

两个企业购入货物价税合计 = 300 × (1 + 13%) = 339（万元）

两个企业共应缴纳增值税 = 650 ÷ (1 + 3%) × 3% = 18.93（万元）

分设后两个企业销售利润合计 = 650 ÷ (1 + 3%) − 339 = 292.07（万元）

所以经过对纳税人身份进行筹划，企业销售利润增加了16.85万元（292.07－275.22）。

第二节 增值税计税依据的筹划

一、计税依据的法律界定

（一）一般纳税人应纳税额的计算公式是：

应纳税额＝当期销项税额－当期进项税额－上期留抵税额

＝销售额×税率－进项税额－上期留抵税额

（二）销项税

销项税额是按税率计算并向购买方收取的增值税税额。其计算公式为：

销项税额＝销售额×税率

销售额包括向购买方收取的全部价款和价外费用。与销售有因果连带关系的价外收费都应看作含税销售额，即向购买方收取的价外费用应视为含税收入，在征税时换算成不含税收入，再并入销售额计税。

不含税销售额＝含税销售额÷（1＋税率）

价外费用是指价外向购买方收取的手续费、补贴、基金、集资费、返还利润、奖励费、违约金（延期付款利息）、包装费、包装物租金、储备费、优质费、运输装卸费、代收款项、代垫款项及其他各种性质的价外收费。上述价外费用无论其会计制度如何核算均应并入销售额计税。但下列项目不包括在内：

1. 向购买方收取的销项税额；

2. 受托加工应征消费税的消费品所代收代缴的消费税；

3. 符合条件代为收取的政府性基金和行政事业性收费；

4. 销货同时代办保险收取的保险费，向购买方收取的代购买方缴纳的车辆购置税、车辆牌照费（销货方对此类代收费用开具发票的除外）；

5. 以委托方名义开具发票代委托方收取的款项。

纳税人销售货物或者应税劳务的价格明显偏低并且无正当理由的，税务机关按下列顺序确定销售额：

第一，按纳税人最近时期同类货物的平均销售价格确定；

第二，按其他纳税人最近时期同类货物的平均销售价格确定；

第三，按组成计税价格确定，计算公式为：

组成计税价格＝成本×(1＋成本利润率)；

属于应征消费税的货物，其组成计税价格应加计消费税税额。公式为：

组成计税价格 = 成本 ×（1 + 成本利润率）+ 消费税税额

或：组成计税价格 =［成本 ×（1 + 成本利润率）+ 从量计征的消费税税额］÷（1 − 消费税税率）

在上式中，“成本”分为两种情况：属于销售自产货物的为货物的实际生产成本，属于销售外购货物的为货物的实际采购成本。“成本利润率”一般为10%。但属于应从价定率征收消费税的货物，其组成计税价格公式中的成本利润率，为《消费税若干具体问题的规定》中规定的成本利润率。

根据《增值税暂行条例》及其实施细则和营改增税收政策的规定，销售额要以人民币计算。纳税人以人民币以外的货币结算销售额的，应当折合成人民币计算，其销售额的人民币折合率可以选择销售额发生的当天或者当月 1 日的人民币汇率中间价。纳税人应事先确定采用何种折合率，确定后 12 个月内不得变更。

［知识链接］视同销售的情况

（1）2016 年最新修订的《增值税暂行条例实施细则》规定了单位或者个体工商户的八种行为，应当视同销售货物缴纳增值税：

①将货物交付其他单位或者个人代销；

②销售代销货物；

③设有两个以上机构并实行统一核算的纳税人，将货物从一个机构移送其他机构用于销售，但相关机构设在同一县（市）的除外；

④将自产或者委托加工的货物用于非增值税应税项目；

⑤将自产、委托加工的货物用于集体福利或者个人消费；

⑥将自产、委托加工或者购进的货物作为投资，提供给其他单位或者个体工商户；

⑦将自产、委托加工或者购进的货物分配给股东或者投资者；

⑧将自产、委托加工或者购进的货物无偿赠送其他单位或者个人。

（2）“营改增”税收政策规定了单位和个体工商户的下列情形，视同销售服务、无形资产或者不动产缴纳增值税：

①单位或者个体工商户向其他单位或者个人无偿提供服务，但用于公益事业或者以社会公众为对象的除外；

②单位或者个人向其他单位或者个人无偿转让无形资产或者不动产，但用于公益事业或者以社会公众为对象的除外；

③财政部和国家税务总局规定的其他情形。

（3）进项税。

进项税额是指纳税人购进货物、加工修理修配劳务、服务、无形资产或者不动产负担的增值税税额。

下列进项税额准予从销项税额中抵扣：

①从销售方取得的增值税专用发票（含税控机动车销售统一发票，下同）上注明的增值税税额。

②从海关取得的海关进口增值税专用缴款书上注明的增值税税额。

③购进农产品，除取得增值税专用发票或者海关进口增值税专用缴款书外，按照农产品收购发票或者销售发票上注明的农产品买价（包括纳税人购进农产品在农产品收购发票或者销售发票上注明的价款和按照规定缴纳的烟叶税）和10%的扣除率计算的进项税额。计算公式为：进项税额 = 买价 × 扣除率。

购进农产品，按照《农产品增值税进项税额核定扣除试点实施办法》抵扣进项税额的除外。纳入农产品增值税进项税额核定扣除试点范围的纳税人购进农产品，按照《农产品增值税进项税额核定扣除试点实施办法》规定的方法核定的增值税进项税额。

④从境外单位或者个人购进服务、无形资产或者不动产，自税务机关或者扣缴义务人取得的解缴税款的完税凭证上注明的增值税税额。

不允许从销项税额中抵扣进项税税额的项目包括：

①纳税人购进货物、接受应税劳务或者应税服务，取得的增值税扣税凭证（即增值税专用发票、海关进口增值税专用缴款书、农产品收购发票、农产品销售发票和税收缴款凭证）不符合法律、行政法规或者国家税务总局有关规定的，其进项税额不得从销项税额中抵扣。纳税人凭税收缴款凭证抵扣进项税额的，应当具备书面合同、付款证明和境外单位的对账单或者发票；资料不全的，其进项税额不得从销项税额中抵扣；

②用于简易计税方法计税项目、免征增值税项目、集体福利或者个人消费的购进货物、加工修理修配劳务、服务、无形资产和不动产。其中涉及的固定资产、无形资产、不动产，仅指专用于上述项目的固定资产、无形资产（不包括其他权益性无形资产）、不动产；

③非正常损失的购进货物，以及相关的加工修理修配劳务和交通运输服务；

④非正常损失的在产品、产成品所耗用的购进货物（不包括固定资产）、加工修理修配劳务和交通运输服务；

⑤非正常损失的不动产，以及该不动产所耗用的购进货物、设计服务和建筑服务；

⑥非正常损失的不动产在建工程所耗用的购进货物、设计服务和建筑服务；

⑦购进的贷款服务、餐饮服务、居民日常服务和娱乐服务；

⑧财政部和国家税务总局规定的其他情形。

其中需要注意的是：第五和第六项所称货物，是指构成不动产实体的材料和设备，包括建筑装饰材料和排水、采暖、卫生、通风、照明、通信、煤气、消防、中央空调、电梯、电气、智能化楼宇设备及配套设施。固定资产是指使用期限超过12个月的机器、机械、运输工具以及其他与生产经营有关的设备、工具、器具等有形动产。非正常损失是指因管理不善造成货物被盗、丢失、霉烂变质，以及因违反法律法规造成货物或者不动产被依法没收、销毁、拆除的情形。纳税人的交际应酬消费属于个人消费。纳税人新建、改建、扩建、修缮、装饰不动产，均属于不动产在建工程。在特定情况下，为了减轻纳税人的负担，方便纳税人纳税，对一些特定的经营行为，一般纳税人同样可适用简易办法征税。

适用一般计税方法的纳税人，兼营简易计税方法计税项目、免征增值税项目而无法划分不得抵扣的进项税额，按照下列公式计算不得抵扣的进项税额：不得抵扣的进项税额 = 当期无法划分的全部进项税额 ×（当期简易计税方法计税项目销售额 + 免征增值税项目销售额）/当期全部销售额

主管税务机关可以按照上述公式依据年度数据对不得抵扣的进项税额进行清算。这是因为对于纳税人而言，进项税额转出是按月进行的，但由于年度内取得进项税额的不均衡性，有可能会造成按月计算的进项税转出与按年度计算的进项税转出产生差异，主管税务机关可在年度终了对纳税人进项税转出计算公式进行清算，可对相关差异进行调整。

一般纳税人已抵扣进项税额的固定资产、无形资产或者不动产，发生《增值税暂行条例》和“营改增通知”规定不得从销项税额中抵扣进项税额情形的，计算不得抵扣的进项税额：不得抵扣的进项税额 = 固定资产、无形资产或者不动产净值 × 适用税率

固定资产、无形资产或者不动产净值，是指纳税人根据财务会计制度计提折旧或摊销后的余额。

（4）小规模纳税人应纳税额的计算。

小规模纳税人计算应纳税额时所用计算公式：应纳税额 = 计税销售额 × 征收率

其中，计税销售额不包括应纳税额本身，即为不含税销售额。如果小规模纳税人销售货物或者应税劳务采用销售额和应纳税额合并定价方法的，则将含税销售额换算成不含税销售额：计税销售额 = 含税销售额 ÷（1 + 征收率）

其中，小规模纳税人增值税征收率为3%。

（5）进口货物应纳增值税的计算

纳税人进口货物，按照组成计税价格和《增值税暂行条例》规定的税率计算应纳税额。下面分两种情形讨论：

①对于不同时征收消费税的货物，计算公式如下：

组成计税价格 = 关税完税价格 + 关税

应纳税额 = 组成计税价格 × 税率

②对于同时征收消费税的货物，计算公式为：

组成计税价格 = 关税完税价格 + 关税 + 消费税税额

应纳税额 = 组成计税价格 × 税率

二、销项税额的筹划

（一）利用特殊销售方式进行税收筹划

企业经营活动的一个重要内容就是企业采取什么手段和方式进行销售，如果在销售过程中将税收成本考虑进去，那么销售方式将会显得非常重要，因为会影响到企业的销售额以及销售额的确定时间。企业销售产品的方式多种多样，而且随着经济的发展，产品的销售方式会越来越多。在产品销售过程中，纳税人对销售方式有自主选择权，销售方式不同，往往适用不同的税收政策，也就存在着税收待遇差别的问题，这就为利用不同销售方式进行纳税筹划提供了一定的空间。

1. 销售折扣、折扣销售、销售折让

销售折扣是指企业在销售货物或提供应税劳务的行为发生后，为尽快收回资金而协议许诺给予购买方的一种折扣优待，销售折扣不得将折扣额从销售额中扣除作为计税金额；折扣销售是指企业在销售货物或提供应税劳务的行为发生后，为鼓励对方多购买而给予购买方价格上的优惠形式，根据税法规定，采取折扣销售方式时，如果销售额和折扣额在同一张发票上注明，那么可以以销售额减去折扣额后的余额作为计税金额；如果销售额和折扣额不在同一张发票上体现，那么无论企业在财务上如何处理，均不得将折扣额从销售额中扣除；销售折让是指货物销售后，由于产品质量、性能或规格等方面的原因，购货方虽没有退货，但要求给予的一种价格上的优惠。根据税法规定，销售折让可以从货物或应税劳务的销售额中扣除，以其余额计缴增值税。

2. 还本销售、以旧换新和以物易物

还本销售方式是指纳税人在销售货物达到一定期限后，将其货物价款的全部或部分一次或分次退还给购货方。根据税法规定，应以销售额的全额为计税金额；以旧换新是指纳税人在销售货物时，以一定的价格同时回收相关的旧货，以达到促销目的。纳税人采取以旧换新方式销售货物的（金银首饰除外），应按新货物的同期销售价格计缴税款。无论纳税人在财务上怎样处理，旧货物的支出均不得从销售额中扣除；以物易物是种较为特殊的购销活动，是指购销双方不是以货币结算，而是以同等价款的货物相互交换，实现货物购销的一种方式。以物易物的双方都应做购销处理，以各自发出的货物核算销售额并计算销项税额，以各自收到的货物按规定核算购货额并计算进项税额。

【案例 5－2】 某商场为增值税一般纳税人，采用售价金额核算。2019 年五一期间为了促销某种含税销售价为200元，成本为100元的商品，拟定了四种方案：

方案一：采取以旧换新的方式销售，旧货的价格定为20元，即买新货时可以少付20元。

方案二：商品九折销售并在同一张发票的金额栏上同时注明销售额以及折扣额。

方案三：购买商品满200元时返还20元。

方案四：购买商品满200元时赠送价值20元的小商品，其成本为10元。

如果仅考虑增值税，商家应选择哪一种销售方案？

【解析】 各方案应纳的增值税计算如下：

方案一：应纳增值税 $=200\times13\%\div(1+13\%)-100\times13\%=10.01$（元）

方案二：应纳增值税 $=180\times13\%\div(1+13\%)-100\times13\%=7.71$（元）

方案三：应纳增值税 $=200\times13\%\div(1+13\%)-100\times13\%=10.01$（元）

方案四：应纳增值税 $=[200\times13\%\div(1+13\%)-100\times13\%]+[20\times13\%\div(1+13\%)-10\times13\%]=10.01+1.00=11.01$（元）

所以，如果仅考虑增值税，上述四种方案中方案二税负最轻，应纳增值税为7.71元，方案四税负最重，应纳增值税为11.01元。

（二）利用计税方法进行税收筹划

对计税方法的选择可实现避税目的，一般来说，对自产的自来水、建筑用沙土、石料等产品，纳税人可以选择一般计税方法或简易计税方法。如果销售对象主要是个人消费者，或非增值税纳税单位，则宜选择简易计税方法；如果销售对象主要是增值税纳税企业，则要慎重选择计税方法。

（三）利用销售价格进行税收筹划

一方面，关联企业各方可以通过压低前期环节销售价格的方式，把增值额累积在最后的销售环节，以实现增值税的递延纳税。与此同时，结合关联各方进项税额的情况，通过制定合理的关联转让价格，使各方的留抵税额最小化。另一方面，关联企业可以利用不同地区税率水平之间的差异，通过前后环节销售价格的差异，将利润部分尽可能地保留在低税率地区。

（四）利用纳税义务时间进行税收筹划

销售结算方式包括直接收款、委托收款、托收承付、赊销或分期收款、预收款销售、委托代销等。《中华人民共和国增值税暂行条例实施细则》规定，按销售结算方式的不同，销售货物或应税劳务的纳税义务发生时间分别为：采取直接收款方式销售货物，不论货物是否发出，均为收到销售款或者取得索取销售款凭据的当天；采取托收承付和委托银行收款方式销售货物，为发出货物并办妥托收手续的当天；采取赊销和分期收款方式销售货物，为书面合同约定的收款日期的当天，无书面合同的或者书面合同没有约定收款日期的，为货物发出的当天；采取预收货款方式销售货物，为货物发出的当天；委托其他纳税人代销货物，为收到代销单位的代销清单或者收到全部或者部分货款的当天。未收到代销清单及货款的，为发出代销货物满 180 天的当天；销售应税劳务，为提供劳务同时收讫销售款或者取得索取销售款凭据的当天；纳税人的视同销售行为，为货物移送的当天。销售服务、无形资产或不动产的纳税义务发生时间为纳税人发生应税行为并收讫销售款项或者索取销售款项凭据的当天，先开具发票的，为开具发票的当天，其中取得销售款项凭据的当天是指书面合同确定的付款日期，未签订书面合同或者书面合同未确定付款日期的，为服务、无形资产转让完成的当天或者不动产权属变更的当天；纳税人提供建筑服务、租赁服务采取预售款方式的，其纳税义务发生时间为收到预收款的当天；纳税人从事金融商品转让的，为金融商品所有权转移的当天。

由此可见，因为选择不同的销售方式，其纳税义务发生的时间是不相同的，所以给我们提供了一定的税收筹划空间。纳税人可以通过对纳税义务时间的选择和安排，以达到减轻企业税负的目的。

【案例 5 - 3】 某商业企业 2019 年 6 月 1 日销售产品价值 5000 万元，成本为 2000 万元，适用 13% 的增值税税率。因为购货企业的资金困难，货款无法一次收回。问如何签订收款协议才能节税？

【解析】 如果选择直接收款方式销售产品，某企业 6 月份实现的销项税额为 650 万元；如果某企业与购货企业达成分期收款的协议，协议中注明 10 个月收回货款，每月 30 日前购货企业支付货款 500 万元，则每个月的销项税额为 65 万元。所以可以采用分期收款的方式，使企业实现分期纳税，从而减轻企业的税收压力。

三、进项税额的筹划

利用当期进项税额避税，进项税额是指购进货物或应税劳务已纳的增值税税额。准予从销项税额中抵扣的进项税额，限于增值税税款抵扣凭证上注明的增值税税额和购进农产品的价格中所含增值税税额，进项税额避税策略包括以下内容：

（一）合理选择供应商

利用当期进项税额避税，一般情况下小规模纳税人不能开出增值税专用发票，但小规模纳税人可以到税务所申请代开小规模纳税人使用的专用发票，或者列入自开专票试点范围的满足条件的小规模纳税人可以自行开具专用发票。一般纳税人从小规模纳税人处认购的货物或接受的劳务可根据发票上的税额计提进项税额，抵扣率为3%；但是如果购货方取得的是小规模纳税人自己开具的普通发票，不能进行任何抵扣（农产品除外）。正是因为增值税一般纳税人从小规模纳税人处采购的货物或接受的劳务、服务、无形资产或者不动产的进项税额不能进行抵扣，或者只能抵扣3%或5%，为了弥补因不能取得专用发票而产生的损失，所以要求小规模纳税人在价格上给予一定程度的优惠。那么这个优惠应该是多大呢？这里就存在一个价格优惠临界点（见表5－4）。推理过程如下：

表5－4　　价格优惠临界点（含税，%）

一般纳税人的抵扣率	小规模纳税人的抵扣率	价格优惠临界点
13	3	90.24
9	3	93.93
6	3	96.88
13	0	87.35
9	0	90.92
6	0	93.77

假设从一般纳税人处购进货物、接受应税劳务或服务、购进无形资产或不动产的价格（含税）为A，从小规模纳税人处购进价格（含税）为B。为使两者扣除货物和劳务税后的销售利润相等，可设下列等式：

销售额(不含税)－A÷(1＋增值税税率)－[销售额(不含税)－A÷(1＋增值税税率)]×增值税税率×(城市维护建设税税率＋教育费附加征收率)＝销售额(不含税)－B÷(1＋征收率)－[销售额(不含税)×增值税税率－B÷(1＋征收率)×征收率]×(城市维护建设税税率＋教育费附加征收率)

故，A÷(1＋增值税税率)－A÷(1＋增值税税率)×增值税税率×(城市维护建设税税率＋教育费附加征收率)＝B÷(1＋征收率)－B÷(1＋征收率)×征收率×(城市维护建设税税率＋教育费附加征收率)

当城市维护建设税税率为7%、教育费附加征收率为3%时，A÷(1＋增值税税率)－A÷(1＋增值税税率)]×增值税税率×(7%＋3%)＝B÷(1＋征收率)－B÷(1＋征收率)×征收率×(7%＋3%)；或者，A÷(1＋增值税税率)×(1－增值税税率×10%)＝B÷(1＋征收率)×(1－征收率×10%)

所以，B＝(1＋征收率)×(1－增值税税率×10%)/(1＋增值税税率)×(1－征收率×10%)×A

当增值税税率为13%、征收率为3%时，有：B＝(1＋3%)×(1－13%×10%)÷(1＋13%)×(1－3%×10%)×A＝A×90.24%

所以，当小规模纳税人的价格为一般纳税人价格的90.24%时，无论是从小规模纳税人处采购还是从一般纳税人处采购，企业取得的收益是一样的。当小规模纳税人报价的折扣率低于该比率时，向一般纳税人采购获得增值税专用发票可抵扣的税额将大于小规模纳税人的价格折扣；只有当小规模纳税人报价的折扣率高于该比率时，向小规模纳税人采购才可获得比向一般纳税人采购更大的税后利益。如果从小规模纳税人处不能取得增值税专用发票，则有：

B = A ×（1 - 增值税税率 ×10%）÷（1 + 增值税税率）

（二）兼营简易计税方法计税项目、免征增值税项目进项税额核算的筹划

1. 是否准确划分进项税额的选择

增值税一般纳税人兼营简易计税方法计税项目、免征增值税项目，应当正确划分其不得抵扣的进项税额。应税项目与简易计税方法计税项目、免征增值税项目的进项税额可以划分清楚的，用于生产应税项目产品的进项税额可按规定进行抵扣；用于生产简易计税方法计税项目、免征增值税项目产品的进项税额不得抵扣。对不能准确划分进项税额的，按下列公式计算不得抵扣的进项税额：

不得抵扣的进项税额 = 当期无法划分的全部进项税额 ×（当期简易计税方法计税项目销售额 + 免征增值税项目销售额）÷ 当期全部销售额

纳税人可将按照上述公式计算出的不得抵扣的进项税额与实际简易计税方法计税项目、免征增值税项目不得抵扣的进项税额进行对比。如果前者大于后者，则应准确划分两类不同的进项税额，并按规定转出进项税额；如果前者小于后者，则无须准确划分，而是按公式计算结果确定不得抵扣的进项税额。

2. 兼营行为进项税额核算方式的筹划

一般纳税人对用于简易计税方法计税项目、免征增值税项目的进项税额需要在其用于该类用途时，从原在购进时已做抵扣的进项税额中通过“应交税费——应交增值税（进项税额转出）”科目转出，即转入相关资产或产品成本。但是在实践中，有不少企业为避免进项税额核算出现差错，便通过设立“工程物资”“其他材料”等科目单独计算用于简易计税方法计税项目、免征增值税项目的进项税额，将其直接计入材料成本。所有材料从购进到生产领用存在一个时间差，不同核算方法决定了企业能否充分利用这个时间差。

如果单独设立相关科目直接计算该类进项税额，直接计入材料成本，说明在原材料购入时未做进项税额抵扣，该期缴了增值税；反之，如果在材料购进时并不做区分，与应税项目的进项税额一并抵扣，直到领用原材料用于简易计税方法计税项目、免征增值税项目时再做进项税额转出，会产生递延缴纳增值税的效果。

【案例5-4】某大型煤炭生产企业设有食堂、宾馆、泳池、学校、工会、物业管理等常设非独立核算的单位和部门，还有一些在建工程项目和日常维修项

目。这些单位、部门及项目耗用的外购材料金额较大，为了保证正常的生产经营，必须不间断地购进材料以补充被领用的部分，保持一个相对平衡的余额。假设企业购买这部分材料的平均金额为1130万元，如果单独设立“其他材料”科目记账，将取得的进项税额直接计入材料成本，就不存在进项税额转出的问题，从而简化了财务核算。但是，如果所有材料都不单独记账，而是准备用于增值税应税项目，在取得进项税额专用发票时就可以申报并从销项税额中抵扣，领用时再做进项税额转出。虽然核算复杂了一些，但企业在生产经营中能有一部分税款向后递延。该企业应如何进行税收筹划?

【解析】假如上述单位、部门及项目耗用的材料不间断地被购进、领用，形成一条滚动链，始终保持1130万元的余额，这样就可以申报抵扣进项税额130万元，少缴增值税130万元、城市维护建设税9.1万元、教育费附加3.9万元。显然，当这部分资金作为税款缴纳时，企业如需流动资金，就需要向金融机构贷款，以贷款年利率9%计算，要增加财务费用12.87万元[(130+9.1+3.9)×9%]。

由此可见，对简易计税方法计税项目、免税项目进项税额采用不同的核算方式就会产生递延税款缴纳的效应，可使企业获得递延缴纳税款的资金的时间价值。

3. 购进固定资产、无形资产与不动产用途的筹划

根据“营改增”税收政策的规定，用于简易计税方法计税项目、免征增值税项目、集体福利或者个人消费的购进货物、加工、修理修配劳务、服务、无形资产和不动产，所产生的进项税额不得从销项税额中抵扣。其中，涉及的固定资产、无形资产、不动产仅指专用于上述项目的固定资产、无形资产（不包括其他权益性无形资产）、不动产。即对于固定资产、无形资产（不包括其他权益性无形资产）与不动产，如果是兼用于允许抵扣项目和上述不允许抵扣项目情况的，其进项税额准予全部抵扣，同时，纳税人购进其他权益性无形资产，无论是专用于简易计税方法计税项目、免征增值税项目、集体福利或者个人消费，还是兼用于上述不允许抵扣项目，均可以抵扣进项税额。

例如：企业购进一栋楼房全部用于职工食堂，则其进项税额不能抵扣，但如果企业在职工食堂中设定一定的场所用于存放库存商品或者设立会议室，就可以抵扣全部进项税额，所以企业需要做好合理规划。

4. 合理选择购进机器设备的时间

由于新购进机器设备所含的增值税进项税额可以抵扣，因此，企业可以在不影响正常经营的前提下合理选择购进机器设备的时间，从而尽量晚缴增值税。

第三节　增值税税率的筹划

一、税率的法律界定

根据确定增值税税率的基本原则，我国增值税设置了1档基本税率和2档低税率，此外还对出口货物和财政部、国家税务总局规定的跨境应税行为实行零税率（国务院另有规定的除外）。小规模纳税人不适用税率而适用征收率（除进口货物外）。

表5-5　　增值税税率表

增值税税率	具体规定
基本税率13%	1. 销售或者进口一般货物 2. 提供加工、修理修配劳务 3. 提供有形动产租赁服务
低税率9%	粮食、食用植物油、自来水、暖气、冷气、热水、煤气、石油液化气、天然气、沼气、居民用煤炭制品、图书、报纸、杂志、饲料、化肥、农药、农机、农膜
	提供交通运输服务、邮政服务、基础电信服务、建筑服务、不动产租赁服务、转让土地使用权
低税率6%	销售服务（有形动产租赁服务除外）和无形资产（土地使用权除外），包括研发和技术服务、信息技术服务、文化创意服务、物流辅助服务、鉴证咨询服务、广播影视服务、商务辅助服务、增值电信服务、贷款服务、直接收费金融服务、保险服务、金融商品转让、文化体育服务、教育医疗服务、旅游娱乐服务、餐饮住宿服务、居民日常服务
零税率	出口货物、跨境应税行为、包括国际运输服务、航天运输服务等
征收率3%	小规模纳税人

纳税人销售货物、加工、修理修配劳务、服务、无形资产或者不动产适用不同税率或者征收率的，应当分别核算适用不同税率或者征收率的销售额，未分别核算销售额的，从高适用税率。

二、税率的筹划

纳税人兼营不同税率或者征收率的货物、应税劳务和应税服务，应当分别核算适用不同税率或者征收率的销售额，未分别核算的，从高适用税率。一项销售行为如果既涉及服务又涉及货物，为混合销售，从事货物的生产、批发或者零售的单位和个体工商户的混合销售行为，按照销售货物缴纳增值税；其他单位和个体工商户的混合销售行为，按照销售服务缴纳增值税。

混合销售和兼营行为均涉及不同税率或者征收率的货物、应税劳务和应税服务从高适用税率的问题，所以纳税人可以通过业务分拆、不同税率分开核算等方式，避免从高适用税率从而减轻企业的税收负担。

（一）对于混合销售行为。按照销售货物缴纳增值税的企业，销售服务的税率会被提高，可以考虑将销售服务的业务分拆出去单独成立公司，独立核算。

例如：某公司在销售货物的同时提供货物运输服务，该行为属于混合销售行为，应一并按13%的税率计算缴纳增值税。甲公司应当将货物运输服务业务分拆出去单独成立公司并独立核算，从而适用9%的运输服务税率，以达到减少企业税负的目的。

【案例5-5】 北京某公司为空调销售企业，为增值税一般纳税人，销售空调同时提供安装服务，公司每月平均销售空调200台，安装费每台含税价为100元，包含在空调价款中，请问如何进行纳税筹划？

【解析】

1. 现有经营模式：

空调安装几乎无法取得增值税进项税额。

每年空调安装费估计缴纳增值税 $=200\times100\times12\div(1+13\%)\times13\%$

$=27610.62$（元）

2. 单独成立空调安装公司：

安装公司年销售额：$200\times100\times12=240000$（元）

未达到一般纳税人认定标准，可以按照小规模纳税人缴纳增值税。

每年估计缴纳增值税：$240000\div(1+3\%)\times3\%=6990.29$（元）

所以，从增值税来考虑，如果空调安装公司独立注册为纳税人，能为公司节省增值税：$27610.62-6990.29=20620.33$（元）

（二）为了避免兼营行为从高适用税率或征收率而加重税收负担的情况，兼有不同税率或征收率的企业，一定要将各自的销售额分别核算。

例如：某农机生产公司既生产农机，又生产其他机械。如果该公司将这两类产品的销售额分别核算，则其他机械的销售额按13%计税，农机的销售额按9%计税。如果不能分别核算，后者也会一并按13%的高税率计税。所以，分别核算两类税率不同的产品销售额可以降低税负。

第四节　增值税减免税的纳税筹划

一、税收优惠的有关规定

（一）《中华人民共和国增值税暂行条例》规定的免税项目

1. 农业生产者销售的自产农产品，是指直接从事种植业、养殖业、林业、牧业、水产业的单位和个人销售的自产的农业产品；

2. 避孕药品和用具；

3. 古旧图书，是指向社会收购的古书和旧书；

4. 直接用于科学研究、科学试验和教学的进口仪器、设备；

5. 外国政府、国际组织无偿援助的进口物资和设备；

6. 由残疾人组织直接进口供残疾人专用的物品；

7. 销售的自己使用过的物品，是指其他个人销售的自己使用过的物品。

（二）《财政部　国家税务总局关于全面推开营业税改征增值税试点的通知》关于过渡政策的免税项目

1. 托儿所、幼儿园提供的保育和教育服务；

2. 养老机构提供的养老服务；

3. 残疾人福利机构提供的育养服务；

4. 婚姻介绍服务；

5. 殡葬服务；

6. 残疾人员本人为社会提供的服务；

7. 医疗机构提供的医疗服务；

8. 从事学历教育的学校提供的教育服务；

9. 学生勤工俭学提供的服务；

10. 农业机耕、排灌、病虫害防治、植物保护、农牧保险以及相关技术培训业务、家禽、牲畜、水生动物的配种和疾病防治；

11. 纪念馆、博物馆、文化馆、文物保护单位管理机构、美术馆、展览馆、书画馆、图书馆在自己的场所提供文化体育服务取得的第一道门票收入；

12. 寺院、宫观、清真寺和教堂举办文化、宗教活动的门票收入；

13. 行政单位之外的其他单位收取的符合《试点实施办法》第十条规定条件的政府性基金和行政事业性收费；

14. 个人转让著作权；

15. 个人销售自建自用住房；

16. 再保险服务；

17. 台湾航运公司、航空公司从事海峡两岸海上直航、空中直航业务在大陆取得的运输收入；

18. 纳税人提供的直接或间接国际货物运输代理服务；

19. 符合条件的利息收入，如国家助学贷款等；

20. 被撤销金融机构以货物、不动产、无形资产、有价证券、票据等财产清偿债务；

21. 保险公司开办的一年期以上人身保险产品取得的保费收入；

22. 符合条件的金融商品转让收入；

23. 金融同业往来利息收入；

24. 符合条件的担保机构从事中小企业信用担保或者再担保业务取得的收入（不含信用评级、咨询、培训等收入）3年内免征增值税；

25. 国家商品储备单位管理及其直属企业承担商品储备任务，从中央或者地方财政取得的利息补贴收入和价差补贴收入；

26. 纳税人提供技术转让、技术开发和与之相关的技术咨询、技术服务；

27. 符合条件的合同能源管理服务；

28. 政府举办的从事学历教育的高等、中等和初等学校（不含下属单位），举办进修班、培训班取得的全部归该学校所有的收入；

29. 政府举办的职业学校设立的主要为在校学生提供实习场所，并由学校出资自办、由学校负责经营管理、经营收入归学校所有的企业，从事现代服务（不含融资租赁服务、广告服务和其他现代服务）、生活服务（不含文化体育服务、其他生活服务和桑拿、氧吧）业务活动取得的收入；

30. 家政服务企业由员工制家政服务员提供家政服务取得的收入；

31. 福利彩票、体育彩票取得的收入；

32. 军队空余房产租赁收入；

33. 为了配合国家住房制度改革，企业、行政事业单位按房改成本价、标准价出售住房取得的收入；

34. 将土地使用权转让给农业生产者用于农业生产；

35. 涉及家庭财产分割的个人无偿转让不动产、土地使用权；

36. 土地所有者出让土地使用权和土地使用者将土地使用权归还给土地所有者；

37. 县级以上地方人民政府或自然资源行政主管部门出让、转让或收回自然资源使用权（不含土地使用权）；

38. 随军家属就业；

39. 军队转业干部就业；

40. 各党派、共青团、工会、妇联、中协、青联、台联侨联收取党费、团费、会费以及政府间国际组织收取会费，属于非经营活动，不征收增值税；

41. 青藏铁路公司提供的铁路运输服务免征增值税；

42. 中国邮政集团公司及其所属邮政企业提供的邮政普遍服务和邮政特殊服务，免征增值税；

43. 自 2016 年 1 月 1 日起，中国邮政集团公司及其所属邮政企业为金融机构代办金融保险业务取得的代理收入，在“营改增”试点期间免征增值税；

44. 中国信达资产管理股份有限公司、中国华融资产管理股份有限公司、中国长城资产管理公司和中国东方资产管理公司及各自经批准分设于各地的分支机构（以下称资产公司），在收购、承接和处置剩余政策性剥离不良资产和改制银行剥离不良资产过程中开展的业务，免征增值税；

45. 全国社会保障基金理事会、全国社会保障基金投资管理人运用全国社会保障基金买卖证券投资基金、股票、债券取得的金融商品转让收入，免征增值税；

46. 对符合条件的国际航运保险业务免征增值税；

47. 自 2017 年 1 月 1 日至 2019 年 12 月 31 日，对新疆国际大巴扎物业服务有限公司和新疆国际大巴扎文化旅游产业有限公司从事与新疆国际大巴扎项目有关的营改增应税行为取得的收入，免征增值税；

48. 2017 年 1 月 1 日至 2019 年 12 月 31 日，对广播电视运营服务企业收取的有线数字电视基本收视维护费和农村有线电视基本收视费，免征增值税；

49. 对社保基金会、社保基金投资管理人在运用社保基金投资过程中，提供贷款服务取得的全部利息及利息性质的收入和金融商品转让收入，免征增值税；

50. 自 2018 年 9 月 1 日至 2020 年 12 月 31 日，对金融机构向小型企业、微型企业和个体工商户发放小额贷款取得的利息收入，免征增值税；

51. 境外教育机构与境内从事学历教育的学校开展中外合作办学，提供学历教育服务取得的收入免征增值税；

52. 自 2018 年 1 月 1 日起至 2020 年 12 月 31 日，免征图书批发、零售环节增值税；

53. 自 2018 年 1 月 1 日起至 2020 年 12 月 31 日，对科普单位的门票收入，以及县级及以上党政部门和科协开展科普活动的门票收入免征增值税；

54. 自 2019 年 1 月 1 日至 2021 年 12 月 31 日，对国家级、省级科技企业孵化器、大学科技园和国家备案众创空间向在孵对象提供孵化服务取得的收入，免征增值税。

（三）增值税的即征即退优惠

1. 增值税一般纳税人销售其自行开发生产的软件产品，征收增值税后对其增值税实际税负超过3%的部分实行即征即退政策。增值税一般纳税人将进口软件产品进行本地化改造后对外销售，其销售的软件产品可享受上款规定的增值税即征即退政策。其中，本地化改造是指对进口软件产品进行重新设计、改进、转换等，单纯对进口软件产品进行汉字化处理不包括在内。

2. 一般纳税人提供管道运输服务，对其增值税实际税负超过3%的部分实行增值税即征即退政策。

3. 经中国人民银行、银保监会或者商务部批准从事融资租赁业务的试点纳税人中的一般纳税人，提供有形动产融资租赁服务和有形动产融资性售后回租服务，对其增值税实际税负超过3%的部分实行增值税即征即退政策。

商务部授权的省级商务主管部门和国家级经济技术开发区批准的从事融资租赁业务和融资性售后回租业务的试点纳税人中的一般纳税人，2016年5月1日后实收资本达到1.7亿元的，从达到标准的当月起按照上述规定执行；2016年5月1日后实收资本未达到1.7亿元但注册资本达到1.7亿元的，在2016年7月31日前仍可按照上述规定执行，2016年8月1日后开展的有形动产融资租赁业务和有形动产融资性售后回租业务不得按照上述规定执行。

4. 自2018年5月1日至2020年12月31日，对动漫企业增值税一般纳税人销售其自主开发生产的动漫软件，对其增值税实际税负超过3%的部分，实行即征即退政策。

5. 纳税人安置残疾人应享受增值税即征即退优惠政策。

（四）起征点

《增值税暂行条例》规定，纳税人销售额未达到国务院财政、税务主管部门规定的增值税起征点的，免征增值税；达到起征点的，依照本条例规定全额计算缴纳增值税。增值税起征点仅适用于个人，包括个体工商户和其他个人，但不适用于登记认定为一般纳税人的个体工商户。根据《财政部　税务总局关于实施小微企业普惠性税收减免政策的通知》（财税〔2019〕13号），对月销售额10万元以下（含本数）的增值税小规模纳税人，免征增值税。

增值税起征点幅度如下：

1. 按期纳税的，为月销售额5000~20000元（含本数）；

2. 按次纳税的，为每次（日）销售额300~500元（含本数）。

起征点的调整由财政部和国家税务总局规定。省、自治区、直辖市财政厅（局）和国家税务总局应当在规定的幅度内，根据实际情况确定本地区适用的起征点，并报财政部和国家税务总局备案。

二、税收优惠政策的纳税筹划

增值税有很多税收优惠政策，包括农业类税收优惠政策、资源综合利用产品增值税税收优惠政策、促进残疾人就业增值税税收优惠政策、低税率税收优惠政策等。我们需要考虑有哪些优惠政策是对企业有利且有一定的筹划空间，充分利用以达到减轻企业税负的目的。例如，如果有的企业对某些工作岗位要求不高，可以通过招聘安置残疾人，实行由税务机关按实际安置残疾人的人数，限额即征即退增值税，从而减轻企业税负。

1. 农业类税收优惠政策：农业生产者销售自产农产品免征增值税，一般纳税人向农业生产者购买的免税农产品或向小规模纳税人购买的农产品，准予按扣除率计算进项税额，从当期销项税额中扣除。自 2019 年 4 月 1 日起，纳税人购进农产品，原适用 10% 扣除率的，扣除率调整为 9%。纳税人购进用于生产或者委托加工 13% 税率货物的农产品，按照 10% 的扣除率计算进项税额。

当一个企业的产品生产流程既包括农业生产活动，也包括工业生产活动，也就是所有流程都由一个企业完成，那么它很难划分哪一部分价值是由农业生产活动创造、哪一部分价值是由工业生产活动创造，因而在计征增值税时，都按照工业生产产品价值一并计征增值税。但是，如果企业将加工后仍是农产品的那部分独立出来设立一个农产品生产单位，由这个新设单位进行直接收购或初级加工，加工企业再从该企业购入所需原料，那么原来不能享受免税的价值就可以享受免税，原来不能进行抵扣的进项税额也可以抵扣了。如果纳税人有属于自己的农业生产基地，可以将该农业生产基地独立出来成立一个企业，这样不仅该农业生产基地可以享受免征增值税的优惠，加工企业也可根据农业生产基地开具的普通发票或者收购凭证计算抵扣进项税额，以达到减少企业税负的目的。

【案例 5－6】 内蒙古某纺织制品公司是种植亚麻作原料生产织物制品，该公司有自己的种植园基本满足生产需要，该企业 2019 年实现织物制品销售额 2100 万元，由于新产品开发和销售费用比较大，企业当年微利。经过分析财务数据发现，该公司的原料亚麻主要由种植园提供。2019 年该公司自产植物麻的生产成本为 500 万元，生产过程中其他外购耗用的材料金额为 580 万元，取得增值税进项税额为 75.4 万元，动力等成本为 180 万元，取得增值税进项税额为 23.4 万元。该公司产品适用税率为 13%，当年缴纳增值税 174.2 万元（$2100 \times 13\% - 75.4 - 23.4$），缴纳城建税及教育费附加合计 20.9 万元，增值税税收负担较重。问该公司应采用何种措施以减轻增值税负担？

【解析】 由于税法规定：农业生产者销售的自产农产品免征增值税。

所以可以根据上述规定，该公司如果将种植园和纺织厂分立为两个独立的法人，种植园生产出的亚麻以 800 万元的价格销售给纺织厂，纺织厂把亚麻做成纺织物销售，则：

（1）种植园销售自产农产品免征增值税。因此，种植园销售亚麻收入 800 万元不涉及增值税征收。

（2）纺织厂从植物园购进免税农产品可按购进价格乘以10%的扣除率来抵扣进项税额。

纺织厂应纳增值税税额 $= 2100 \times 13\% - 800 \times 10\% - 75.4 - 23.4 = 94.2$（万元）

纺织厂应纳城建税和教育费附加 $= 94.2 \times (7\% + 3\% + 2\%) = 11.3$（万元）

由此可见，经过上述的筹划，该公司少缴增值税80万元（174.2－94.2），少缴城建税和教育费附加9.6万元（20.9－11.3），所以该筹划方案的实施取得了良好的收益，使得公司税收负担下降。

但是在实际操作过程中，要特别注意农产品生产单位与加工企业存在的关联关系。即农产品生产单位必须按照独立企业之间的正常售价销售产品给加工企业，而不能一味地为增加企业的进项税额擅自抬高售价。所以一般来说，企业在考虑成本和收益的前提下，通过新设立独立核算单位进行原料收购及初加工活动，有利于增加进项税额，降低企业的增值税税负。

2. 增值税起征点的税收筹划。根据我国税法的相关规定，个人发生应税行为的销售额未达到增值税起征点的，免征增值税；达到起征点的，全额计算缴纳增值税（增值税起征点不适用于登记为一般纳税人的个体工商户）。根据财税〔2019〕13号文，自2019年1月1日至2021年12月31日，对主要包括小微企业、个体工商户和其他个人的小规模纳税人，将增值税起征点提高到10万元。因此，小规模纳税人需要注意让自己的月不含税销售额低于10万元，以享受增值税免税政策，不含税销售额超过10万元的，可考虑将企业分拆。

3. 放弃免税、减税的税收筹划。税法规定，纳税人购进专用于免税项目的货物，加工、修理修配劳务、应税服务、无形资产或者不动产取得的增值税扣税凭证，一律不得抵扣。所以纳税人发生的应税行为适用免税、减税规定的，可以放弃免税、减税，依照相关规定缴纳增值税，纳税人放弃免税、减税后，36个月内不得变更。一般来说，企业刚成立时或企业将购置大量资产设备开拓新业务时，此时有大量的进项税额可以抵扣而收入相对很少，该免税项目的销项税额小于专用于该免税项目物资等的进项税额，纳税人放弃减免税优惠可以节税，更有利于利润最大化。

第五节　增值税出口退税的筹划

一、出口退税的有关规定

目前，我国增值税出口货物、劳务及服务退税政策主要包括以下内容：

（一）退税的形式

1. 出口免税并退税，是指对货物在出口销售环节不征增值税，而对货物在出口前实际承担的税收负担，按规定的退税率计算后予以退税。

2. 出口免税不退税，是指对货物在出口销售环节不征增值税，而且因为这类货物在前一环节是免税的，因此出口时该货物的价格是不含税的，也无须退税。

3. 出口不免税也不退税。出口不免税是指国家限制或禁止出口的某些货物在出口环节视同内销，照常征税。出口不退税是指对这些货物不退还出口前实际负担的税款。

（二）出口退税货物应具备的条件

第一，必须是属于增值税、消费税征税范围的货物。

第二，必须是报关离境的货物。这是区别货物是否应当退税的主要标志，凡是报关未离境的货物，不论出口企业以外汇结算还是以人民币结算，也不论企业在财务上和其他管理上做何处理，均不得视为出口货物予以退税。

第三，必须是在财务上做销售处理的货物。出口货物只有在财务上做销售后才能办理退税。

第四，必须是出口收汇并已核销的货物。

（三）出口货物的退税率

出口货物的退税率是出口货物的实际退税额与退税计税依据的比例。除财政部和国家税务总局根据国务院的决定而明确的增值税出口退税率外，出口货物的退税率为其适用税率。国家税务总局根据上述规定将退税率通过出口货物、劳务退税率文库予以发布，供征纳双方执行。退税率有调整的，除另有规定外，其执行时间以货物（包括被加工、修理修配的货物）出口报关单（出口退税专用）上注明的出口日期为准。2019 年 4 月 1 日起，出口退税率调整至 13%、10%、9%、6% 和 0。

（四）出口货物退税的计算方法

1. “免抵退”税方法。其中，“免”税是指对生产企业出口的自产货物，免征本企业生产销售环节增值税。“抵”税是指生产企业出口的自产货物所耗用的原材料、零部件、燃料、动力等所含应予退还的进项税额，抵顶内销货物的应纳税额。“退”税是指生产企业出口的自产货物在当月内应抵顶的进项税额大于应纳税额时，对未抵顶完的部分予以退税。

2. 外贸企业以及实行外贸企业财务制度的工贸企业收购货物出口，其出口销售环节的增值税免税；由于其收购货物的成本部分也承担了前面环节已纳的增值税税款，因此，在货物出口后按收购成本与退税率计算应退税款退还给外贸企业，征退税率之差计入企业成本。

（五）增值税零税率应税服务的相关规定

根据营改增税收政策的相关规定，增值税零税率应税服务退（免）税办法包括免抵退税办法和免退税办法。境内的单位和个人提供适用增值税零税率的应税服务，如果属于适用增值税一般计税方法的，生产企业实行免抵退税办法，外贸企业外购研发服务和设计服务出口实行免退税办法，外贸企业自己开发的研发服务和设计服务出口，视同生产企业连同其出口货物统一实行免抵退税办法。零税率应税服务的退税率为对应服务被提供给境内单位适用的增值税税率。

二、出口退税业务的筹划

（一）确定征退税不同类别的筹划

出口退税也是税务机关管理的重要环节，所以国家出口退税政策的规定非常严格，但并不是说企业在出口退税环节就不存在税收筹划的空间。一个企业生产的产品是具体的，而国家出口产品的征税、退税是按照产品结构、性能和用途来确定的，有的产品既可能被归于这一类，也可能被归于那一类，如果企业的选择不同，其实际负担的税款也不相同。在这种情况下，就存在一定的空间对相关业务进行税收筹划。

（二）选择经营方式的筹划

纳税人的进出口方式不同，适用的退税政策也不相同。因此，企业可以利用政策之间的税收差异，通过选择合理的进出口经营方式来进行税收筹划，从而降低自己的税负。

政策规定生产企业自营出口货物采用“免抵退”办法，若是来料加工方式，则按“不征不退”办法处理。所以如果选择来料加工，企业的收益只有加工获得的收入，而如果选择进料加工，企业的收益是利润加上出口货物的退税。因为我国目前相当一部分货物的出口退税率低于其在国内的征税率，因而这两种不同的经营方式，纳税人的实际税负是存在差异的。

例如，企业为境外某公司加工了一批产品，加工费为200万元，那么来料加工方式下，企业的收益就是200万元，而进料加工方式下，需要对企业加工的过程进行细分，比如购入材料400万元，销售额650万元，那么出口退税的计算公式为：$650\times(13\%-10\%)-400\times(13\%-10\%)=7.5$（万元），也就是说应纳增值税7.5万元，应纳城建税税率为0.525万元（$7.5\times7\%$），应纳税额合计8.025万元，那么企业的净收益为241.975万元（$650-400-8.025$），这比来料加工方式的收益多了41.975万元。

所以选用哪种方法的关键是，如果出口产品不得抵扣的进项税额小于为生产该出口产品而取得的全部进项税额，则应采用“免抵退”方法，否则应采用“不征不退”方法。一般来说，如果征税率大于退税率，那么情况比较复杂，对于利润率较低、出口退税率较高及耗用国产辅助材料较多（进项税额较大）的货物出口，宜采用进料加工方式；对于利润率较高的货物出口宜采用来料加工方式。对于退税率等于征税率的产品，无论其利润率高低，采用“免抵退”的自营出口方式均比采用来料加工等“不征不退”的免税方式更优惠，因为两种方式出口货物均不征税，但采用“免抵退”方式可以退还全部的进项税额，而免税方式则要把该进项税额计入成本。

（三）选择免税料件“免抵退税额”方法的筹划

企业计算当月免税进口料件“免抵退税额”的方法包括实耗法与购进法，不同的方法存在一定的差异，为出口退税的税收筹划提供一定的空间，即根据不同的情况选择合适的方法会产生递延纳税的效果。

【案例5-7】某生产型出口企业8月份在海关办理进料加工贸易手册，备案进口材料1000万元，出口额2000万元。8月份料件报关进口，同月份实现出口1200万元，取得国内进项税额94万元；9月份实现出口800万元（均在当月收齐所有单证），取得国内进项税额18万元。8月份和9月份内销销售收入均为0，征税率为13%，退税率为10%。

【解析】

1. 采用购进法时，免抵退税的计算如下：

8月份：

免抵退税不得免征和抵扣税额 = 1200 ×（13% - 10%）- 1000 ×（13% - 10%）= 6（万元）

应纳税额（期末留抵税额）= 0 -（94 - 6）= -88（万元）

免抵退税额 = 1200 × 10% - 1000 × 10% = 20（万元）

因为期末留抵税额88万元 > 免抵退税额20万元，所以

应退税额 = 免抵退税额 = 20万元

免抵税额 = 免抵退税额 - 应退税额 = 20 - 20 = 0

期末留抵税额 = 88 - 20 = 68（万元）

9月份：

免抵退税不得免征和抵扣税额 = 800 ×（13% - 10%）- 0 = 24（万元）

应纳税额（期末留抵税额）= 0 -（18 - 24）- 68 = -62（万元）

免抵退税额 = 800 × 10% - 0 = 80（万元）

因为期末留抵税额62万元 < 免抵退税额80万元，所以

应退税额 = 期末留抵税额 = 62万元

免抵税额 = 免抵退税额 - 应退税额 = 80 - 62 = 18（万元）

期末留抵税额 =62 - 62 =0

2. 采用实耗法时，免抵退税的计算如下：

8 月份：

出口耗用的进口料件 =1200 × 1000 ÷ 2000 =600（万元）

免抵退税不得免征和抵扣税额 =1200 ×（13% - 10%）- 600 ×（13% - 10%）

=18（万元）

应纳税额（期末留抵税额）=0 -（94 - 18）= -76（万元）

免抵退税额 =1200 × 10% - 600 × 10% =60（万元）

因为期末留抵税额 76 万元 > 免抵退税额 60 万元，所以

应退税额 = 期末留抵税额 =60 万元

免抵税额 = 免抵退税额 - 应退税额 =60 - 60 =0

期末留抵税额 =76 - 60 =16（万元）

9 月份：

出口耗用的进口料件 =800 × 1000 ÷ 2000 =400（万元）

免抵退税不得免征和抵扣税额 =800 ×（13% - 10%）- 400 ×（13% - 10%）

=12（万元）

应纳税额（期末留抵税额）=0 -（18 - 12）- 16 = -22（万元）

免抵退税额 =800 × 10% - 400 × 10% =40（万元）

因为期末留抵税额 22 万元 < 免抵退税额 40 万元，所以

应退税额 = 期末留抵税额 =22 万元

免抵税额 = 免抵退税额 - 应退税额 =40 - 22 =18（万元）

期末留抵税额 =22 - 22 =0

由上文的计算及分析可见，从两个月静态总额的角度看，购进法和实耗法的计算结果并无差别，即免抵退税额都为 100 万元（20 +80 或 60 +40），实际应退税额都为 82 万元（20 +62 或 60 +22），免抵税额都为 18 万元（0 +18）；但从资金时间价值的角度考量，相对于购进法，本案例中该出口企业采用实耗法可以在 8 月份多取得出口退税款 40 万元（60 - 20），有利于缓解该企业的资金压力。

本章小结

本章增值税税收筹划主要包括几个方面：（1）纳税人身份的税收筹划，根据无差别平衡点增值率和抵扣率的计算，选择合适的纳税人身份；（2）销项税额的税收筹划，通过选择合理的销售方式、结算方式及销售价格等，获得递延纳税利益；进项税额的税收筹划，通过不同供货商的价格优惠临界点的计算，合理

选择购货对象、合理选择进项税额抵扣用途和时间，获得提前抵扣的利益；（3）税率的税收筹划，避免从高适用税率；（4）减免税的税收筹划，充分利用增值税优惠政策，降低税负；（5）出口退税的税收筹划，选择合理的经营方式、计算方式，争取出口退税利益最大化。

复习思考题

1. 简述通过纳税人身份进行税收筹划的原理。
2. 简述对销项税额进行筹划的方法。
3. 简述一般纳税人选择供货商的筹划原理。
4. 简述出口退税税收筹划的原理和方法。

第六章

消费税的纳税筹划

导语： 消费税是我国现行流转税中的一个重要税种，它与增值税相互配合，在增值税普遍调节的基础上，发挥消费税特殊调节的功能，形成双层次调节。根据消费税大多采用一次课征的特点，本章主要围绕纳税人、计税依据、税率、纳税义务发生时间以及出口退税等方面进行纳税筹划。通过本章的学习，让读者能够掌握消费税纳税筹划的基本要点。

第一节 消费税的主要法律界定

一、消费税纳税人的法律界定

在中华人民共和国境内生产、委托加工和进口消费税暂行条例规定的消费品的单位和个人，以及国务院确定的销售《消费税暂行条例》规定的消费品的单位和个人，为消费税的纳税人，应当依照《消费税暂行条例》缴纳消费税。

消费税纳税人具体包括以下几种情况：

（一）生产销售应税消费品的纳税人，即从事应税消费品生产及销售的企业、单位和个体经营者

生产应税消费品并销售是消费税征收的主要环节。生产应税消费品并销售的，于销售时缴纳消费税。纳税人用生产的应税消费品换取生产资料、消费资料、投资入股、偿还债务应视同销售缴纳消费税。另外，将生产的应税消费品用于继续生产应税消费品以外的其他方面都应计算缴纳消费税。

（二）委托加工应税消费品的纳税人

委托加工的应税消费品是指由委托方提供原料和主要材料，受托方只收取加工费和代垫部分辅助材料加工的应税消费品。委托加工以委托方为纳税人，一般由受托方代收代缴消费税。但是，委托个人加工应税消费品的，一律于委托加工的应税消费品收回后，在委托方所在地缴纳消费税。委托加工的消费品在提货时已经缴纳消费税的，委托方收回后如以不高于受托方计税价格直接出售的，不再

征收消费税；委托方以高于受托方计税价格出售的，不属于直接出售，需按规定申报缴纳消费税，在计税时准予扣除已代收代缴的消费税；如用于继续生产应税消费品的，其所缴税款可按规定扣除。

需要注意的是，对于由受托方提供原材料生产的应税消费品，或者受托方先将原材料卖给委托方，然后再接受加工的应税消费品，以及由受托方以委托方的名义购进原材料生产的应税消费品，不论在财务上是否作销售处理，都不得作为委托加工应税消费品，而应当按照销售自制应税消费品缴纳消费税。

（三）进口应税消费品的纳税人

对于进口应税消费品的情况，由货物进口人或代理人在进口报关时缴纳消费税。

（四）国务院确定的销售应税消费品的其他单位和个人

二、消费税计税依据的法律界定

计税依据是计算应纳税额的根据，是征税对象量的表现。正确掌握计税依据，可以使企业减少不必要的损失，合理、合法地承担税负。我国现行的消费税计税办法分为从价计征、从量计征和复合计征三种类型，不同的计税方法其计税依据的计算不同。

（一）从价计税时

应纳税额 = 应税消费品销售额 × 适用税率

（二）从量计税时

应纳税额 = 应税消费品销售数量 × 适用税额标准

（三）自产自用应税消费品

1. 用于连续生产应税消费品的，不纳税；

2. 用于其他方面的：有同类消费品销售价格的，按照纳税人生产的同类消费品销售价格计算纳税，没有同类消费品销售价格的，按组成计税价格计算纳税。

组成计税价格 =（成本 + 利润）÷（1 – 消费税税率）

应纳税额 = 组成计税价格 × 适用税率

（四）委托加工应税消费品的由受托方交货时代收代缴消费税

按照受托方的同类消费品销售价格计算纳税，没有同类消费品销售价格的，按组成计税价格计算纳税。

组成计税价格 =（材料成本 + 加工费）÷（1 – 消费税税率）

应纳税额 = 组成计税价格 × 适用税率

（五）进口应税消费品，按照组成计税价格计算纳税

组成计税价格 =（关税完税价格 + 关税）÷（1 − 消费税税率）

应纳税额 = 组成计税价格 × 消费税税率

（六）零售金银首饰的纳税人在计税时，应将含税的销售额换算为不含增值税税额的销售额

金银首饰的应税销售额 = 含增值税的销售额 ÷（1 + 增值税税率或征收率）

组成计税价格 = 购进原价 ×（1 + 利润率）÷（1 − 金银首饰消费税税率）

应纳税额 = 组成计税价格 × 金银首饰消费税税率

（七）对于生产、批发、零售单位用于馈赠、赞助、集资、广告、样品、职工福利、奖励等方面或未分别核算销售的按照组成计税价格计算纳税

三、消费税税率的法律界定

消费税采用比例税率和定额税率两种形式，以适应不同应税消费品的实际情况。

消费税共设置了 15 个税目，在其中的 3 个税目下又设置了 13 个子目，列举了 25 个征税项目。实行比例税率的有 21 个，实行定额税率的有 4 个。共有 13 个档次的税率，最低 3%，最高 56% [2008 年 9 月 1 日起排气量在 1.0 升（含 1.0 升）以下的乘用车，税率由 3% 下调至 1%]。经国务院批准，财政部、国家税务总局对烟产品消费税政策作了重大调整，甲类香烟的消费税从价税率由原来的 45% 调整至 56%。另外，卷烟批发环节还加征了一道从价税，2015 年 5 月 10 日起，卷烟批发环节消费税的从价税税率由 5% 提高至 11%，并按 0.005 元/支加征从量税。例如，黄酒、啤酒、成品油按单位重量或单位体积确定单位税额；卷烟、白酒采用比例税率和定额税率双重征收形式。

四、纳税义务发生时间的法律界定

《消费税暂行条例实施细则》规定，消费税的纳税义务发生时间根据应税行为性质和结算方式的不同，分别规定如下：

（一）纳税人销售应税消费品的，按不同的销售结算方式进行分类：

1. 采取赊销和分期收款结算方式的，其纳税义务发生时间为书面合同约定的收款日期的当天，书面合同没有约定收款日期或者无书面合同的，为发出应税消费品的当天。

2. 采取预收货款结算方式的，其纳税义务发生时间为发出应税消费品的当天。

3. 采取托收承付和委托银行收款方式的，其纳税义务发生时间为发出应税消费品并办妥托收手续的当天。

4. 采取其他结算方式的，其纳税义务发生时间为收讫销售款项或者取得索取销售款项凭据的当天。

（二）纳税人自产自用应税消费品的，其纳税义务发生时间为移送使用的当天。

（三）纳税人委托加工应税消费品的，其纳税义务发生时间为纳税人提货的当天。

（四）纳税人进口应税消费品的，其纳税义务发生时间为报关进口的当天。

第二节　消费税的纳税筹划

一、消费税纳税人的纳税筹划

由于消费税是针对特定的纳税人的，因此可以通过纳税人企业的合并，递延纳税时间，甚至减轻纳税人税负。

（一）合并使交易环节变化

合并会使原来企业间的购销环节转变为企业内部的原材料转让环节，从而递延部分消费税税款。如果两个合并企业之间存在着原材料供应的关系，则在合并前，这笔原材料的转让关系为购销关系，应该按照正常的购销价格缴纳消费税税款。而在合并后，企业之间的原材料供应关系转变为企业内部的原材料转让关系，因此，这一环节不用缴纳消费税，而是递延到销售环节再征收。

（二）合并使税负减轻

如果后一环节的消费税税率较前一环节低，则可直接减轻企业的消费税税负。因为前一环节应该征收的税款延迟到后面环节再征收，如果后面环节税率较低，则合并前企业间的销售额，因在合并后适用了较低的税率而减轻了税负。

【案例 6－1】某地区有两家大型酒厂 A 和 B，都是独立核算的法人企业。企业 A 主要经营粮食类白酒，以当地生产的大米和玉米为原料进行酿造，按照消费税法规定适用 20% 的税率。企业 B 以企业 A 生产的粮食酒为原料，生产系列药酒，按照税法规定适用 10% 的税率。企业 A 每年要向企业 B 提供 5000 万千克的粮食酒，不含税额为 20000 万元。经营过程中，企业 B 由于缺乏资金和人才，无法经营下去，准备破产。此时企业 B 共欠企业 A 共计 5000 万元货款。经评估，企业 B 的资产恰好也为 5000 万元。企业 A 领导人经过研究，决定对企业 B 进行收购。

【解析】

（1）收购支出费用较小。

由于合并前，企业B的资产和负债均为5000万元，净资产为零。因此，按照现行税法规定，该并购行为属于以承担被兼并企业全部债务方式实现吸收合并，不视为被兼并企业按公允价值转让、处置全部资产，不计算资产转让所得，不用缴纳所得税。

（2）合并可以递延部分税款。合并前，企业A向企业B提供粮食酒，每年应缴纳消费税 $20000 \times 20\% + 5000 \times 2 \times 0.5 = 9000$（万元）；增值税 $20000 \times 13\% = 2600$（万元），而这笔税款一部分合并后可以递延到药酒销售环节缴纳（消费税从价计征部分和增值税），获得递延纳税好处；另一部分税款从量计征的消费税税款则免于缴纳了。

（3）企业B生产的药酒市场前景很好，企业合并后可以将经营的主要方向转向药酒生产，而且转向后，应缴的消费税税款将减少。由于粮食酒的消费税税率为20%，而药酒的消费税税率为10%，但以粮食白酒为酒基的泡制酒，税率则为20%。如果企业转产为药酒生产企业，则税负将会大大减轻。

二、消费税计税依据的纳税筹划

（一）关联企业转让定价

转让定价是指在经济活动中，有关联关系的企业各方为均摊利润或转移利润而在产品交换或买卖过程中，不依照市场买卖规则和市场价格进行交易，而是根据它们之间的共同利益或为了最大限度地维护它们之间的利益而进行的产品或非产品转让。在这种转让中，产品的转让价格根据双方的意愿，可高于或低于市场上由供求关系决定的价格，以达到相互之间利益的最大化。

消费税的纳税行为发生在生产领域而非流通领域（金银首饰除外）。如果将生产销售环节的价格降低，可直接取得节税的利益。因而，关联企业中生产（委托加工、进口）应税消费品的企业，如果以较低的价格将应税消费品销售给其独立核算的销售部门，则可以降低销售额，从而减少应纳消费税税额。而独立核算的销售部门，由于处在销售环节。只缴增值税，不缴消费税，因而这样做可使集团的整体消费税负下降，增值税税负保持不变。

由于消费税的课征只选择单一环节，而消费品的流通还存在着批发、零售等若干个流转环节，这在客观上为企业进行税务筹划提供了可能。企业可以采用分设独立核算的经销部、销售公司的办法，降低生产环节的销售价格，经销部、销售公司再以正常价格对外销售。由于消费税主要在生产环节征收，企业的税务负担会因此而减轻。

应当注意的是，由于独立核算的销售部门与生产企业之间存在关联关系，按照《中华人民共和国税收征收管理法》的有关规定，中国企业或者外国企业在中国境内设立的从事生产、经营的机构、场所与其关联企业之间的业务往来，应当按照独立企业之间的业务往来收取或者支付价款、费用。不按照独立企业之间的业务往来收取或者支付价款、费用，而减少其应纳税的收入或者所得额的，税务机关有权进行合理调整。因此，企业销售给下属销售部门的价格应当参照社会的平均销售价格而定。

【案例6-2】 北京一化妆品厂为了减少税负，利用关联企业的转移定价原理成立一家属于自己的销售公司。工厂把生产的化妆品以低价销售给销售公司，以减少工厂的应纳消费税税额。原来一套组合化妆品对外销售不含税价格为300元，产品销售成本为100元，按税法规定直接销售应纳消费税90元（化妆品消费税税率为30%）。现以150元的价格先销售给销售公司，然后再由销售公司以300元的价格销售给客户，这样只需缴纳45元的消费税。一年下来，用这种方式少缴消费税40多万元。

【解析】

本案例中，如果成立一个完全与化妆品厂脱钩的独立企业，进行独立核算，在这种前提下，他可以按照低于市场价格的价位销售给独立企业，从而达到节税的目的。当然，化妆品厂提供给独立企业的化妆品，不能低于成本价，但可以在一定程度上低于市场价。

也就是说，纳税人在运用转移定价进行税收筹划时，一定要掌握好价格波动的“度”，如果出现“价格明显偏低”的现象，税务机关完全有理由进行重新定价。

（二）折扣销售和实物折扣的筹划

税法规定，企业采用折扣销售方式时，如果折扣额和销售额在同一张发票上分别注明的，可按折扣后的余额计算消费税；如果将折扣额另开发票，不论其在财务上如何处理，均不得从销售额中减除折扣额。在当今市场竞争激烈的情况下，采用折扣销售作为促销方式是非常常见的。尤其是生产应税消费品的企业，往往会给出极大的折扣比例，以吸引消费者。因此，企业严格按照税法规定开具发票，就可以大幅度降低销售额，少交消费税。要避免因发票开具不当而增加的不必要的税收负担。

另外，在现实中还会经常出现“买二送一”等类似的实物折扣销售方式，税法规定，将自产、委托加工或购买的货物用于实物折扣的，该实物款额不得从销售额中减除。应按视同销售中的“赠送他人”处理，计算征收消费税。因此，企业如果将“实物折扣”变换成折扣销售，就可以按规定扣除。

【案例6-3】 企业要销售200件商品，要给予10件的折扣。在开具发票时，可以按210件的销售数量和金额开具，然后在同一张发票上单独注明折扣10件的金额。这样，实物折扣的部分就可以从销售额中扣除，不用计算消费税，从而节约了税收支出。

（三）以应税消费品抵债、入股的筹划

根据税法的规定，纳税人用于换取生产资料和消费资料、投资入股和抵偿债务等方面的应税消费品，应当以纳税人同类应税消费品的最高销售价格作为计税依据计算消费税。因此，如果企业存在以应税消费品抵债、入股的情况，最好先销售，再作抵债或入股处理。

【案例 6－4】 某摩托车生产企业，当月对外销售同型号的摩托车时共有四种价格，以 5000 元的单价销售 50 辆，以 5500 元的单价销售 10 辆，以 6000 元的单价销售 5 辆，以 4000 元的单价销售给关联企业 10 辆（摩托车的单位成本为 3950 元，税务机关认为该价格明显不合理）。当月以 20 辆同型号的摩托车用于抵偿甲企业的债务，双方协商价为每辆 5500 元。上述价格均不含税。摩托车的消费税税率为 10%。请分别按直接抵债和先售再抵来计算应纳的消费税。

【解析】

由于企业加权平均单价 $= (5000 \times 50 + 5500 \times 10 + 6000 \times 5) \div (50 + 10 + 5)$

$= 5153.85$（元）

（1）如果用应税消费品直接抵债，应以最高销售价格作为计税依据，企业应纳消费税 $= (5000 \times 50 + 5500 \times 10 + 6000 \times 5 + 10 \times 5153.85 + 20 \times 6000) \times 10\%$ $= 50653.85$（元）

（2）如果先售后抵债，即企业按照当月的加权平均单价将这 20 辆摩托车销售后，再抵债，则应纳消费税税额 $= (5000 \times 50 + 5500 \times 10 + 6000 \times 5 + 10 \times 5153.85 + 20 \times 5153.85) \times 10\% = 48961.55$（元）

节税 $= 50653.85 - 48961.55 = 1692.3$（元）

（四）外购或以委托加工收回应税消费品连续生产应税消费品的筹划

税法规定，下列外购或以委托加工收回缴税的应税消费品用于连续生产应税消费品，在计算需征收的消费税时，可以按当期生产领用数量计算准予扣除外购的应税消费品已纳的消费税税款：

1. 外购或以委托加工收回的已税烟丝生产的卷烟；
2. 外购或以委托加工收回的已税化妆品生产的化妆品；
3. 外购或以委托加工收回的已税珠宝玉石生产的贵重首饰及珠宝玉石；
4. 外购或以委托加工收回的已税鞭炮焰火生产的鞭炮焰火；
5. 外购已税汽油、柴油、石脑油、燃料油、润滑油用于连续生产应税成品油；
6. 从应税葡萄酒生产企业购进、进口葡萄酒连续生产应税葡萄酒；
7. 外购或以委托加工收回的已税杆头、杆身和握把为原料生产的高尔夫球杆；
8. 外购或以委托加工收回的已税木制一次性筷子为原料生产的木制一次性

筷子；

9. 外购或以委托加工收回的已税实木地板为原料生产的实木地板；

10. 外购或以委托加工收回已税摩托车生产的摩托车（如外购两轮摩托车改装三轮摩托车）等。

上述当期准予扣除外购应税消费品已纳消费税税款的计算公式：

当期准予扣除的外购应税消费品已纳税款 = 当期准予扣除的外购应纳消费品的买价 × 外购应税消费品适用税率

当期准予扣除的外购应纳消费品的买价 = 期初库存的外购应税消费品的买价 + 当期购进的应税消费品的买价 - 期末库存的外购应税消费品的买价

税法规定，将应税消费品用于连续生产应税消费品的，可按当期生产领用数量计算准予扣除外购的、或委托加工收回的应税消费品已纳的消费税税款。而且允许扣除已纳税款的应税消费品只限于从工业企业购进的应税消费品，对从商业企业购进应税消费品的已纳税款一律不得扣除。因此，企业采购应税消费品，应尽可能从其生产厂家按出厂价购入，这样不仅可以避免从商业企业购入应税消费品而额外多支付的成本，而且也可以实行已纳税款抵扣制，降低企业的税负。同时须注意的是允许抵扣已纳税款的消费品的用途应符合税法规定的范围，如用外购已税烟丝生产卷烟，用外购已税化妆品生产化妆品等，就可以实行税款抵扣制，而用外购已税酒精生产白酒、用外购已税汽车轮胎生产小汽车则不允许扣除已纳的消费税税款。

【案例6-5】 某卷烟厂10月份购进烟丝100箱，每箱200元。当月生产甲类卷烟200箱，消耗50箱外购烟丝。甲类卷烟的市场售价为每箱500元，则10月份甲类卷烟应纳消费税税额（以上售价均为不含增值税价格，甲类卷烟消费税税率暂按56%计算，烟丝消费税税率30%）：

应纳税额 = 500 × 200 × 56% + 150 × 200 - 50 × 200 × 30% = 77000（元）

因此，纳税人在计算应纳税额时，可以扣除外购的应税消费品已纳的税款，以减轻自己的税负。在实际经济生活中，纳税人连续生产应税消费品时，应注意以下几点：

（1）用外购的已纳消费税的产品连续生产应税消费品时，可以扣除外购应税消费品已纳的消费税税款，在计税时按当期生产领用数量，计算准予扣除数额。

（2）纳税人用外购的已税珠宝玉石生产的改在零售环节征收消费税的金银首饰（镶嵌首饰），在计税时一律不准扣除外购珠宝玉石的已纳税款。

（3）允许扣除已纳税款的应税消费品只限于从工业企业购进的应税消费品，对从商业企业购进应税消费品的已纳税款一律不得扣除。因此，纳税人在选择供货方时一定要注意选择工业企业，以便合法地进行抵扣。

（五）包装物的筹划

对实行从价定率办法计算应纳税额的应税消费品，如果包装物连同产品销售，无论包装物是否单独计价，也不论会计上如何处理，包装物均应并入销售额中计征消费税。但如果包装物并未随同产品销售，而是借给购货方周转使用，仅仅收取包装物押金的话，只要此项押金在规定的时间内（一般为1年）退回，就可以不并入销售额计算纳税。因此，企业可以在情况允许时采用出借包装物的方式，一方面有助于减少计税依据，降低税收负担；另一方面在归还押金之前，企业可以占有这部分押金的利息。

【案例6-6】 某企业销售贵重首饰100件，每件售价500元，其中含木质包装箱价款50元。如果连同包装物一并销售，销售额为50000元。若消费税税率为10%，应纳消费税税额为50000×10%=5000（元）。如果企业不将包装物随同消费品出售，而采用收取包装物押金的方法。规定要求购货方在6个月内退还，就可以节税［50×100÷(1+13%)×10%］=427.35（元），实际纳税5000-427.35=4572.65（元）。此外，企业还可以从银行获得这5000元押金所生的利息。

（六）先销售后包装的筹划

税法规定，纳税人将应税消费品与非应税消费品以及适用税率不同的应税消费品组成成套消费品销售的，应根据组合产制品的销售金额按应税消费品的最高税率征税。习惯上，工业企业销售产品，都采取“先包装后销售”的方式进行。按照上述规定。如果改成“先销售后包装”的方式，不仅可以大大降低消费税税负，而且增值税税负仍然保持不变。

【案例6-7】 某日用化妆品厂，将生产的化妆品、护肤护发品、小工艺品等组成成套消费品销售。每套消费品由下列产品组成：化妆品包括一瓶香水（300元）、一瓶指甲油（10元）、一支口红（200元）、护肤护发品包括两瓶浴液（25元）、一瓶摩丝（8元）、一块香皂（2元）、化妆工具及小工艺品（10元）、塑料包装盒（5元）。化妆品消费税税率为30%。上述价格均不含税。按照习惯做法，将产品包装后再销售给商家，应纳消费税=(300+10+200+25+8+2+10+5)×30%=168（元）。若改变做法，将上述产品先分别销售给商家，再由商家包装后对外销售（注：实际操作中，只是换了个包装地点，并将产品分别开具发票，账务上分别核算销售收入即可），应纳消费税=(300+200)×30%=150（元）。每套化妆品节税额为：168-150=18（元）。

（七）加工应税消费品的纳税筹划

消费税作为价内税，可以在计算应税所得前扣除，其多少会影响经营利润（销售收入减去销售成本、流转税后的余额）。据此分析，可以采用经营利润最大化的原理进行纳税筹划，即在有多个纳税筹划方案情况下，选择经营利润最大的方案。

根据税法规定委托加工应税消费品，受托方为单位时，由受托方在向委托方交货时代收代缴消费税。委托加工的应税消费品，委托方用于连续生产应税消费品的，所纳税款准予按规定抵扣。如果委托加工的应税消费品收回后直接出售的，不再征收消费税。因此，纳税人对应税消费品的生产，主要有自行加工和委托加工（即外包）两种方式。纳税人以自营方式生产应税消费品时，所缴纳的消费税是以产品的实际销售价格作为计税依据的，而采用委托加工方式生产时，所缴纳的消费税则是以受托方当期同类商品的平均销售价格或组成计税价格作为计税依据的，并由受托方代收代缴，两者的计税基数是不同的。

通常情况下，受托方代收代缴消费税的计税价格往往要低于应税消费品的实际销售价格，并且受托方计税价格低于应税消费品实际销售价格的差额部分，是不缴纳消费税的。纳税人通过委托加工方式生产应税消费品，往往会节约一定的消费税，并且在受托方与委托方存在关联关系的情况下，受托方收取的委托加工费可能会更低，使得代收代缴消费税的组成计税价格降低，纳税人获取的税收利益会更大。

【案例6-8】 2019年6月某酒业公司签订一份8万千克的粮食白酒订单，合同规定的不含税价格为200万元，白酒生产所需要的原材料成本为50万元，加工成本为44万元。假设酒业公司适用城建税税率为7%，教育费附加为3%，企业所得税税率为25%。请对该酒业公司的加工方式（自行加工、委托加工方式）作出筹划。

【解析】

方案1：自行加工方式

应交的消费税 = 200 × 20% + 80000 × 2 × 0.5 ÷ 10000 = 48（万元）

应交增值税 = (200 - 50) × 13% = 19.5（万元）

应交的城建税和教育费附加 = (48 + 19.5) × (7% + 3%) = 6.75（万元）

税后净利润 = (200 - 50 - 44 - 48 - 6.75) × (1 - 25%) = 38.44（万元）

方案2：采用委托加工方式

受托方代收代缴的消费税 = [(50 + 44 + 80000 × 2 × 0.5 ÷ 10000) ÷ (1 - 20%) × 20% + (80000 × 2 × 0.5 ÷ 10000) = 33.5（万元）

应交增值税 = (200 - 50 - 44) × 13% = 13.78（万元）

应交城建税与教育费附加 = (33.5 + 13.78) × 10% = 4.73（万元）

净利润 = (200 - 50 - 44 - 33.5 - 4.73) × (1 - 25%) = 50.83（万元）

如果酒业公司收回白酒后不再进行加工，而将白酒直接交付给定货单位，就不需再缴纳消费税。方案二较方案一节税：50.83 - 38.44 = 12.39（万元）

三、消费税税率的纳税筹划

（一）兼营不同税率应税消费品的筹划

税法规定，纳税人兼营不同税率的应税消费品，应分开核算不同税率应税消费品的销售额、销售数量。未分别核算的或将不同税率的应税消费品组成成套消费品销售的，从高适用税率。这就要求企业健全会计核算，按不同税率将应税消费品分开核算。如果为达到促销效果，采用成套销售方式的，可以考虑将税率相同或相近的消费品组成成套销售。如可以将不同品牌的化妆品套装销售，而如果将护肤护发品（消费税税率为0）和化妆品（消费税税率为30%）组成一套销售，就会大大增加企业应纳的消费税。同样，将税率为20%的粮食白酒和税率为10%的药酒组成礼品套装销售也是不合算的。除非企业成套销售所带来的收益远远大于因此而增加的消费税及其他成本，或者企业是为了达到占领市场、宣传新产品等战略目的，否则单纯从税收角度看，企业应将不同税率应税消费品分开核算，分开销售。

【案例6-9】 2019年6月某公司既生产经营粮食白酒，又生产经营药酒，两种产品的消费税税率分别为20%加0.5元/500克（或者500毫升）、10%。2019年度，粮食白酒的销售额为200万元，销售量为5万千克，药酒销售额为300万元，销售量为4万千克，但该公司没有分别核算。2019年度，该公司的生产经营状况与2016年度基本相同，现在有两种方案可供选择：

【解析】

方案一，统一核算粮食白酒和药酒的销售额；

方案二，分别核算粮食白酒和药酒的销售额。

从节税的角度出发，应当选择哪套方案？

方案一：

统一核算粮食白酒和药酒的销售额，在该方案下，该公司的纳税情况如下：

酒类应纳消费税 =(200+300)×20% +(5+4)×2×0.5=109（万元）

酒类应纳增值税 =(200+300)×13% =65（万元）

酒类应纳城建税和教育费附加 =(109+65)×10% =17.4（万元）

合计应纳税额 =109+17.4+65=191.4（万元）

方案二：

企业生产经营适用两种税率的应税消费品应当分别核算，分别核算后可以适用各自的税率。在该方案下：

1. 粮食白酒应纳消费税 =200×20% +5×2×0.5=45（万元）
2. 粮食白酒应纳增值税 =200×13% =26（万元）
3. 粮食白酒应纳城建税和教育费附加 =(45+26)×(7% +3%)=7.1

（万元）

4. 药酒应纳消费税 = 300 × 10% = 30（万元）

5. 药酒应纳增值税 = 300 × 13% = 39（万元）

药酒应纳城建税和教育费附加 =（30 + 39）×（7% + 3%）= 6.9（万元）

6. 合计应纳税额 = 45 + 26 + 7.1 + 39 + 30 + 6.9 = 154（万元）

从上述计算结果可以看出，方案二比方案一节约税额 = 191.4 − 154 = 37.4（万元）

因此，该公司应当选择方案二。方案二由于充分利用了分别核算可以适用不同税率的政策从而达到了节税的效果。

（二）混合销售行为的筹划

税法规定，从事货物的生产、批发或零售的企业以及以从事货物的生产、批发或零售为主，并兼营非应税劳务的企业的混合销售行为，视同销售货物，应当征收增值税。若货物为应税消费品，则计算消费税的销售额和计算增值税的销售额是一致的，都是向购买方收取的全部价款和价外费用。价外费用包括价外向购买方收取的手续费、补贴、包装物租金、运输装卸费、代收款项等诸多费用。如摩托车生产企业既向客户销售摩托车，又负责运送所售摩托车并收取运费，则运费作为价外费用，应并入销售额计算征收消费税。如果将运费同应税消费品分开核算，运费部分只需缴纳 9% 的增值税，而无需按应税消费品的高税率纳消费税，则可以减少销售额，少纳消费税。现在由于客户日益重视售后服务，企业可以考虑设立售后服务部、专业服务中心等来为客户提供各种增值税应税劳务，将取得的各种劳务收入单独核算、单独纳税，以避免因消费税高税率而带来的额外负担。又如，白酒生产企业就可以成立专门的运输中心来运输所售白酒，所收运费缴纳 9% 的增值税，而不用按 20% 缴纳消费税，这样就节约了纳税支出。

【知识链接】

制酒行业消费税的筹划

一、制酒行业有关消费税的税收规定

根据《消费税征收范围注释》（国税发〔1993〕第 153 号）和《关于调整酒类产品消费税政策的通知》（财税字〔2001〕第 84 号）及相关的税收文件，酒分粮食白酒、薯类白酒、黄酒、啤酒、其他酒五类。外购或委托加工已税酒和酒精生产的酒，包括以外购已税白酒加浆降度，用外购已税的不同品种的白酒勾兑的白酒，用曲香、香精对外购已税白酒进行调香、调味以及外购散装白酒装瓶出售等。外购酒及酒精已纳税款或受托方代收代缴税款不予抵扣。

二、制酒行业消费税的主要筹划方法

（一）选择低税率的原料生产酒

不同原料生产的酒，消费税的税率是不相同的，粮食白酒最高，薯类白酒次之，其他酒最低。所以，可尽量用其他酒、薯类白酒的原料（如果品、野生植物等）生产酒，少用粮食白酒的原料生产酒。

（二）选择低税率的工艺生产酒

同种原料生产的酒工艺不同，其消费税的税率也不同，一般蒸馏法要比过滤方法制出的酒税率高。同样是大米，经加温、糖化、发酵后，采用压榨酿制的酒属黄酒，如果经糖化、发酵后，采用蒸馏方法配制的酒却属于粮食白酒。为了降低税负，在条件许可的情况下，改变旧工艺开发新的流程，尽量采用非蒸馏方法生产酒。另外以白酒为酒基的配制酒、泡制酒相对应的税率过高，所以在配制酒、泡制酒（包括制药酒）时，可尽量用黄酒作酒基。

（三）尽量生产中、高档酒

消费税政策调整后，每千克白酒增加 0.25 元消费税（即每吨白酒增加 1000 元消费税），使目前市场销售价格在每千克 2.5 元以下的低档白酒消费税税负大大增加，其中出厂价每千克 2.5 元的白酒税负增加 10%，每千克 1.5 元的白酒税负增加 16%，每千克 1 元的白酒税负将增加 20%，如果加上酒为减轻税负不得已将产品提价而增加的增值税及地方税附加，低档白酒的税负还要提高，与低档白酒相比，每千克 0.25 元的消费税对出厂价格在 7.5 元以上的中、高档白酒影响却不是很大（税负仅增加 3%），对价格在 25 元以上的高档白酒影响更是微乎其微。为了减轻税负，企业由生产低档酒改为生产中、高档酒也势在必行。

（四）尽量少采用外购委托加工已税酒和酒精生产酒

由于外购、委托加工已税酒和酒精所含消费税不能抵扣，所以应减少和委托加工酒生产酒的行为。解决途径有两条：一是扩大生产规模，自己生产；二是合并有这种生产能力的企业，实现优势互补，同时又获得税收利益。白酒行业上规模、上档次的生产尤其重要。

例如：某瓶装酒生产企业 A，过去一直从另一白酒生产企业 B 购进粮食类白酒生产瓶装酒。年购进白酒 1000 吨，白酒的价格为 1.5 元/千克。如果瓶装酒兼并白酒生产厂，年超额负担为 100 万元。如果 A 仍需外购白酒生产瓶装酒，A 兼并 B 是否有利?

分析：酒类消费税未调整前，A 从 B 处购进的白酒所含的消费税可按当期生产领用的数量相对应的消费税抵当期应纳的消费税。税收政策调整后，取消了该项优惠。如果不合并，A 每年应纳消费税为：$1000\times1000\times2\times3\times20\%+1000\times1000\times2\times0.5\div10000=220$（万元）

如果 A 兼并 B，B 与 A 就是同一企业，B 生产白酒再由 A 生产瓶装酒，属于连续生产应税消费品，前一自产过程可免征消费税。虽然年增加超额负担100万元，但还是可获得税收利益220－100＝120（万元）。所以，A选择兼并B的经营方式更有利。

四、消费税纳税义务发生时间的纳税筹划

企业在销售中采用不同的销售方式，纳税义务发生的时间也是不同的。从税收筹划的角度看，选择恰当的销售方式可以使企业合理地推迟纳税义务发生时间，递延税款缴纳。需要注意的是，企业通过选择销售方式以推迟纳税义务发生时间并没有降低企业的绝对税额，而是通过递延税款缴纳以获得相对节税的好处。

企业可以通过确定不同的销售方式来达到递延税款缴纳的目的。例如，对于一笔销售业务，企业面临赊销和直接收款销售两个选择。若企业选择直接收款销售，则应在当期确定销售额并按时缴纳消费税；若企业选择赊销，并在书面合同中约定收款日期，则其纳税义务发生时间为合同约定的收款日当天，不仅能够递延税款缴纳，还能节约大量流动资金。

五、消费税出口退税的纳税筹划

（一）发生出口货物退关或者退货时，适当调节办理补纳消费税时间

从纳税筹划的角度出发，发生出口货物退关或者退货时，适当调节办理补纳消费税时间，是一种重要的纳税筹划方式。

根据《消费税暂行条例实施细则》第二十二条的规定，出口的应税消费品办理退税后，发生退关，或者国外退货进口时予以免税的，报关出口者必须及时向其机构所在地或者居住地主管税务机关申报补缴已退的消费税税款。纳税人直接出口的应税消费品办理免税后，发生退关或者国外退货，进口时已予以免税的，经机构所在地或者居住地主管税务机关批准，可暂不办理补税，待其转为国内销售时，再申报补缴消费税。因此，在发生出口货物退关或者退货时，适当调节办理补税的时间，可以在一定时期占用消费税税款，相当于获得了一笔无息贷款。纳税人对此展开纳税筹划。

（二）出口应税消费品在外汇结算时选择合适折合率进行纳税筹划

根据《消费税暂行条例》第五条的规定，纳税人销售的应税消费品，以人民币计算销售额。纳税人以人民币以外的货币结算销售额的应当折合人民币计算。根据《消费税暂行条例实施细则》第十一条的规定，纳税人销售的应税消费品，以人民币以外的货币结算销售额的，其销售额的人民币折合率可以选择销售额发生的当天或者当月1日的人民币汇率中间价。纳税人应在事先确定采用何种折合率，确定后一年内不得变更。从纳税筹划的角度来看，人民币折合率既可

以采用销售额发生当天的国家外汇牌价，也可以用当月初的外汇牌价。一般来说，外汇市场波动越大，通过选择折合率进行纳税筹划的必要性越大，以较低的人民币汇率计算应纳税额，越有利于开展纳税筹划。

需要指出的是，由于汇率的折算方法一经确定，一年内不得随意变动。因此，在选择汇率折算方法的时候，需要纳税人对未来的经济形势及汇率走势作出恰当的判断。同时，这一限制也对这一纳税筹划方法的效果产生很大影响。当然，纳税筹划应当体现在点点滴滴的税负减轻之中，纳税筹划更体现为一种意识，在某一方面节税效果不是很明显，但是对于一个涉及众多税种的大型企业来讲，纳税筹划的效果不能小觑。

【案例6-10】 某企业某年4月15日取得100万美元销售额，4月1日的国家外汇牌价为1美元:7.3元人民币，4月15日的外汇牌价为1美元:7.1元人民币。预计未来较长一段时间，美元将持续贬值。企业有两种方案可供选择：方案一，按照每月第一日的外汇牌价来计算销售额，方案二，按照结算当时的外汇牌价来计算销售额。从纳税筹划的角度出发，该企业应当选择哪套方案？

【解析】

方案一：该企业的纳税情况如下：①美元销售额为100万元；②外汇牌价=1:7.3；③人民币销售额=100×7.3=730（万元）；

方案二，该企业的纳税情况如下：①美元销售额为100万元；②外汇牌价=1:7.1；③人民币销售额=100×7.1=710（万元）。

经计算比较，方案二比方案一少计销售额=730-710=20（万元），因此，该企业应当选择方案二。方案二由于充分利用了汇率变动的趋势以及税法允许的换算方法从而达到了纳税筹划的效果。

（三）出口不同消费税税率的应税消费品应分开核算和申报

增值税和消费税是属于交叉征收的税种，出口应税消费品在出口报关时，往往既涉及增值税的退（免）税，同时也涉及消费税的退（免）税，因此，通常所说的出口退（免）税，主要指的就是退（免）增值税和消费税。而消费税和增值税不同之处则在于退税税率的确定和出口应税消费品退税的计算上。

税法规定，企业应将不同消费税税率的出口应税消费品分开核算和申报，凡划分不清适用税率的，一律从低适用税率计算应退消费税税额。这就要求企业在申报出口退税时，应分开核算不同税率的应税消费品，以获得应有的退税额，避免因从低税率退税而减少收益。同时，还须强调的是，消费税出口退税仅适用于有出口经营权的外贸企业购进应税消费品直接出口以及外贸企业受其他外贸企业委托代理出口应税消费品，而生产企业出口或委托外贸企业代理出口应税消费品，则是不予退还消费税的。因此对于出口业务较多、出口较频繁的生产企业来说，可以考虑组建独立核算的外贸子公司，由生产企业将应税消费品销售给外贸子公司，缴纳消费税，再由外贸子公司将应税消费品出口，获得相同金额的出口退税，从而在实质上减轻了企业的税收负担。但是需注意的是，组建外贸子公司的成本很可能会高于出口退税所带来的收益，企业应进行成本收益分析，从长远利益和整体考虑，而不能片面追求出口退税所带来的短期利益。

出口应税消费品退税的计算。出口应税消费品的应退消费税税款，分两种情况处理：属于从价定率计征消费税的应税消费品，计算公式：应退消费税税款 = 出口货物的工厂销售额 × 税率；属于从量定额计征消费税的应税消费品，计算公式：应退消费税税款 = 出口数量 × 单位税额。

总之，企业只要通过对出口应税消费品的消费税合理筹划，就可以使企业资金实现税后利润最大化，促进企业的不断发展，提高企业的经济效益。

本章小结

消费税是以特定消费品和消费行为为征收对象所征收的一种税。消费税的筹划包括纳税人的筹划、计税依据的筹划、税率的筹划、纳税义务发生时间以及出口退税的筹划。

复习思考题

1. 简述消费税纳税人的筹划方法。
2. 简述消费税以应税消费品实物抵债的筹划方法。
3. 如何选择合理的销售方式进行消费税筹划。
4. 关联企业之间应税消费品如何进行筹划。
5. 简述消费税税率的筹划方法。

第七章

关税的纳税筹划

导语：关税是由海关代表国家依法对进出国境（关境）的货物或物品征收的一种税，属于流转税范畴。它是根据国家的关税政策和对外开放政策的要求，为鼓励出口、扩大必需品进口、保护和促进国民经济稳定发展以及保证国家财政收入而开征的税种。本章介绍了关税的相关征税要素和税收法律规定，研究如何利用关税完税价格、税收优惠、递延纳税时间、进口原材料及零部件、转让定价、保税制度、"实质性加工"以及避免反倾销等规定的不同进行纳税筹划。通过本章的学习，让读者了解关税的法律规定和税收筹划空间，掌握筹划重点。

第一节　关税的主要法律界定

一、关税的纳税人和征税对象

根据税法规定，进口货物的收货人、出口货物的发货人、进出境物品的所有人是关税的纳税义务人。进出口货物的收（发）货人是依法取得对外贸易经营权，并进口或出口货物的法人或者其他社会团体。进出境物品的所有人，包括该物品的所有人和推定为所有人的人。

关税的征税对象是准许进出境的货物和物品。货物是指贸易性商品；物品包括入境旅客随身携带的行李和物品，个人邮递物品，各种运输工具上的服务人员携带进口的自用物品、馈赠物品以及通过其他方式进入我国国境的个人物品。

二、关税的税率

自 2004 年 1 月 1 日起，我国进口关税则设有最惠国税率、协定税率、特惠税率、普通税率、关税配额税率等税率形式，对进口货物在一定期限内可以实行暂定税率。

《中华人民共和国进出口关税条例》规定：适用最惠国税率的进口货物有暂定税率的，应当适用暂定税率。适用特惠税率、协定税率的进口货物有暂定税率的，应当从低适用税率。适用普通税率的进口货物，不适用暂定税率。

最惠国税率适用于原产于与我国共同使用最惠国待遇条款的 WTO 成员的进口货物，或原产于与我国签订有相互给予最惠国待遇条款的双边贸易协定的国家或地区的进口货物，以及原产于我国境内的进口货物；协定税率适用于原产于我国参加的含有关税优惠条款的区域性贸易协定有关缔约方的进口货物；特惠税率适用于原产于与我国签订有特殊优惠关税协定的国家或地区的进口货物；普通税率适用于原产于上述国家或地区以外的其他国家或地区的进口货物以及原产地不明的进口货物。

按照征收关税的标准，关税可以分成从价税、从量税、选择税、复合税、滑准税。其中，我国对进口商品基本上都以进口货物的完税价格实行从价税；对原油、啤酒，胶卷等进口商品以货物的数量、重量、体积、容量等计量单位为标准计征从量税；对录像机、放像机、摄像机、数字照相机和摄录一体机实行复合税；对新闻纸实行滑准税。

我国出口关税则为一栏税率，国家仅对少数资源性产品及易于竞相杀价、盲目进口，需要规范出口秩序的半制成品征收出口关税。根据海关总署 2019 年关税调整方案，将继续对小麦等 8 类商品实施关税配额管理，税率不变。其中，对尿素、复合肥、磷酸氢铵 3 种化肥的关税配额税率继续实施 1% 的进口暂定税率。继续对配额外进口的一定数量棉花实施滑准税，并进行适当调整。

除了进口关税和出口关税以外，我国也采用特别关税政策。特别关税包括报复性关税、反倾销税、反补贴税，保障性关税。征收特别关税的货物、适用国别、税率、期限和征收办法，由国务院关税税则委员会决定，由海关总署负责实施。

三、关税的完税价格

《中华人民共和国海关法》规定：进出口货物的完税价格由海关以该货物的成交价格为基础审查确定。成交价格不能确定时，完税价格由海关依法估定。自我国加入世界贸易组织后，我国海关已全面实施《世界贸易组织估价协定》。

（一）一般进口货物的完税价格

进口货物的完税价格包括货物的货价、货物运抵我国境内输入地点起卸前的运输及其相关费用、保险费。货物的货价以成交价格为基础。

下列费用应计入完税价格：由买方负担的除购货佣金以外的佣金和经纪费；由买方负担的与该货物视为一体的容器费用；由买方负担的包装材料和包装劳务费用；可以按照适当比例分摊的，由买方直接或间接免费提供，或以低于成本价方式销售给卖方的货物或服务的价值；与该货物有关并作为卖方向我国销售该货物的一项条件，应当由买方直接或间接支付的特许权使用费；卖方直接或间接从买方对该货物进口后转售、处置或使用所得中获得的收益。

下列费用，如能与该货物实付或者应付价格区分，不得计入完税价格：货物进口后的基建、安装、维修和技术服务费用；货物运抵境内输入地点之后的运输费用、保险费和其他相关费用；进口关税及其他国内税；为在境内复制进口货物而支付的费用；境内外技术培训及境外考察费用。

进口货物的价格不符合成交价格条件或者成交价格不能确定的，海关应当依次以相同货物成交价格方法、类似货物成交价格方法、倒扣价格方法、计算价格方法及其他合理方法确定的价格为基础，估定完税价格。如果进口货物的收货人提出要求，并提供相关资料，经海关同意，可以选择倒扣价格方法或计算价格方法的适用次序。

（二）出口货物的完税价格

出口货物的完税价格由海关以该货物向境外销售的成交价格为基础审查确定，并应包括货物运至我国境内输出地点装载前的运输及其相关费用、保险费，但其中包含的出口关税税额应当扣除。出口货物的成交价格中含有支付给境外的佣金的，如单独列明，应当扣除。

（三）特殊进口货物完税价格

1. 加工贸易进口料件及其制成品

加工贸易进口料件及其制成品需征税或内销补税的，海关按照一般进口货物的完税价格规定，审定完税价格。

2. 保税区、出口加工区货物

从保税区或出口加工区销往区外、从保税仓库出库内销的进口货物（加工贸易进口料件及其制成品除外），以海关审定的价格估定完税价格。

四、关税的应纳税额的计算

关税的计税方法有从价计税、从量计税，复合计税和滑准税计税方法。

（一）从价税的计税方法

应纳税额 = 应税进（出）口货物数量 × 单位完税价格 × 适用税率

（二）从量税的计税方法

应纳税额 = 应税进（出）口货物数量 × 关税单位税额

（三）复合税的计税方法

应纳税额 = 应税进（出）口货物数量 × 单位完税价格 × 适用税率 + 应税进（出）口货物数量 × 关税单位税额

（四）滑准税的计税方法

应纳税额 = 应税进（出）口货物数量 × 单位完税价格 × 滑准税税率

五、关税的税收减免

关税减免是对某些纳税人和征税对象给予鼓励和照顾的一种特殊调节手段，是贯彻国家关税政策的一项重要措施。关税减免分为法定减免税、特定减免税和临时减免税。

（一）法定减免税

1. 关税税额在人民币50元以下的货物，可免征关税。

2. 无商业价值的广告品和货样，可免征关税。

3. 外国政府、国际组织无偿赠送的物资，可免征关税。

4. 进出境运输工具转载的途中必需的燃料、物料和饮食用品，可予免税。

5. 为境外厂商加工、装配成品和为制造外销产品而进口的原材料、辅料、零部件、部件、配套件和包装物料，海关按照实际加工出口的成品数量免征进口关税；或者对进口料件先征进口关税，再按照实际加工出口的成品数量予以退税。

6. 经海关核准暂时进境或者暂时出境，并在6个月内复运出境或者复运进境的货样、展览品、施工机械、工程车辆、工程船舶、供安装设备时使用的仪器和工具、电视或电影摄制器械、盛装货物的容器以及剧团服装道具，在货物发货人向海关缴纳相当于税款的保证金或提供担保后，可予以暂时免税。

7. 因故退还的境外进口货物，经海关审查属实，可予以免征出口关税，但已征收的进口关税不予退还。

8. 因故退还的中国出口货物，经海关审查属实，可予以免征进口关税，但已征收的出口关税不予退还。

9. 如果进口货物发生以下情形，经海关审查属实，可酌情减免进口关税：

（1）在境外运输途中或者在起卸时遭受损坏或损失的。

（2）在起卸后海关放行前，因不可抗力遭受损坏或损失的。

（3）海关查验时已经破漏、损坏或者腐烂，经证明不是因为报关不慎造成的。

10. 因残损、短少、品质不良或者规格不符等原因，由进出口货物的发货人、承运人或者保险公司免费补偿或者更换的相同货物，进出口时不征收关税，被免费更换的原进口货物不退运出境或者原出口货物不退运进境的，海关应当对原进出口货物重新按照规定征收关税。

11. 我国缔结或者参加的国际条约规定减征、免征关税的货物、物品，按照规定减征、免征关税。

（二）特定减免税

1. 科教用品。

2. 残疾人专用品。
3. 扶贫、慈善性捐赠物资。
4. 加工贸易产品，包括加工装配和补偿贸易、进料加工。
5. 边境贸易进口物资。
6. 保税区进出口货物。
7. 出口加工区进出口货物。
8. 进口设备。
9. 特定行业或用途的减免税政策。

（三）临时减免税

这类政策一般对可减免的商品列有商品清单。如为支持我国海洋和陆上特定地区石油、天然气开采作业，对相关项目进口国内不能生产或性能不能满足要求的商品，免征进口关税和进口环节增值税等。

六、关税的原产地规定

正确运用进口税则的各栏税率，必须确定进境货物的原产地。我国原产地规定基本上采用了“全部产地生产标准”和“实质性加工标准”两种国际上通用的原产地标准。

全部产地生产标准是指进口货物完全在一个国家内生产或制造，生产国或制造国即为该货物的原产国。

实质性加工标准是指适用于确定有两个或两个以上国家参与生产的产品的原产国的标准，以最后一个对货物进行经济上可以视为实质性加工的国家作为有关货物的原产国。

实质性加工是指符合以下两个条件之一：

（一）加工后，进出口税则4位数税号级的税则归类发生改变。例如，从南非购买的钻石（7102），在意大利镶嵌成铂金镶钻首饰（7113），铂金镶钻首饰的原产国就是意大利。

（二）加工增值部分占新产品总值的比例为30%及以上的。例如，意大利从南非购买100万欧元钻石，简单切割后对外销售获得140万欧元，税号前4位7102不变，增值部分占新产品总值 = 40/140 = 28.6%，则钻石的原产国是南非。如果经意大利简单切割后对外销售150万欧元，50/150 = 33.3%，则钻石的原产国是意大利。

第二节 关税的筹划

一、关税完税价格的纳税筹划

关税弹性较大的是完税价格的确定。关税的计税依据有两种：一是从量计征；二是从价计征，另外还有些物品采取从量和从价混合计征的办法。从量计征适用的范围窄，从价计征适用的范围宽。凡是适用从价计征的物品，完税价格就是它的税基。因此，在同一税率下，完税价格如果高税负则重，如果低税负则轻，所以征纳双方对关税价格都极为关注。政府还以海关价格作为对外贸易统计的价格依据，海关作价制度主要是确立完税价格准则及价格基础。例如，以到岸价格、离岸价格、出口价格、审定价格等作为价格依据，和以规定的价格依据与一些价格因素组成的价格标准为价格依据。

（一）进口货物完税价格的筹划

进口货物以海关审定的正常成交价格为基础的到岸价格作为完税价格。到岸价格包括货价，加上货物运抵中华人民共和国关境内输入地点起卸前的包装费、运费、保险费和其他劳务费等费用。我国对进口货物的海关估价主要有两种情况：一是海关审查可确定的完税价格；二是成交价格经海关审查未能确定的。成交价格实际上是指进口货物的买方为购买该项货物而向卖方实际支付的或应当支付的价格，该成交价格的核心内容是货物本身的价格（即不包括运保费、杂费的货物价格）。该价格除包括货物的生产、销售等成本费用外，还包括买方在成交价格之外另行向卖方支付的佣金。筹划时可选择同类产品中成交价格比较低的、运输、杂项费用相对小的货物进口，这样才能降低完税价格。

【案例7－1】一家钢铁企业，需要进口100万吨铁矿石，可供选择的进货渠道有两家：一是澳大利亚，一是加拿大。澳大利亚的铁矿石品位较高，价格为20美元一吨，运费60万美元；加拿大的铁矿石品位较低，价格为19美元一吨，但运杂项费用高达240万美元，暂不考虑其他条件，到底应该选择哪一个国家进口铁矿石呢？

【解析】

澳大利亚铁矿石完税价格 $=20\times100+60=2060$（万美元）

加拿大铁矿石完税价格 $=19\times100+240=2140$（万美元）

经过计算应该选择从澳大利亚进口铁矿石。如果按20%征收进口关税的话，至少可以节税16万美元。

然而对于无法按审定成交价格法确定其成交价格的，海关主要按以下方法依次估定完税价格：相同货物成交价格法、类似货物成交价格法、国际市场价格法、国内市场价格倒扣法、由海关按其他合理方法估定的价格。例如，进口刚生产出的产品，进口该产品支付了300万美元，类似产品的市场价格仅为120万美元，海关也因此种产品的创新无法依据审定成交价格法确定成交价格及完税价格，而只能以该产品的同一出口国或地区购进的类似货物的成交价格作为确定被估进口货物完税价格的依据，即按类似货物成交价格法予以确认。这样的话，该项进口商品的海关估价最多只有120万美元，剩下的180万美元便是纳税筹划空间。

（二）出口货物完税价格的筹划

出口商品的海关估价应是成交价格，即该出口商品售予境外的应售价格。应售价格应由出口商品的境内生产成本、合理利润及外贸所需的储运、保险等费用组成，也就是扣除关税后的离岸价格。需要注意的是，出口货物的离岸价格，应以该项货物运离国境前的最后一个口岸的离岸价格为实际离岸价格。如果该项货物从内地起运，则从内地口岸至国境口岸所支付的国内段运输费用应予扣除。另外出口货物的成交价格如为货价加运费价格，或为国外口岸的到岸价格时，则应先扣除运费并再扣除保险费后，再按规定公式计算完税价格。当运费成本在价格中所占比重较大时，这一点就显得更为重要。另外，如果在成交价格外，还支付了国外的与此项业务有关的佣金，则应该在纳税申报表上单独列明。这样，该项佣金就可予以扣除。但如未单独列明，则不予以扣除。不能把完税价格的合理避税方法片面地理解为降低申报价格。如果为了少缴关税而降低申报价格的话，那么就构成了偷税，海关对此区别情况作出相应的处理：

（1）申报价格低于海关审定价格的，应由出口商品的发货人或其代理人缴纳相当于申报价格与海关审定价格的差额保证金后，由海关放行货物，并通知有关进出口商会和国家外汇管理部门进行调查。经调查，对有确凿证据证明属于低报价格逃、套外汇的，外汇管理部门应依据《违反外汇管理处罚实施细则》的规定进行处理，并由海关处以货物等值以下的罚款或罚金。

（2）申报价格明显低于海关审定价格，经海关调查构成隐瞒价格行为的，海关可将货物予以扣留，不准出口，并处货物等值以下的罚款；同时通知有关进出口商会和国家外汇管理部门。

二、利用税收优惠的纳税筹划

关税优惠是纳税人进行税收筹划的重点。税法规定了许多政策性关税减免优惠，包括法定减免和特定减免。企业应充分掌握、利用这些优惠政策，争取最大限度地获得税收优惠，减少关税应纳税额。例如，世界上几百个经济特区对关税的课征一般都实施大同小异的优惠待遇。又如我国对企业从事高新技术和生产出口产品实行鼓励政策，对于从事上述产品生产的企业所需的进口设备及配套技术、配件、备件及软件的费用等给予减免关税和进口环节增值税的优惠政策。又如我国对日本的三种产品——汽车、手持和车载无线电话机、空气调节器——加征特别关税后，许多汽车进口商很快就转向从欧美进口汽车，因为这样做可以避免高税收。这些都为企业开展税收筹划、调整战略提供了空间。

三、递延纳税时间纳税的筹划

纳税人可以利用关税报关及纳税义务发生时间的规定，递延关税纳税时间。

【案例7-2】 一家进出口公司进口一批货物。若海关从接受申报对货物进行查验到填发税款缴纳证共需两天时间，该公司应如何利用关税纳税时间进行税收筹划？

【解析】

（1）选择星期一报关。若该公司选择星期一报关，那么星期三海关填发税款缴纳证，从星期四起的纳税期限为7天。这样，该公司最迟应于第二周的星期五缴纳税款，其全部税款的占用时间最多为9天（包括星期六、星期日两天）。

（2）选择星期二报关。若该公司在报关期限内能够推迟到星期二报关，那么海关就会于星期四填发税款缴纳证，纳税人就应依法从星期五开始的7日之内缴纳关税。这样，最晚纳税时间为第三周的星期一，纳税人全部税款的占用时间就为11天（两个星期六和星期日共4天）。

四、利用进口原材料及零部件的纳税筹划

各国的关税税率大多对产成品和零部件区别对待，原材料和零部件的关税税率最低，半成品的税率次之，产成品的税率最高。因此，跨国公司可以考虑进口原材料及零部件到欲投资国进行加工生产，从而节省税款。

【案例7-3】 A公司是一家跨国公司，主要生产销售某种大型机械设备。该公司为了扩大营业规模，经公司高层商讨后决定进入中国市场，向中国输入某种大型机械设备。假定进口该设备的关税税率为25%，进口该设备零部件的关税税率为15%。A公司应如何进行税收筹划？

【解析】

方案一：设立销售公司。

在中国境内设立一家机械设备销售企业作为A公司的子公司，直接进口这种大型机械设备，适用25%的进口关税税率。

方案二：设立总装配公司。

在中国境内设立一家总装配公司作为子公司，通过进口组装这种大型机械设

备的原材料及零部件，在国内进行组装，适用15%的进口关税税率。

由此，我们可以看出，设立总装配公司能够节约更多的税款。

五、通过转让定价的纳税筹划

关税负担的高低与单位完税价格有很大的关系，进（出）口价格越高，应该缴纳的关税就越多；进（出）口价格越低，应该缴纳的关税就越低。为达到价格下调、节省关税的目的，企业就应在相应国家设立自己的子公司，进行国际转让定价的筹划。

【案例7-4】 M国的A公司是中国B公司的总公司，A公司控制B公司100%的股权。已知A公司对B公司销售一批零件，由B公司加工后在中国出售。A公司零部件的生产成本为100万元，A公司对B公司按正常价格销售产品的收入为200万元，但A公司以150万元的价格将零件卖给B公司。不考虑其他因素，假设该产品适用的关税税率为15%。其售价就是关税完税价格，在这种情况下，A公司能节省多少关税？

【解析】

（1）在正常价格下A公司应纳关税的计算：

应纳关税 $=200\times15\%=30$（万元）

（2）在转让定价方式下A公司应纳关税的计算：

应纳关税 $=150\times15\%=22.5$（万元）

由上面的计算可知，在转让定价前后，A公司缴纳的关税相差7.5万元（30-22.5），即通过转让定价，A公司少缴纳关税7.5万元。

六、利用保税制度进行纳税筹划

为了创造完善的投资、运营环境，国家通常在境内设立保税区，保税区是在海关监控管理下存放和加工保税货物的特定区域，保税区内复运出口的进口货物通常免征进口关税和进口环节税。

利用保税制度进行税收筹划。首先，纳税人就要积极在保税区内投资设厂，开展为出口贸易服务的加工整理、运输、仓储、商品展出和转口贸易等，以获取豁免进出口关税的好处。其次，纳税人若能将进口货物向海关申请为保税货物，待该批货物向保税区外销售之时再补缴进口关税，这时的纳税人可在批准日到补缴税款之间的时段内占有该笔税款的时间价值，达到筹划目的。也就是说，保税制度为纳税人提供了把进口货物应纳的税款滞后缴纳，从而相当于从海关获得一笔无息贷款的可能性。

另外，如果保税货物复运出口，其基本环节包含了进口和出口，税收筹划的切入点就是这两个环节。纳税人在进口和出口时都必须向海关报关，在纳税人填写的报关表中有单耗计量单位一栏，税收筹划的突破口就是这栏目，所谓单耗计量单位，即生产一单位成品耗费几单位原料，通常有以下几种形式，一种是度量衡单位/度量衡单位，如米/米、吨/立方米等，一种是度量衡单位/自然单位。如吨/块、米/套等，还有一种是自然单位/自然单位，如件/套、匹/件等，度量衡单位容易测量，而自然单位要具体测量则很困难，所以纳税人可以利用第三种形式进行税收筹划。

【案例 7 -5】 利用保税制度进行税收筹划

我国某地有一生产出口产品的家具生产公司 A，当年 1 月从某国进口一批木材，并向当地海关申请保税，其报关表上填写的单耗计量单位为：200 块/套，即做成一套家具需耗用 200 块木材。该公司近期引进先进设备，目前加工一套家具需耗用 150 块木材，由于其准确测量难度较大，海关认为 A 公司诚信良好，给予批准，8 个月后，A 公司将成品复运出口，完成了一个保税过程。

【解析】

假设 A 公司进口木材 10 万块，每块价格 100 元，关税税率为 50%，其关税税负降低额为：(100000 - 100000 ÷ 200 × 150) × 100 × 50% =125（万元）

A 公司由于灵活运用单耗计量单位，成功地降低税负 125 万元。

七、利用“实质性加工标准”进行筹划

关于货物原产地的确认，有两种标准：一是全部产地标准。即对于完全在一个国家内生产或制造的进口货物，其生产或制造国就是该货物的原产国。二是实质性加工标准。指经过几个国家加工制造的进口货物，以最后一个对货物进行上可以视为实质性加工的国家作为有关货物原产国。所谓的实质性加工是指产品经过加工后，在《海关税则》中已不按原有的税目税率征税，而应归入另外的税目征税，或者其加工增值部分所占新产品总值的比例已经超过 30% 以上的。两个条件具备一项，即可视为实质性加工。另外，根据关税有关规定，对机器、仪器或车辆所用零件、部件、配件、备件以及工具，如与主件同时进口而且数量合理，其原产地按全件的原产地予以确定；如果是分别进口的，则应按其各自的原产地确定。石油产品以购自国为原产国。假设一个从事汽车贸易的公司，在韩国、新加坡、马来西亚、菲律宾或越南设有零部件供应；如果韩国的子公司生产汽车仪表，新加坡的子公司生产汽车轴承和发动机，马来西亚的子公司生产阀门，菲律宾的子公司生产轮胎，越南的子公司供应玻璃，则汽车的总装配厂的选择将成为筹划的重点。根据关税有关规定，应首先了解一下这些国家、地区是否与中国签有关税互惠协议；接着仔细比较一下，在那些与中国签订关税互惠协定的国家和地区中，哪一个更优惠，哪一个在经济成本上更为有利可图，从而作出选择。这其中还要考虑到该国家或地区是否施行外汇管制和出口配额控制、经济

形势是否稳定以及其他一些因素。同时，要使总装厂的加工增值部分在技术和价值含量上达到30%的标准，可以通过转让定价，降低其他地区的零部件生产价格，从而加大总厂增值部分占全部新产品的比重，达到或超过30%，成为实质性加工。这样产品仍可享受到税率的优惠。

当普通税率和优惠税率的区别不再存在时，选择产品的"实质性加工"地点，关税的因素不再存在。那时，只有两个因素可供考虑：一是成本，一是风险。

八、避免反倾销税纳税筹划

中国加入WTO，国内企业面对的是一个统一的全球市场，从而其对外商品和劳务的出口规模和品种将会进一步扩大。但是出口也可能会遭遇进口国竞争者的倾销起诉，及倾销成立后的反倾销税，而高税率的反倾销税则完全能够使好不容易取得的市场丧失殆尽。因此，国内企业在进行对外贸易时，必须全面地了解贸易伙伴国的关税政策，并做好各种准备，提防出口产品受到倾销指控；若遇到被征收反倾销税，也应积极应诉，以维护自己在国际市场上的正当利益。具体来说，应从以下几方面着手：

（一）尽力减少被控诉的可能，包括：(1) 提高产品附加值，取消片面的低价策略。我国出口产品基本上是属于资源密集型和劳动密集型，初级产品比重高，产品档次低，附加值少，价格很难提高。从长远来看，我国企业应大力着手从初低级产品的形象中走出来，改变出口产品结构。(2) 组建出口企业行业协会，加强内部协调和管理，一旦出现反倾销调查，可以集中力量应对。(3) 分散出口市场，降低受控风险。

（二）采用技术手段避免被认为倾销，包括：(1) 及时上调价格。这是因为欧美商业裁判机构每征满一年反倾销税时会重新调查该倾销商是否仍有倾销行为，这时及时上调价格，就能被认为不具倾销行为，从而可使被征的反倾销税也立即取消。(2) 调整产品利润预测，改进企业财务核算，以符合国际规范和商业惯例，同时还要密切注意国际外汇市场的浮动状况。(3) 推动国外进口商组织起来，推动其反贸易保护活动。因为一旦我方产品被征收反倾销税，受损失的还有外国进口商。我们可通过加强与当地工商组织的交流，以实际的商业利益为砝码促使其向政府施加压力。

（三）避免被裁定为损害进口国产业，包括：(1) 不要迫使进口国厂商采取降价促销的营销手段。(2) 全面搜集有关资料信息情报，有效地获取进口国市场的商情动态，查证控诉方并未受到损失，以便在应诉中占有有利的主动地位。(3) 就出口地设厂，筹建跨国公司。这样可以使我方产品免受进口配额等歧视性贸易条款的限制。(4) 以便利的销售条件、优质的产品、高水平的服务和良好的运输条件去占取市场，提高单位产品的价值（效用），降低其替代率，从而增强外方消费市场对我方产品的依赖性，获取稳定的客户群。

本章小结

关税是由海关代表国家依法对进出国境（关境）的货物或物品征收的一种税，属于流转税范畴。关税可以利用税收优惠、关税完税价格、纳税时间、进口原材料及零部件、转让定价、保税制度、"实质性加工标准"以及避免反倾销税等进行筹划。

复习思考题

1. 关税的税收筹划方法有哪些？
2. 请分析进口关税计算方法和要求？
3. 如何合理控制关税完税价格？
4. 如何通过保税制度进行关税的税收筹划？
5. 如何通过转移定价进行关税的税收筹划？

第八章

企业所得税的纳税筹划

导语：企业所得税税收筹划是税收筹划课程中的重要内容。企业所得税由于税负重且弹性大、可筹划空间大，故而成为企业微观经济主体进行税收筹划时的首选税种。本章主要介绍企业所得税纳税人的筹划、应纳税所得额的筹划、税率的筹划、特别纳税调整的筹划等四个方面的纳税筹划。通过本章对企业所得税的税收筹划学习与研究，可以帮助读者更好地掌握企业所得税的相关纳税筹划问题。

第一节　纳税人的纳税筹划

一、企业所得税纳税义务人的筹划

（一）企业所得税的纳税义务人

企业是指按国家规定注册、登记的企业。有生产经营所得和其他所得的其他组织，是指经国家有关部门批准，依法注册、登记的，有生产经营所得和其他所得的事业单位、社会团体等组织。独立经济核算是指同时具备在银行开设结算账户；独立建立账簿，编制财务会计报表；独立计算盈亏等条件。

企业所得税的纳税义务人即所有实行独立经济核算的中华人民共和国境内的内资企业或其他组织，包括以下6类：国有企业、集体企业、私营企业、联营企业、股份制企业、有生产经营所得和其他所得的其他组织。

（二）居民企业与非居民企业

1. 居民企业是指依照一国法律、法规在该国境内成立，或者实际管理机构、总机构在该国境内的企业。税法草案所称的居民企业是指依照中国法律、法规在中国境内成立、或者实际管理机构在中国境内的企业。例如，在我国注册成立的沃尔玛（中国）公司，通用汽车（中国）公司，就是我国的居民企业；在英国、百慕大群岛等国家和地区注册的公司，但实际管理机构在我国境内，也是我国的居民企业。上述企业应就其来源于我国境内外的所得缴纳企业所得税。

2. 非居民企业是指依照外国（地区）法律、法规成立且实际管理机构不在中国境内，但在中国境内设立机构、场所的，或者在中国境内未设立机构场所，但有来源于中国境内所得的企业。非居民企业在境内设机构和场所的，就来源于境内的所得及发生在境外但与境内机构和场所有实际联系的所得，按照规定税率缴纳企业所得税。

3. 纳税人身份的税收筹划。

【案例8－1】韩国一家食品公司在中国收购花生，临时派出它的一个海上车间，在中国大连港口停留28天，将收购的花生加工成花生米，将花生皮压碎后制作花生皮制板后又返给中国。该食品公司既没有在中国设立实际管理机构，也没有设立机构、场所，仅在大连港口停驻海上车间。因此，按照中国企业所得税法规定，该食品公司属于非居民企业，则不必按其获得的花生皮制板收入向中国政府缴纳25%的所得税，而只需按照10%的税率缴纳预提所得税。

筹划思路：这是跨国纳税人利用海上作业就地收购原料、就地加工、就地出售的典型节税案例。日清食品公司采取这样的措施，不仅能够缩短生产周期，提高资金的周转率，而且能够成功节税实现税后收益最大化，该措施是一项有效的税收筹划方案。从这一案例的操作原理及方法来看，是符合国际税收惯例要求的。

二、公司形式的纳税筹划

（一）个人独资企业和合伙企业

从企业外部看，依据财产组织形式和法律责任权限，企业可分为公司企业、合伙企业和独资企业；从企业内部看，按企业内部组织体制形式可分为总分公司和母子公司。不同组织形式的企业适用的税收政策也有所不同，税负水平也会有所差异。因此，企业必须选择适合自己的、既有利于业务发展又能够在一定程度上减轻税收负担的组织形式。

公司制企业是指按照法律规定，由法定人数以上的投资者（或股东）出资建立、自主经营、自负盈亏、具有法人资格的经济组织。我国目前的公司制企业有有限责任公司和股份有限公司两种形式。当企业采用公司制的组织形式时，所有权主体和经营权主体发生分离，所有者只参与和作出有关所有者权益或资本权益变动的理财决策，而日常的生产经营活动和理财活动由经营者进行决策。

合伙制企业是指由两人或两人以上按照协议投资，共同经营、共负盈亏的企业。合伙制企业财产由全体合伙人共有，共同经营，合伙人对企业债务承担连带无限清偿责任。

独资企业是指一人投资经营的企业。独资企业投资者对企业债务负无限责任。企业负责人是投资者本人。企业负责人姓名须与身份证相符，不得使用别名。按照我国现行税法有关规定，私营独资企业取得的生产经营所得和其他所得，应按规定缴纳私营个人所得税。

（二）公司形式选取的税收筹划

筹划思路：一般来说，企业设立时应合理选择纳税主体的身份，选择的一般思路如下：

1. 从总体税负角度考虑，个人独资企业、合伙企业的税负一般要低于公司制企业，因为前者不存在重复征税问题，而后者一般涉及重复征税问题。

2. 在个人独资企业、合伙企业与公司制企业的决策中，要充分考虑税基、税率和税收优惠政策等多种因素，最终税负的高低是多种因素起作用的结果，不能只考虑一种因素。

3. 在个人独资企业、合伙企业与公司制企业的决策中，还要充分考虑可能出现的各种风险。

三、子公司、分公司的选择

（一）子公司、分公司、母公司

按照公司之间的控制或从属关系，可将公司分为母公司和子公司。当一个公司拥有另一个公司一定比例以上的股份，并足以控制其股份时，该公司即为母公司；反之，被母公司有效控制的下属公司或者是母公司直接或间接控制的一系列公司中的一家公司即为子公司。就法律地位而言，子公司与母公司均为各自独立的法人，各自以其名义独立对外进行经营活动。在财产责任上，母公司与子公司各自以其独立的财产承担责任，互不连带。母公司在控股权基础上对子公司行使权利，享有对子公司重大事务的决定权，实际上控制子公司的经营。

根据《中华人民共和国公司法》（以下简称《公司法》）和《企业所得税法》规定，子公司要独立承担企业所得税纳税义务，其他各项税收的计算和缴纳也都与母公司分别进行。但是子公司作为独立法人主体可以享受当地税收政策规定的众多优惠政策。

（二）筹划思路

设立子公司与设立分公司的税收利益孰高孰低并不是绝对的，它受到一国税收制度，经营状况及企业内部利润分配政策等多种因素的影响。通常而言，在投资初期分支机构发生亏损的可能性比较大，宜采用分公司的组织形式，其亏损额可以和总公司的损益合并纳税。当公司经营成熟后，宜采用子公司的组织形式，以便充分享受所在地的各项税收优惠政策。

（三）子公司与分公司的选择的案例分析

【案例 8－2】 甲集团公司欲设立两家公司 A 和 B，预计 2019 年甲集团公司全年实现利润2500万元，A公司实现利润800万元，B公司亏损800万元，适用的企业所得税税率为25%。请为甲集团公司进行纳税筹划方案设计。

纳税筹划依据：我国《企业所得税法》第五十条规定：居民企业在中国境内设立不具有法人资格的营业机构的，应当汇总计算并缴纳企业所得税。

纳税筹划思路：子公司具有法人资格，而分公司是不具有法人资格的从属机构，可以享受与总机构汇总纳税的待遇，可以在总分公司之间实现盈亏互抵，有可能减少当期的应纳税所得额。

纳税筹划过程：

方案一：选择母子公司形式。

甲集团公司本部应纳企业所得税 = 2500 × 25% = 625（万元）

A公司应纳企业所得税 = 800 × 25% = 200（万元）

B公司亏损不缴纳企业所得税，但将来五年内可以用税前利润抵减B公司自身盈利。

方案二：选择总分公司形式。

选择总分公司的形式可以盈亏互抵。

甲集团公司应纳企业所得税 = (2500 + 800 − 800) × 25% = 625（万元）

纳税筹划结论：方案二与方案一相比，2019年预计少缴纳企业所得税200（625 + 200 − 625）万元。因此，应当选择方案二。

纳税筹划点评：选择方案二，当年少缴纳的税金虽然以后在一般情况下还是要上缴，但延缓了纳税时间，充分利用了资金的时间价值。然而，分公司与子公司相比有较小的独立经营和决策的权力，在一些重要合同的签订、决策的制定上有赖于总公司，将会对其资本流动及运营带来很多不利的影响。同时，分公司的经营风险要由总公司承担，这对总公司也会产生不利影响。

第二节　企业所得税应纳税所得额的税收筹划

一、企业所得税的应纳税所得额

企业所得税的计税依据是应纳税所得额。应纳税所得额不等同于收入，根据《中华人民共和国企业所得税法》第五条及其实施条例第十条的规定，企业每一纳税年度的收入总额，减除不征税收入、免税收入、各项扣除以及允许弥补的以前年度亏损后的余额，为应纳税所得额。亏损是指企业依照企业所得税法和本条例的规定将每一纳税年度的收入总额减除不征税收入、免税收入和各项扣除后小于零的数额。同时，根据《中华人民共和国企业所得税法实施条例》第九条的规定，企业应纳税所得额的计算，以权责发生制为原则，属于当期的收入和费用，不论款项是否收付，均作为当期的收入和费用；不属于当期的收入和费用，即使款项已经在当期收付，均不作为当期的收入和费用。本条例和国务院财政、税务主管部门另有规定的除外。

直接计算法的应纳税所得额计算公式：

应纳税所得额 = 收入总额 - 不征税收入 - 免税收入 - 各项扣除 - 允许弥补的以前年度亏损

间接计算法的应纳税所得额计算公式：

应纳税所得额 = 会计利润总额 ± 纳税调整项目金额

二、企业所得税收入总额确认的税收筹划

（一）收入类型与收入确认时间

1. 销售货物收入

（1）销售商品采用托收承付方式的，在办妥托收手续时确认收入；

（2）销售商品采取预收款方式的，在发出商品时确认收入；

（3）销售商品需要安装和检验的，在购买方接受商品以及安装和检验完毕时确认收入。如果安装程序比较简单，可在发出商品时确认收入；

（4）销售商品采用支付手续费方式委托代销的，在收到代销清单时确认收入。

2. 提供劳务收入

（1）安装费。应根据安装完工进度确认收入。安装工作是商品销售附带条件的，安装费在确认商品销售实现时确认收入。

（2）宣传媒介的收费。应在相关的广告或商业行为出现于公众面前时确认收入。广告的制作费，应根据制作广告的完工进度确认收入。

（3）软件费。为特定客户开发软件的收费，应根据开发的完工进度确认收入。

（4）服务费。包含在商品售价内可区分的服务费，在提供服务的期间分期确认收入。

（5）艺术表演、招待宴会和其他特殊活动的收费。在相关活动发生时确认收入。收费涉及几项活动的，预收的款项应合理分配给每项活动，分别确认收入。

（6）会员费。申请入会或加入会员，只允许取得会籍，所有其他服务或商品都要另行收费的，在取得该会员费时确认收入。申请入会或加入会员后，会员在会员期内不再付费就可得到各种服务或商品，或者以低于非会员的价格销售商品或提供服务的，该会员费应在整个受益期内分期确认收入。

（7）特权费。属于提供设备和其他有形资产的特许权费，在交付资产或转移资产所有权时确认收入；属于提供初始及后续服务的特许权费，在提供服务时确认收入。

（8）劳务费。长期为客户提供重复的劳务收取的劳务费，在相关劳务活动发生时确认收入。

3. 股息、红利等权益性投资收益，除国务院财政、税务主管部门另有规定外，按照被投资方作出利润分配决定的日期确定收入的实现。被投资企业将股权（票）溢价所形成的资本公积转为股本的，不作为投资方企业的股息、红利收入，投资方企业也不得增加该项长期投资的计税基础。

4. 利息收入，按照合同约定的债务人应付利息的日期确定收入的实现。

5. 租金收入，按照合同约定的承租人应付租金的日期确定收入的实现。其中，如果交易合同或协议中规定租赁期限跨年度，且租金提前一次性支付的，根据收入与费用配比原则，出租人可对上述已确认的收入，在租赁期内，分期均匀计入相关年度收入。

6. 特许权使用费收入，按照合同约定的特许权使用人应付特许权使用费的日期确认收入的实现。

7. 接受捐赠收入，按照实际收到捐赠资产的日期确认收入的实现。

8. 以分期付款方式销售货物的，按照合同约定的收款日期确认收入的实现。

（二）应税收入确认的税收筹划

1. 缩小应税收入的税收筹划

缩小应税收入主要考虑及时剔除不该认定为计税收入的项目，及时认定不征税收入或设法增加免税收入。在实践中具体采取的方法有：

（1）对销货退回及折让，应及时取得有关凭证并作冲减销售收入的账务处理，以免虚增收入；

（2）年度计算收入总额时，对预收货款、应付账款等项目也应予以清理，防止错记为收入；

（3）充分利用税收优惠。如果收入总额中有免税收入的规定，企业在开展生产经营活动时应充分考虑，以作出对企业自身有利的决策。如购买国务院财政部门发行的国债所得的利息收入免税，居民企业持有居民企业公开发行的股票达12个月以上的权益性投资收益属于免税收入。

应注意的是，有些企业采用漏记收入、私设小金库、账外设账、将收入隐匿于往来账户等方法来缩小应税收入，这些都是违反税法规定的，不可效仿。

2. 合理调整收入入账时间的税收筹划

税法规定，一般的收入采用权责发生制确认收入的实现，但对于有些收入项目的确认，可不遵循此原则。无论哪类收入项目，企业均可以通过生产活动的巧妙安排，结合本企业各年度的实际情况来调整收入的确认时间，从而达到延期纳税或适用优惠税率的目的。

（1）一般情况下推迟销售收入实现的方法。销售收入的实现是以发出商品并取得索取货款的凭据为依据的。如果销售发生在月末或年末，企业可以试图延缓销售至次月或次年。企业当然不能为了自己推迟纳税而让客户推迟购买时间，这有可能失去一大批客户。同时，企业也不能为推迟纳税而推迟收款，这不利于企业资金周转。但企业可以先发出商品，只是要推迟结转商品发出时间，而收款时以“预收账款”处理即可。

（2）推迟分期收款销售的实现。分期收款销售商品以合同约定的收款日期确定收入的实现。合同约定收款日期与具体实际收款日期可以不一样。企业经过策划，可以很容易做到既及时回笼资金，又推迟收入的实现。

（3）推迟长期工程收入的实现。长期工程如建筑、安装、装配工程、加工、制造大型机械设备、船舶等，持续时间超过一年的，按完工进度或完成的工作量确定收入的实现。这里完工进度与完成的工作量是由企业自身经营情况决定的，因而在收入的实现时间上，企业具有一定的主动性，可以尽量推迟收入实现。

三、费用核算的税收筹划

（一）税前扣除项目

1. 扣除范围

企业实际发生的与取得收入有关的、合理的支出，包括成本、费用、税金、损失和其他支出，准予在计算应纳税所得额时扣除。

企业实际发生的与取得收入有关的支出，是指从性质和根源上与取得应税收入相关的支出。所谓合理的支出，是指符合生产经营活动常规，应计入资产成本或当期损益的必要与正常的支出。

企业发生的支出应区分为收益性支出和资本性支出。资本性支出不得在发生当期直接扣除，应按税收法律、行政法规的规定分期在税前扣除或计入有关资产成本。

2. 不得扣除范围：

计算应纳税所得额时不得扣除的项目：

（1）向投资者支付的股息、红利等权益性投资收益款项；

（2）企业所得税税款；

（3）税收滞纳金；

（4）罚金、罚款和被没收财物的损失；

（5）超过规定标准的捐赠支出（当年不可扣）；

（6）赞助支出（指企业发生的与生产经营活动无关的各种非广告性质的赞助支出）；

（7）未经核定的准备金支出（指不符合国务院财政、税务主管部门规定的各项资产减值准备、风险准备等准备金支出）；

（8）企业之间支付的管理费、企业内营业机构之间支付的租金和特许权使用费，以及非银行企业内营业机构之间支付的利息；

（9）与取得收入无关的其他支出。

（二）税收筹划方法与案例

1. 费用核算的税收筹划思路

《企业所得税法》允许税前扣除的费用划分为三类：

（1）允许据实全额扣除的项目，包括合理的工资薪金支出，企业依照法律、行政法规有关规定提取的用于环境保护、生态恢复等方面的专项资金，向金融机构借款的利息支出等。

（2）有比例限制部分扣除的项目，包括公益性捐赠支出、业务招待费、广告业务宣传费、工会经费三项基金等，企业要控制这些支出的规模和比例，使其保持在可扣除范围之内，否则将增加企业的税收负担。

（3）允许加计扣除的项目，包括企业的研究开发费用和企业安置残疾人员所支付的工资等，企业可以考虑适当增加该类支出的金额，以充分发挥其抵税的作用、减轻企业税收负担。

无论哪类扣除项目，必须具备的条件是内容上与取得应税收入有关，并且合理和必要，形式上要有税法规定的合法凭据。一方面，对限额扣除项目筹划的总原则是充分利用限额，超限额部分要通过其他合法途径尽可能税前列支。具体来说：准确掌握限额扣除的条件，正确计算限额，降低纳税风险；合理预计限额、加强对限额扣除项目的控制。根据业务特点，综合利用扣除限额。转化费用支出形式，将限额扣除项目转化为无限额扣除项目。扩大限额费用的计算基础，如业务费的计算依据是纳税人的收入额，如果纳税人增加一道销售环节，就可以增加收入额，业务招待费的限额自然会增加。另一方面，对无限额扣除项目的筹划原则是要保证扣除项目与取得应税收入有关，是必要的、合理的支出，并且具备合法的凭据。实际上，无限额扣除项目的筹划空间比限额扣除项目的筹划空间要大得多。具体来说：选择有利的成本费用分配方法。选择有利的资产计价方法，如充分利用税法规定的条件，对固定资产采取加速折旧。合理利用预提费用及待摊费用，例如，费用发生的起始时间、费用的归属时间。

费用列支是应纳税所得额的递减因素。在税法允许的范围内，尽可能地列支当期费用，以减少应缴纳的所得税，通过合法递延纳税时间来获得税收利益。

2. 工资、薪金扣除项目税收筹划

《企业所得税法》规定，企业发生的合理的工资薪金支出，准予据实扣除。企业发生的职工福利费、职工教育经费、拨缴的工会经费，分别在不超过工资薪金总额14%、8%、2%以内的部分，准予扣除；对职工教育经费超过限额的部分，准予在以后纳税年度结转扣除。

（1）工资、薪金的合法性。“合理工资薪金”，是指企业按照股东大会、董事会、薪酬委员会或相关管理机构制定的工资薪金制度规定实际发放给员工的工资薪金。税务机关在对工资薪金进行合理性确认时，可按以下原则掌握：企业制订了较为规范的员工工资薪金制度。企业所制定的工资薪金制度符合行业及地区水平。企业在一定时期所发放的工资薪金是相对固定的，工资薪金的调整是有序进行的。企业对实际发放的工资薪金，已依法履行了代扣代缴个人所得税义务。有关工资薪金的安排，不以减少或逃避税款为目的。属于国有性质的企业，其工资薪金，不得超过政府有关部门给予的限定数额；超过部分，不得计入企业工资薪金总额，也不得在计算企业应纳税所得额时扣除。

（2）取得合法的扣除凭证。对于建立工会组织的纳税人，按每月职工工资总额的2%向工会拨交经费，凭工会组织开具的“工会经费拨缴款专用收据”在税前扣除。凡不能出具“工会经费拨缴款专用收据”或其他合法、有效的代收凭据的，职工工会经费不得在企业所得税前扣除。

3. 捐赠的税收筹划

企业实际发生的公益性捐赠支出，在年度利润总额12%以内的部分，准予在计算应纳税所得额时扣除。

2016年9月1日起，公益性捐赠支出超过年度利润总额12%的部分，准予以后三年内在计算应纳税所得额时结转扣除。这里的年度利润总额，是指企业按照国家统一会计制度的规定计算的大于零的数额。

应注意的问题：

第一，要注意区分公益性捐赠与非公益性捐赠。非公益性捐赠企业所得税税前不得扣除。

这里所说的公益性捐赠，必须符合对象和渠道两个条件：

（1）对象条件——列举的慈善活动、公益事业。

（2）渠道条件——县级（含县级）以上人民政府及其组成部门和直属机构或公益性社会组织。

【案例8-3】某企业董事会决定在2019年为了优化企业形象、提高社会知名度，准备该年度向社会捐赠100万元。当年不考虑捐赠的实际利润总额为750万元。无其他纳税调整项目，适用的企业所得税税率为25%。该企业有以下两种捐赠方案可以选择。

方案一：企业直接向该省的贫困地区捐赠100万元。

方案二：通过境内非营利的社会团体、国家机关，向教育、民政等公益事业进行公益、救济性的捐赠。

两种捐赠方案比较分析如下：

方案一：由于捐赠是通过该企业的主管行政部门向贫困地区的捐赠，依据有关规定，捐赠不得在所得额中扣除。企业实际应该交纳的企业所得税税额 $=750\times25\%=187.5$（万元）

方案二：其捐赠支出在扣除限额内的部分可以据实扣除，故其应纳所得税税额 $=(750-750\times12\%)\times25\%=165$（万元）。

由此可知，企业同样发生100万元的捐赠支出，由于选择不同的捐赠途径导致企业实际应缴所得税税额有很大的区别。在选择第二种方案时，比选择第一种方案少缴企业所得税22.5万元。

4. 业务招待费的税收筹划

企业发生的与生产经营活动有关的业务招待费支出，按照实际发生额的60%扣除，但最高不得超过当年销售（营业）收入的5%。

对从事股权投资业务的企业（包括集团公司总部、创业投资企业等），其从被投资企业所分配的股息、红利以及股权转让收入可以按规定的比例计算业务招待费扣除限额。

企业在筹建期间，发生的与筹办活动有关的业务招待费支出，可按实际发生额的60%计入企业筹办费，并按有关规定在税前扣除。

筹划方案：

（1）业务招待费节税临界点。按照企业所得税法的规定，企业发生的与生产经营活动有关的业务招待费支出，按照发生额的60%扣除，但最高不得超过当年销售（营业）收入的5‰。因此，无论企业开支多少业务招待费，至少有40%的费用不能够在企业所得税前扣除；如果发生额60%超过了当年销售收入的5‰，不得在所得税前扣除的费用比例会更高。那么企业如何能够充分使用业务招待费的限额又可以减少纳税调整事项呢？

假设企业年销售收入为R，当年业务招待费为Y，则当年允许税前扣除的业务招待费 $Y\times60\%$，须满足：$Y\times60\%\leqslant R\times5‰$，$Y\leqslant R\times8.3‰$。

当企业的实际业务招待费大于销售收入8.3‰时，能够得到税前扣除的业务招待费将不足实际发生额的60%；当企业的实际业务招待费小于销售收入的8.3‰时，60%的限额可以充分利用。

（2）业务招待费的转换。按照《企业所得税法》规定，企业发生的符合条件的广告费和业务宣传费支出，除国务院财政、税务主管部门另有规定外，不超过当年销售（营业）收入15%的部分，准予扣除；超过部分，准予结转以后纳税年度扣除。而合理的会议费依照有关法律、行政法规和国家有关税法规定准予扣除。

因此，实际工作中，业务招待费与会议经费、业务宣传费存在着可以相互替代、相互交叉的项目内容。这就为业务招待费与其他费用项目的相互转化提供了“筹划”空间。

【案例8－4】 A企业计划2019年度的业务招待费支出为100万元，业务宣传费支出为100万元，广告费支出为400万元。该企业2019年度的预计销售额6000万元。试对该企业的计划进行税收筹划。

根据税法的规定，该企业2019年度的业务招待费扣除限额为30万元（6000×5‰）。该企业2019年度业务招待费发生额的60%为60万元，故该企业无法税前扣除的业务招待费为70万元（100－30）。该企业2019年度广告费和业务宣传资的扣除限额为900万元（6000×15%），该企业广告费和业务宣传费的实际发生额为500万元（100＋400），可以全额扣除。

如果该企业事前进行税收筹划，可以考虑将部分业务招待费转为业务宣传费，比如一般情况下，外购礼品用于赠送应作为业务招待费，但如果礼品印有企业标记，对企业的形象、产品有宣传作用的，也可以作为业务宣传费。这样可以将业务招待费的总额降低为50万元，而将业务宣传费的支出提高到150万元。此时，该企业2019年度业务招待费发生额的60%为30万元，没有超过扣除上限可以全额扣除。该企业广告费和业务宣传费的总发生额为550万元，可以全额扣除。通过税收筹划，企业不能税前扣除的业务招待费支出为20万元，由此可以少缴企业所得税12.5万元［（70－20）×25%］。需要强调的是，业务招待费与广告费、业务宣传费合理转换的前提是在准确把握会计原则的基础上正确归集费用，切不可随意将不符合会计政策规定的业务招待费归集为业务宣传费。

5. 固定资产的税收筹划

固定资产，是指企业为生产产品、提供劳务、出租或者经营管理而持有的、使用时间超过12个月的非货币性资产，包括房屋、建筑物、机器、机械、运输工具以及其他与生产经营活动有关的设备、器具、工具等。

固定资产计税基础：

（1）外购的固定资产，以购买价款和支付的相关税费以及直接归属于使该资产达到预定用途发生的其他支出为计税基础。

（2）自行建造的固定资产，以竣工结算前发生的支出为计税基础。

（3）融资租入的固定资产，以租赁合同约定的付款总额和承租人在签订租赁合同过程中发生的相关费用为计税基础，租赁合同未约定付款总额的，以该资产的公允价值和承租人在签订租赁合同过程中发生的相关费用为计税基础。

（4）盘盈的固定资产，以同类固定资产的重置完全价值为计税基础。

（5）通过捐赠、投资、非货币性资产交换、债务重组等方式取得的固定资产，以该资产的公允价值和支付的相关税费为计税基础。

（6）改建的固定资产，除已足额提取折旧的固定资产和租入的固定资产以外的其他固定资产，以改建过程中发生的改建支出增加计税基础。

固定资产折旧的范围：

在计算应纳税所得额时，企业按照规定计算的固定资产折旧，准予扣除。下列固定资产不得计算折旧扣除：

（1）房屋、建筑物以外未投入使用的固定资产。

（2）以经营租赁方式租入的固定资产。

（3）以融资租赁方式租出的固定资产。

（4）已足额提取折旧仍继续使用的固定资产。

（5）与经营活动无关的固定资产。

（6）单独估价作为固定资产入账的土地。

（7）其他不得计算折旧扣除的固定资产。

固定资产折旧的计提方法：

（1）企业应当自固定资产投入使用月份的次月起计算折旧；停止使用的固定资产，应当自停止使用月份的次月起停止计算折旧。

（2）企业应当根据固定资产的性质和使用情况，合理确定固定资产的预计净残值。固定资产的预计净残值一经确定，不得变更。

（3）固定资产按照直线法计算的折旧，准予扣除。

税收筹划思路：

固定资产折旧是成本的重要组成部分，按照我国现行会计制度的规定，企业可选用的折旧方法包括年限平均法、双倍余额递减法及年数总和法等。运用不同的折旧方法计算出的折旧额在量上是不同的。因此，分摊到各期的固定资产的成本也存在差异，最终会影响企业税负的大小。税法规定，企业的固定资产由于技术进步等原因，确需加速折旧的，可以缩短折旧年限。采取缩短折旧年限方法的，最低折旧年限不得低于规定折旧年限的60%；采取加速折旧方法的，可以采取双倍余额递减法或者年数总和法，这就给企业所得税纳税筹划提供了新的空间。

固定资产折旧的筹划主要包括折旧年限和折旧方法的筹划。

（1）折旧年限的筹划。根据固定资产折旧的税务处理，缩短折旧年限有利于加速成本收回，可以使后期成本费用前移，从而使前期会计利润发生后移。由于资金存在时间价值，因前期增加折旧额，税款推迟到后期缴纳。在税率稳定的情况下，所得税的递延缴纳相当于向国家取得了一笔无息贷款。需要注意的是，税法对固定资产折旧规定了最低的折旧年限，税务筹划不能突破折旧年限的最低要求。

（2）折旧方法的筹划。按照会计准则的规定，固定资产折旧的方法主要有平均年限法、工作量法、直线法（或称平速折旧法）和双倍余额递减法、年数总和法、加速折旧法。不同的折旧方法对应税所得额的影响不同。虽然从整体上看，固定资产的扣除不可能超过固定资产的价值本身，但是，由于对同一固定资产采用不同的折旧方法会使企业所得税税款提前或滞后实现，从而产生不同的货币时间价值。

【案例8-5】某企业系盈利企业，未享受企业所得税优惠政策，企业所得税税率为25%。拟购进一项由于技术进步产品更新换代较快的固定资产，该项固定资产原值500万元，预计净残值20万元，预计使用寿命5年。根据税法的规定，该项固定资产在折旧方面可享受税收优惠政策。假定按年复利利率10%计算，第1~5年的现值系数分别为：0.909，0.826，0.751，0.683，0.621。

（注：税法规定此类折旧年限不少于10年，本例为了简化，按5年分析说明。）

分析：方案一采取通常折旧的方法：企业不考虑税收优惠政策而按通常折旧方法计提折旧，以年限平均法计提折旧，即将固定资产的应计折旧额均匀地分摊到固定资产预计使用寿命内。固定资产折旧年限为5年，年折旧额=(500-20)÷5=96（万元），累计折旧现值合计=96×0.909+96×0.826+96×0.751+96×0.683+96×0.621=363.84（万元），因折旧可税前扣除，相应抵税额=363.84×25%=90.96（万元）。

方案二采取缩短折旧年限的方法：企业选择最低折旧年限即固定资产预计使用寿命的60%，则该固定资产最低折旧年限=5×60%=3（年），按年限平均法分析，年折旧额=(500-20)÷3=160（万元），累计折旧现值合计=160×0.909+160×0.826+160×0.751=397.76（万元），因折旧可税前扣除，相应抵税额=397.76×25%=99.44（万元）。

对上述两种方案进行比较分析，缩短折旧年限方法在固定资产预计使用寿命前期计提的折旧较多，因货币的时间价值效应，抵税效益较采取通常的折旧方法明显。

四、不征税收入和免税收入的税收筹划

（一）不征税收入，免税收入的范畴

不征税收入：

1. 财政拨款。
2. 依法收取并纳入财政管理的行政事业性收费、政府性基金。
3. 国务院规定的其他不征税收入（规定专项用途并经批准的财政性资金）。

提示：按照相关性原则，企业的不征税收入用于支出所形成的费用或形成的资产计算的折旧、摊销，不得在计算应纳税所得额时扣除。

免税收入：

（1）国债利息收入；

（2）符合条件的居民企业之间的股息、红利等权益性投资收益；

（3）在中国境内设立机构、场所的非居民企业从居民企业取得与该机构、场所有实际联系的股息、红利等权益性投资收益；

注：（2）、（3）两项所称的权益性投资收益不包括连续持有居民企业公开发行并上市流通的股票不足12个月取得的投资收益。

（4）符合条件的非营利组织的收入——非营利组织的非营利收入；

符合条件的非营利组织的下列收入为免税收入：接受其他单位或者个人捐赠的收入；除《中华人民共和国企业所得税法》第七条规定的财政拨款以外的其他政府补助收入，但不包括因政府购买服务取得的收入；按照省级以上民政、财政部门规定收取的会费；不征税收入和免税收入孳生的银行存款利息收入；财政部、国家税务总局规定的其他收入。

（5）企业取得的2009年及以后年度发行的地方政府债券利息所得。

提示：企业取得的各项免税收入用于支出所形成的各项成本费用，除另有规定者外，可以在计算企业应纳税所得额时扣除。

（二）案例分析与筹划方案

筹划思路：充分利用免税收入和不征税收入的规定，减少企业当期收入额，从而降低企业的应纳税额。根据法律规定免税收入用于支出所形成的费用可以税前扣除，以降低计税依据。同时，不征税收入用于支出所形成的费用不可以扣除，则可以将企业不征税收入形成的所得用于产生不征税或免税的收入项目，则企业在经营活动一开始就应该进行筹划，争取达到少纳税的规定。

【案例8-6】企业有100万元的资金用于投资，现有两种投资方式：一种为国债投资，年利率为4%；一种为企业债券投资，年利率为5%。问哪种方式投资收益更多？

筹划安排：根据税法规定，国债利息为免税收入，投资一年的收益 $=100\times4\%=4$（万元）

用于企业债券的投资收益 $=100\times5\%\times(1-25\%)=3.75$（万元）。通过比较得出购买国债更有利。

五、亏损弥补

（一）亏损弥补的相关规定

除另有规定外，企业某一纳税年度发生的亏损，可以用下一年度的所得弥补，下年度的所得不足以弥补的，可以逐年延续弥补，但结转年限最长不得超过5年。

企业在汇总计算缴纳企业所得税时，其境外营业机构的亏损不得抵减境内营业机构的盈利。

（二）亏损弥补的筹划方法

筹划思路：税法中允许企业以前年度的亏损向以后年度结转，实际上是国家缓解企业经营风险的一项措施。税收筹划中应当充分利用好五年补亏期。需要注意的是，可以弥补的亏损额并不是公司年终利润表中所列亏损数，而是这个亏损数按照税法要求进行调整后的亏损。有的公司利润表亏损，但是经过汇算清缴纳税调整后，有可能会变成盈利，不仅没有可以结转的亏损，而且还需要缴纳企业所得税。这就是为什么亏损的企业也需要严格进行汇算清缴的原因。现实生活中，很多企业因为怕被税务机关查账，因此，通常会故意人为地将公司账面调整为微利，这是对公司不利的。当然，也不能故意虚报亏损，虚报亏损也是违法的。

【案例8－7】 甲公司是2013年创立的工业型公司，创办初期投入较大，需要采购较多物资和固定资产，所以亏损较大。假设该公司年度应纳税所得额资料如表8－1所示（2013年以后的应纳税所得额为预计值）：

表8－1　甲公司年度应纳税所得额情况　　单位：万元

年份	2013	2014	2015	2016	2017	2018	2019
应纳税所得额	－40	－15	－10	－5	10	20	40

针对上述情况，企业应如何筹划安排亏损结转额有利？

筹划安排：因为2013～2016年均亏损，所以，这4年公司均不必缴纳企业所得税，2017年公司开始盈利。纳税情况如下：

2017年应纳税所得额＝10－40＝－30（万元），不纳税；

2018年应纳税所得额＝20－30＝－10（万元），不纳税；

2019年应纳税所得额＝(40－15－10－5)×25%＝10×25%＝2.5（万元）。

由于超过了税法规定的5年弥补期限，甲公司尚有2013年的10万元亏损无法在税前弥补，也就无法发挥亏损的抵税作用。假设公司将2013年采购的物资，分两批分别在2013年和2014年购进，在总采购额不变的前提下，2013年和2014年的亏损额分别为30万元和25万元。这样甲公司的亏损就全部得到弥补，在2019年前应纳税所得额都为0，不用交纳任何企业所得税。

第三节　企业所得税税率的税收筹划

一、企业所得税的基本税率

企业所得税的税率为25%。无论内资企业还是外资企业，一律执行相同的基本税率，在一定程度上保持了税收的公平性，是我国整体降低企业所得税负担的重要表现。

在中国没有设立机构场所，或者虽然设立了机构场所，但来源于中国境内的、与所设机构场所没有实际联系的所得，适用20%的企业所得税税率。按相关规定，上述所得减按10%的税率征收企业所得税。比如，一家美国建筑设计公司在中国境内没有设立机构场所，那么对其来自上海某建设单位的设计费收入应按10%的税率征收企业所得税。

二、企业所得税的优惠税率

1. 国家需要重点扶持的高新技术企业，减按15%的税率征收企业所得税。

2. 对经认定的技术先进型服务企业，减按15%的税率征收企业所得税。

3. 符合条件的小型微利企业，减按20%的税率征收企业所得税。

（1）2018年度的年应纳税所得额低于100万元（含100万元）的小型微利企业，其所得减按50%计入应纳税所得额，按20%的税率缴纳企业所得税。

（2）2019年1月1日至2021年12月31日，对小型微利企业年应纳税所得额不超过100万元的部分，减按25%计入应纳税所得额，按20%的税率缴纳企业所得税；对年应纳税所得额超过100万元但不超过300万元的部分，减按50%计入应纳税所得额，按20%的税率缴纳企业所得税（该优惠实质是税率式减免与税基式减免混合发挥作用）。

4. 对设在西部地区国家鼓励类产业企业，在2011年1月1日至2020年12月31日期间，减按15%的税率征收企业所得税。

第四节　特别纳税调整的税收筹划

一、企业重组与税收筹划

（一）企业重组

企业重组，是对企业的资金、资产、劳动力、技术、管理等要素进行重新配置，构建新的生产经营模式，使企业在变化中保持竞争优势的过程。企业重组贯穿于企业发展的每一个阶段。企业重组是针对企业产权关系和其他债务、资产、管理结构所展开的企业的改组、整顿与整合的过程，以此从整体上和战略上改善企业经营管理状况，强化企业在市场上的竞争能力，推进企业创新。

企业重组是企业在生存和发展中面对的重大机遇和挑战。企业重组各方不仅要考虑关于资源上的整合和发展方向，还应充分关注重组的相关税务问题，有时税务本身甚至就是企业重组的主要目的之一。在设计重组方案时，企业需要充分考虑如何通过恰当的税务安排使重组后的税负最轻、重组过程中的税收成本最低。

（二）普通企业重组税收思路

1. 资产处置

普通重组，即一般情况的重组，转让企业应视为按公允价值销售、处置全部资产和进行投资或清算两项经济业务，计算确认资产的转让所得或损失，并作所得税纳税处理。但符合特殊重组条件的，转让企业暂不确认计算资产转让所得或损失。需要注意的是，特殊重组的税收政策并不是真正意义上的免税，它只是暂时不纳税。虽然转让资产的企业对资产增值部分不纳税，但接受资产的企业只能按资产的原账面价值作为计税基础。也就是说，资产隐含的增值转移到了接受企业。当接受企业处置资产时，其增值部分将会体现只是起到递延纳税的作用。

2. 税收待遇的结转

税收待遇的结转包括尚未确认的资产损失、分期确认收入的处理以及尚未享受期满的税收优惠政策处理问题等。一般情况的重组，被吸收合并或被分立企业的税收待遇，不得结转到合并或分立企业。但在特殊重组条件下，会被合并企业合并以前的全部企业所得税纳税事项，及被分立企业已分离资产相对应的纳税事项，分别由合并企业及接受资产的分立企业承继，相关的尚未超过法定弥补期限的以前年度亏损，也要由合并企业及分立企业按规定用以后年度实现的与被合并或被分立资产相关的所得弥补。

3. 资产计税基础的确定

普通重组时，接受企业可以按公允价值确认受让资产的计税价值；但特殊重组中，接受企业所受让资产的计税基础一般以其在原企业的计税基础确定，接受企业再次转让之前受让的资产，可以扣除的也是资产的原计税基础。

（三）税收筹划的思路

目标架构相关的税收因素：

目标架构是企业重组后的结果，也是企业重组的目的所在。与其相关的税收问题应该考虑：

1. 整个经营模式税负是否最优。这是指企业重组后的组织架构和业务流程在税务上是否有利，比如是否将集团的主要利润集中在实际税负较低的成员企业实现。

2. 是否充分利用了税收优惠。我国为了促进特定地区、项目或行业的发展，对一些特定地区、项目或行业给予税收优惠政策。如果重组后的企业所处的地区、所从事的行业可以享受税收优惠，对企业的后续发展将更为有利。

3. 纳税身份是否有利。所得税的纳税身份可以划分为小型微利企业和一般企业（比如一般企业分立后可能构成小型微利企业）。增值税纳税人的纳税身份可划分为一般纳税人和小规模纳税人。每种纳税身份的税收待遇是不同的，要经过测算比较才能作出税负孰轻的选择。

二、企业合并与分立的税收筹划

（一）企业合并

企业合并亦称“公司合并”。两个或者两个以上的企业通过订立合并协议，依照有关法律法规的规定，将资产合为一体，组成一个新企业的行为过程。企业合并的结果是，新企业的资产等于各个合并企业的资产总和。企业合并可分为吸收合并和新设合并两种形式。吸收合并，指两个或两个以上的企业通过订立合并协议，并依照有关法律法规的规定合并后，其中一个企业接收了其他企业的资产（包括债务）后继续存在而其他企业被解散的合并方式。在这种方式中，解散的企业称为被合并企业，继续存在的企业称为续存企业。新设合并，指两个或两个以上的企业通过订立合并协议，并依照有关法律法规的规定合并后，在所有企业都解散的基础上，设立一个新企业的合并方式。企业合并的效应，主要是优化资源配置、形成规模经济、增强企业的市场竞争力、提高经济效益。企业合并主要有以下几种类型：

1. 吸收合并或兼并

一个或几个被合并企业的全部或实质上几乎全部资产、负债转让给一个受让企业，被合并企业根据公司法等相关法律停止存在。

2. 新设合并

新设合并一般是指两个或两个以上的被合并企业将其资产和负债转让给一个新设立的企业。新设合并的基本法律机制与吸收合并是相同的：被合并企业全部或实质上是全部资产以交换新企业股份的方式根据公司法等相关法律转移给新设企业。唯一的差异是：吸收合并中，受让企业是合并交易发生前就存在的企业，而新设合并中，受让企业是在交易中新成立的企业。

在普通企业合并中，当事各方应按下列规定处理：

（1）合并企业应按公允价值确定接受被合并企业各项资产和负债的计税

基础；

(2) 被合并企业及其股东都应按清算进行所得税处理；

(3) 被合并企业的亏损不得在合并企业结转弥补；

(4) 注销的被合并企业未享受完的税收优惠，不再由存续企业承继，合并而新设的企业不得再承继或重新享受上述优惠。

(二) 企业分立的税收筹划

分立是指一个企业依照有关法律、法规的规定，分立为两个或两个以上的企业的法律行为。企业分立是母公司在子公司中所拥有的股份按比例分配给母公司的股东，形成与母公司股东相同的新公司，从而在法律上和组织上将子公司从母公司中分立出来。债权人向分立后的企业主张债权，企业分立时对原企业的债务承担有约定，并经债权人认可的，按照当事人的约定处理；企业分立时对原企业债务承担没有约定或者约定不明，或者虽然有约定但债权人不予认可的，分立后的企业应当承担连带责任。分立的企业在承担连带责任后，各分立的企业间对原企业债务承担有约定的，按照约定处理；没有约定或者约定不明的，根据企业分立时的资产比例分担。

企业分立的税务筹划：

分立是指一家企业（以下称为被分立企业）将部分或全部资产分离转让给现存或新设的企业（以下称为分立企业），被分立企业股东换取分立企业的股权或非股权支付，实现企业的依法分立。

普通企业的分立，当事各方应按下列规定处理：

1. 被分立企业对分立出去的资产应按公允价值确认资产转让所得或损失。分立企业应按公允价值确认接受资产的计税基础。

2. 被分立企业继续存在时，其股东取得的对价应视同被分立企业分配进行处理

3. 被分立企业不再继续存在时，被分立企业及其股东都应按清算进行所得税处理。

4. 企业分立相关企业的亏损不得相互结转弥补。

5. 注销的被分立企业未享受完的税收优惠，不再由存续企业承继；分立而新设的企业不得再承继或重新享受上述优惠。

【案例 8－8】 A 企业将被 B 企业合并，合并后 B 企业存续，A 企业将被解散。A 企业股权的计税基础是 10000 万元，公允价值是 20000 万元。A 企业净资产总额的计税基础是 10000 万元，公允价值是 20000 万元，如图 1 所示。

A 企业股权：
计税依据 =1 亿元
公允价值 =2 亿元

A 企业净资产总额：
计税基础 =1 亿元
公允价值 =2 亿元

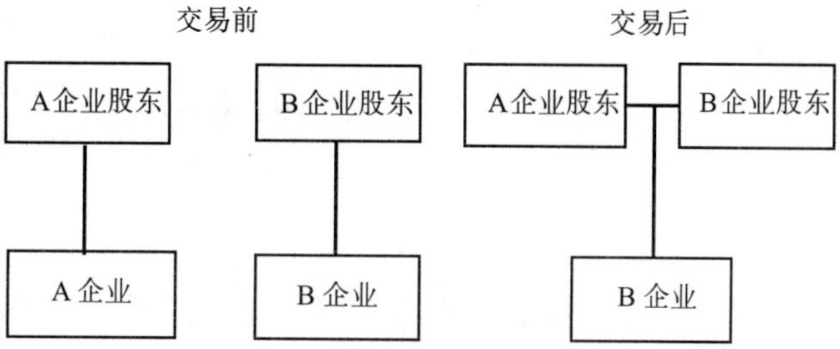

图 1

在合并交易中，A 企业股东将获得 4000 万元现金和 16000 万元的 B 企业股权。

该合并方案下各方的企业所得税影响分析如下：

由于股权支付额低于交易支付总额的 85%，此项交易应按照普通合并进行税务处理。

B 企业从 A 企业接受的净资产的计税基础为 20000 万元（公允价值）。

A 企业股东取得 B 企业股权的计税基础为 16000 万元（公允价值）。

A 企业实现的应纳税所得额 = A 企业净资产的公允价值 - A 企业净资产的原计税基础 = 20000 - 10000 = 10000（万元）

A 企业的亏损不能由 B 企业结转弥补。A 企业和 B 企业涉及享受就企业整体（即全部生产、经营所得）享受的税收优惠过渡政策尚未期满的，如果合并后的 B 企业性质及适用税收优惠的条件未发生改变的，仅就 B 企业未享受完的税收优惠，继续享受合并前 B 企业剩余期限的税收优惠，其优惠金额按 B 企业合并前一年的应纳税所得额（亏损计为零）计算。注销的 A 企业未享受完的税收优惠，不再由 B 企业承继。A 企业和 B 企业按照《企业所得税法》的税收优惠规定中就企业有关生产经营项目的所得享受的税收优惠，可以在剩余期限内享受规定的减免税优惠。

在普通合并中，被合并企业应按照《财政部、国家税务总局关于企业清算业务企业所得税处理若干问题的通知》的规定进行清算。被合并企业在报送"企业清算所得纳税申报表"时，应附送以下资料：

（1）企业合并的工商部门或其他政府部门的批准文件；

（2）企业全部资产和负债的计税基础以及评估机构出具的资产评估报告；

（3）企业债务处理或归属情况说明；

（4）主管税务机关要求提供的其他资料证明。

本章小结

1. 居民企业与非居民企业

(1) 居民企业是指依照一国法律、法规在该国境内成立，或者实际管理机构、总机构在该国境内的企业。税法草案所称的居民企业是指依照中国法律、法规在中国境内成立、或者实际管理机构在中国境内的企业。例如，在我国注册成立的沃尔玛（中国）公司，通用汽车（中国）公司，就是我国的居民企业；在英国、百慕大群岛等国家和地区注册的公司，但实际管理机构在我国境内，也是我国的居民企业。上述企业应就其来源于我国境内外的所得缴纳企业所得税。

(2) 非居民企业是指依照外国（地区）法律、法规成立且实际管理机构不在中国境内，但在中国境内设立机构、场所的，或者在中国境内未设立机构场所，但有来源于中国境内所得的企业。非居民企业在境内设机构和场所的，就来源于境内的所得及发生在境外但与境内机构和场所有实际联系的所得，按照规定税率缴纳企业所得税。

2. 设立子公司与设立分公司的税收利益孰高孰低并不是绝对的，它受到一国税收制度，经营状况及企业内部利润分配政策等多种因素的影响。通常而言，在投资初期分支机构发生亏损的可能性比较大，宜采用分公司的组织形式，其亏损额可以和总公司的损益合并纳税。当公司经营成熟后，宜采用子公司的组织形式，以便充分享受所在地的各项税收优惠政策。

3. 企业安置残疾人员所支付工资费用的加计扣除，是指企业安置残疾人员的，在按照支付给残疾职工工资据实扣除的基础上，按照支付给残疾职工工资的100%加计扣除。残疾人员的范围适用《中华人民共和国残疾人保障法》的有关规定。

企业只要录用残疾人士等都可享受加计扣除的税收优惠。企业可以结合自身经营地点，分析哪些岗位适合安置国家鼓励就业的人员，筹划录用上述人员与录用一般人员在工薪成本、培训成本、劳动生产率等方面的差异，在不影响企业效率的基础上尽可能录用可以享受优惠的特定人员。

4. 购置并实际使用规定的环保、节能节水、安全生产专用设备的，按设备投资额的10%抵免应纳税额。综合利用资源的，减按90%计入收入总额。这两项优惠政策，于企业而言，是最便捷、最安全的纳税筹划方式，也有利于企业的长期发展；于国家而言，能实现环境保护、引导经济行为的目的。因此，此项纳税筹划策略，利用税收优惠是为政府欢迎、受政府鼓励的方式。企业应当在同等条件下尽量满足上达条件以得到优惠，达到减税的目的。

5. 企业合并亦称"公司合并"。两个或者两个以上的企业通过订立合并协议，依照有关法律法规的规定，将资产合为一体，组成一个新企业的行为过程。企业合并的结果是，新企业的资产等于各个合并企业的资产总和。企业合并可分为吸收合并和新设合并两种形式。吸收合并，指两个或两个以上的企业通过订立合并协议，并依照有关法律法规的规定合并后，其中一个企业接收了其他企业的资产（包括债务）后继续存在而其他企业被解散的合并方式。在这种方式中，解散的企业称为被合并企业，继续存在的企业称为续存企业。新设合并，指两个或两个以上的企业通过订立合并协议，并依照有关法律法规的规定合并后，在所有企业都解散的基础上，设立一个新企业的合并方式。企业合并的效应，主要是优化资源配置、形成规模经济、增强企业的市场竞争力、提高经济效益。

复习思考题

1. 企业进行纳税筹划常用的方法有哪些？

2. 如何利用小微企业进行税收筹划？

3. 企业如何选择折旧方法，固定资产的折旧方法包括哪些？

4. 某母公司与其子公司各有1000万元资金作为流动资金使用，所得税税率为25%，税务机关认可的借贷年利率为10%，如何筹划可实现节税？

5. A公司在甲地适用25%的税率，年盈利大约300万元；A欲在乙地或者丙地设立一分支机构，乙地和丙地分别适用税率为25%和15%，预计年盈利规模为100万元。请利用公司形式来设计最优的筹划方式。

6. 甲公司未设立独立的销售公司，2019年实现的销售收入为1000万元，广告费支出160万元，业务招待费支出15万元。其他可税前抵扣的成本费用为500万元。根据税法的规定，符合扣除标准的广告费扣除限额为销售收入的15%；业务招待费可按发生额的60%扣除，但最高不得超过当年销售（营业）收入的5‰。该企业有关涉税情况为：

广告费实扣除限额 = 1000 × 15% = 150（万元）

超支额 = 160 − 150 = 10（万元）

业务招待费扣除限额 = 1000 × 5‰ = 5（万元）

超支额 = 13 − 5 = 8（万元）

该公司广告费和业务招待费超支合计18万元（10 + 8），不能在税前扣除。

应纳所得税 = (1000 − 500 − 150 − 5) × 25% = 86.25（万元）

税后净利润 = 1000 − 500 − 160 − 13 − 86.25 = 240.75（万元）

甲公司是否应该把销售部门分立出来，请通过计算来进行选择。

7. 某企业 2019 年准备将可实现的税前所得 120 万元分给股东个人，企业拟订了两种分配方案：

方案 1：采用税后分红的形式发放股息 120 万元；

方案 2：每月发放工资 10 万元。

试进行筹划，选择一个对企业和股东个人均有利的分配方案。

8. KL 公司所在国属于高税国，它的子公司 KK 公司所在国与母公司所在国之间没有税收协定，母公司的资金在转入子公司的过程中，子公司所支付的利息必须缴纳预提所得税。本案例涉及的融资 1000 万美元，利息为 10%，期限为 1 年，预提税税率为 20%，其结果是 100 万美元的利息，须缴纳 20 万美元的预提税，母公司净得利息只有 80 万美元。KL 公司该如何进行纳税筹划以规避预提所得税？

第九章

个人所得税的纳税筹划

导语：新的《个人所得税法》已经逐步落实和完善，但是个人所得税涉及的纳税人以及项目非常广泛，而且也出台了许多相关的税收优惠政策，这就为进行个人所得税纳税筹划提供了一定的可能性。本文主要从纳税人的身份、计税依据、适用税率和税收优惠等四个方面进行纳税筹划。通过本章的学习，能够让读者了解并且掌握个人所得税的各种税收筹划的方法，减轻其税收负担。

第一节　个人所得税的基本法律规定

一、纳税人的法律界定

个人所得税是对个人（自然人）取得的各项应税所得征收的一种税。个人所得税的纳税义务人，包括中国内地公民、在中国有所得的外籍人员（包括无国籍人员，下同）和香港、澳门、台湾同胞。上述纳税义务人依据住所和居住时间两个标准，区分为居民和非居民，分别承担不同的纳税义务。

（一）居民纳税义务人

居民纳税义务人负有无限纳税义务。其所取得的应纳税所得，无论是来源于中国境内还是中国境外任何地方，都要在中国缴纳个人所得税。根据《个人所得税法》规定，居民个人是指在中国境内有住所，或者无住所而在一个纳税年度内在中国境内居住累计满 183 天的个人。

在中国境内有住所的个人，是指因户籍、家庭、经济利益关系，而在中国境内习惯性居住的个人。一个纳税年度在境内居住累计满 183 天，是指在一个纳税年度（即公历 1 月 1 日起至 12 月 31 日止，下同）内，在中国境内居住累计满 183 日。

现行税法中关于“中国境内”的概念，是指中国大陆地区，目前还不包括香港、澳门和台湾地区。

（二）非居民纳税义务人

非居民纳税义务人，是指不符合居民个人判定标准（条件）的纳税义务人，非居民纳税义务人承担有限纳税义务，即仅就其来源于中国境内的所得，向中国政府缴纳个人所得税。《个人所得税法》规定，非居民个人是“在中国境内无住所又不居住，或者无住所而一个纳税年度内在境内居住累计不满183天的个人”。也就是说，非居民个人是指习惯性居住地不在中国境内，而且不在中国居住，或者在一个纳税年度内在中国境内居住累计不满183天的个人。

二、征税范围的法律规定

（一）工资、薪金所得

工资、薪金所得，是指个人因任职或者受雇而取得的工资、薪金、奖金、年终加薪、劳动分红、津贴、补贴以及与任职或者受雇有关的其他所得。

（二）个体工商户的生产、经营所得

个体工商户的生产、经营所得是指：

1. 个体工商户从事工业、手工业、建筑业、交通运输业、商业、饮食业、服务业修理业及其他行业取得的所得；

2. 个人经政府有关部门批准，取得执照，从事办学、医疗、咨询以及其他有偿活动取得的所得；

3. 其他个人从事个体工商业生产经营取得的所得；

4. 上述个体工商户和个人取得的与生产、经营有关的各项应税所得。

个人独资企业和合伙企业的生产经营所得，比照“个体工商户的生产经营所得”应税项目，征收个人所得税。

（三）对企事业单位的承包经营、承租经营所得

对企事业单位的承包经营、承租经营所得，是指个人承包经营或承租经营以及转包、转租取得的所得。承包项目可分多种，如生产经营、采购、销售、建筑安装等各种承包。转包包括全部转包和部分转包。

（四）劳务报酬所得

劳务报酬所得，是指个人独立从事非雇佣的各种劳务所取得的所得，在实际操作过程中还可能会出现难以判定一项所得是属于工资、薪金所得，还是属于劳务报酬所得的情况。这两者的区别在于：工资、薪金所得属于非独立个人劳务活动，即在机关、团体、学校、部队、企业、事业单位及其他组织中任职、受雇而得到的报酬；而劳务报酬所得则是个人独立从事各种技艺、提供各项劳务取得的报酬。

（五）稿酬所得

稿酬所得，是指个人因其作品以图书、报刊等形式出版、发表而取得的

所得。

（六）特许权使用费所得

特许权使用费所得，是指个人提供专利权、商标权、著作权、非专利技术以及其他特许权的使用权取得的所得。提供著作权的使用权取得的所得，不包括稿酬所得。

（七）利息、股息、红利所得

利息、股息、红利所得，是指个人拥有债权、股权而取得的利息、股息、红利所得。

（八）财产租赁所得

财产租赁所得，是指个人出租建筑物、土地使用权、机器设备、车船以及其他财产取得的所得。

（九）财产转让所得

财产转让所得，是指个人转让有价证券、股权、建筑物、土地使用权、机器设备、车船以及其他财产取得的所得。考虑到我国股市的实际情况和股票转让收益的特殊性，国家决定在近年内对股票转让所得暂不征收个人所得税。除此之外，转让其他财产的所得，应当依法缴纳个人所得税。

（十）偶然所得

偶然所得，是指个人得奖、中奖、中彩以及其他偶然性质的所得。偶然所得应缴纳的个人所得税款，一律由发奖单位或机构代扣代缴。

（十一）经国务院财政部门确定征税的其他所得

除上述列举的各项个人应税所得外，其他确有必要征税的个人所得，由国务院财政部门确定。个人取得的所得，难以界定应纳税所得项目的，由主管税务机关确定。

三、税率与应纳税所得额的确定

（一）税率的法律规定

个人所得税的税率按所得项目不同分别确定为：

1. 综合所得，适用3% ~45%的七级超额累进税率。

居民个人每一纳税年度内取得综合所得包括：工资、薪金所得，劳务报酬所得，稿酬所得和特许权使用费所得。

2. 经营所得，个体工商户的生产、经营所得和对企事业单位的承包经营、承租经营所得，适用5% ~35%的五级超额累进税率。

3. 其他所得适用税率

利息、股息、红利所得，财产租赁所得，财产转让所得和偶然所得，适用税率为20%的比例税率。

（二）应纳税所得额和费用减除标准

1. 居民个人取得综合所得，以每年收入额减除费用60000元以及专项扣除、专项附加扣除和依法确定的其他扣除后的余额，为应纳税所得额。

（1）专项扣除，包括居民个人按照国家规定的范围和标准缴纳的基本养老保险、基本医疗保险、失业保险等社会保险费和住房公积金等。

（2）专项附加扣除，包括子女教育、继续教育、大病医疗、住房贷款利息或者住房租金、赡养老人等支出，具体范围、标准和实施步骤由国务院确定，并报全国人民代表大会常务委员会备案。

（3）依法确定的其他扣除，包括个人缴纳付符合国家规定的企业年金、职业年金，个人购买符合国家规定的商业健康保险、税收递延型商业养老保险的支出，以及国务院规定可以扣除的其他项目。

（4）专项扣除、专项附加扣除和依法确定的其他扣除，以居民个人一个纳税年度的应纳税所得额为限额；一个纳税年度扣除不完的，不结转以后年度扣除。

2. 非居民个人的工资、薪金所得，以每月收入额减除费用5000元后的余额为应纳税所得额；劳务报酬所得、稿酬所得、特许权使用费所得，以每次收入额为应纳税所得额。

3. 经营所得，以每一纳税年度的收入总额减除成本，费用以及损失后的余额，为应纳税所得额。

4. 财产租赁所得，每次收入不超过4000元的，减除费用800元；4000元以上的，减除20%的费用，其余额为应纳税所得额。

5. 财产转让所得，以转让财产的收入额减除财产原值和合理费用后的余额，为应纳税所得额。

6. 利息、股息、红利所得和偶然所得，以每次收入额为应纳税所得额。

7. 专项附加扣除标准。

专项附加扣除是本次税法修订引入的新的费用扣除标准，遵循公平合理、利于民生简便易行的原则。目前包含了子女教育、继续教育、大病医疗、住房贷款利息或者住房租金、赡养老人等6项支出，并将根据教育、医疗、住房、养老等民生支出变化情况，适时调整专项附加扣除的范围和标准。取得综合所得和经营所得的居民个人可以享受专项附加扣除。

（1）子女教育专项附加扣除

纳税人年满3岁的子女接受学前教育和学历教育的相关支出，按照每个子女每年12000元（每月1000元）的标准定额扣除。学前教育包括年满3岁至小学入学前教育，不论是否在幼儿园学习。学历教育包括义务教育（小学和初中教育）、高中阶段教育（普通高中、中等职业教育、技工教育）、高等教育（大学专科、大学本科、硕士研究生、博士研究生教育）。纳税人享受该项扣除，包括在中国境内和在境外接受教育，且不区分公立、私立教育机构。每个子女每月扣除 100 元。多个符合扣除条件的子女，每个子女均可享受扣除。受教育子女的父母分别按扣除标准的 50% 扣除；或经父母约定，也可以选择由其中一方按扣除标准的 100% 扣除。具体扣除方式在确定后，一个纳税年度内不得变更。起止时间：①学前教育：子女年满 3 周岁的当月至小学入学前一月；②全日制学历教育：子女接受义务教育、高中教育、高等教育的入学当月至教育结束当月；③特别提示：因病或其他非主观原因休学但学籍继续保留的期间，以及施教机构按规定组织实施的寒暑假等假期，可连续扣除。

备查资料：①境内接受教育：不需要特别留存资料；②境外接受教育：境外学校录取通知书、留学签证等相关教育资料。

（2）继续教育专项附加扣除

纳税人在境内接受学历（学位）继续教育的支出，在学历（学位）教育期间按照每年 4800 元（每月 400 元）定额扣除。纳税人接受技能人员职业资格继续教育、专业技术人员职业资格继续教育支出，在取得相关证书的年度，按照 3600 元定额扣除。职业资格具体范围，以人力资源和社会保障部（简称“人社部”）公布的《国家职业资格目录》为准。

个人接受同一学历（学位）继续教育事项，符合税法规定扣除条件的（即已经就业，且正在接受本科及以下学历继续教育），该项教育支出可以由其父母按照子女教育支出扣除，也可以由本人按照继续教育支出扣除，但不得同时扣除。起止时间：①学历（学位）继续教育，入学的当月至教育结束的当月，但同一学历（学位）继续教育的扣除期限最长为 48 个月（4 年）。②职业资格继续教育，取得相关职业资格继续教育证书上载明的发证（批准）日期的所属年度，即为可以享受扣除的年度但由于专项扣除政策从 2019 年 1 月 1 日开始生效，该证书应当为 2019 年后取得。

备查资料：技能人员、专业技术人员职业资格证书等。

（3）大病医疗专项附加扣除

每年 1 月 1 日至 12 月 31 日，纳税人发生的与基本医保相关的医药费用支出，扣除医保报销后个人负担（指医保目录范围内的自付部分）累计超过 15000 元的部分，由纳税人在办理年度汇算清缴时，在 80000 元限额内据实扣除。即新税法实施首年发生的大病医疗支出，应在 2020 年才能办理扣除。

纳税人发生的医药费用支出可以选择由本人或者其配偶扣除；未成年子女发生的医药费用支出可以选择由其父母一方扣除。纳税人及其配偶、未成年子女发生的医药费用支出，应单独归集且分别按 80000 元限额计算扣除额。注意：子女成年后发生的医药费用支出，父母不能扣除；老人发生的医药费用支出，子女不能扣除。

本项扣除凭据为医药服务收费及医保报销相关票据原件（或复印件）；或者医疗保障部门出具的医药费用清单等。

（4）住房贷款利息专项附加扣除

纳税人本人或配偶，单独或共同使用商业银行或住房公积金个人住房贷款，为本人或其配偶购买中国境内住房而发生的首套住房贷款利息支出，在实际发生贷款利息的年度，按照每年12000元（每月1000元）的标准定额扣除。非首套住房贷款利息支出，纳税人不得扣除。所称首套住房贷款是指购买住房享受首套住房贷款利率的住房贷款。纳税人只能享受一套首套住房贷款利息扣除。纳税人可通过查阅住房贷款合同（协议），或咨询办理贷款的银行、住房公积金中心确定住房贷款利息支出是否符合政策。经夫妻双方约定，可以选择由其中一方扣除，具体扣除方式在确定后，一个纳税年度内不得变更。夫妻双方婚前分别购买住房发生的首套住房贷款，其贷款利息支出，婚后可以选择其中一套购买的住房，由购买方按扣除标准的100%扣除，也可以由夫妻双方对各自购买的住房分别按扣除标准的50%扣除，具体扣除方式在一个纳税年度内不能变更。起止时间：贷款合同约定开始还款的当月至贷款全部还清或贷款合同终止的当月，但扣除期限最长为240个月。

备查资料：住房贷款合同、贷款还款支出凭证等。

（5）住房租金专项附加扣除

纳税人在主要工作城市没有自有住房而发生的住房租金支出，可以按照以下标准定额扣除：①承租的住房位于直辖市、省会（首府）城市、计划单列市以及国务院确定的其他城市，扣除标准为每年18000元（每月1500元）；②承租的住房位于其他城市，且市辖区户籍人口超过100万的，扣除标准为每年13200元（每月1100元）；③承租的住房位于其他城市，且市辖区户籍人口不超过100万的，扣除标准为每年9600元（每月800元）。

纳税人的配偶在纳税人的主要工作城市有自有住房的，视同纳税人在主要工作城市有自有住房。

主要工作城市是指纳税人任职受雇的直辖市、计划单列市、副省级城市、地级市（地区、州、盟）全部行政区域范围；纳税人无任职受雇单位的，为受理其综合所得汇算清缴的税务机关所在城市。夫妻双方主要工作城市相同的，只能由一方扣除住房租金支出。夫妻双方主要工作城市不相同的，且各自在其主要工作城市都没有住房的，可以分别扣除住房租金支出。但纳税人及其配偶在一个纳税年度内不得同时分别享受住房贷款利息专项附加扣除和住房租金专项附加扣除。注意：纳税人或配偶在主要工作城市之外有自有住房，只要不享受首套住房贷款利息专项扣除，即可享受住房租金扣除；但纳税人主要工作城市和租房地不属于同一城市的，不能享受该项扣除。住房租金支出由签订租赁住房合同的承租人扣除。起止时间：租赁合同（协议）约定的房屋租赁期开始的当月至租赁期结束的当月；提前终止合同（协议）的，以实际租赁行为终止的月份为准。

本项扣除凭据为住房租赁合同或协议等。

（6）赡养老人专项附加扣除

纳税人赡养一位及以上年满 60 岁的父母（生父母、继父母、养父母）以及子女均已去世的年满 60 岁的祖父母、外祖父母的赡养支出，定额扣除标准为：纳税人为独生子女的，按照每年 24000 元（每月 2000 元）的标准定额扣除；纳税人为非独生子女的，应当与其兄弟姐妹分摊每年 24000 元（每月 2000 元）的扣除额度，每一纳税人分摊的扣除额最高不得超过每年 12000 元（每月 1000 元）。分摊方式包括平均分摊、被赡养人指定分摊或者赡养人约定分摊，具体分摊方式在一个纳税年度内不得变更。采取指定分摊或约定分摊方式的，需签订书面分摊协议。指定分摊与约定分摊不一致的，以指定分摊为准。纳税人赡养 2 个及以上老人的，不按老人人数加倍扣除。起止时间：被赡养人年满 60 周岁的当月至赡养义务终止的年末。

备查资料：采取约定或指定分摊方式的，需留存分摊协议。

（三）每次收入的确定

《中华人民共和国个人所得税法》对纳税义务人的征税方法有三种：一是按年计征，如经营所得，居民个人取得的综合所得；二是按月计征，如非居民个人取得的工资、薪金所得；三是按次计征，如利息、股息、红利所得，财产租赁所得，偶然所得和非居民个人取得的劳务报酬所得，稿酬所得，特许权使用费所得等 6 项所得。在按次征收情况下，由于扣除费用依据每次应纳税所得额的大小，分别规定了定额和定率两种标准。前述 6 个项目的“次”，《个人所得税法实施条例》中作出了明确规定。具体是：

1. 非居民个人取得劳务报酬所得、稿酬所得、特许权使用费所得，根据不同所得项目的特点，分别规定为：

（1）属于一次性收入的，以取得该项收入为一次

就劳务报酬所得来看，从事设计、安装、装潢、制图、化验、测试等劳务，往往是接受客户的委托，按照客户的要求，完成一次劳务后取得收入。因此，是属于一次性的收入，应以每次提供劳务取得的收入为一次。但需要注意的是，如果一次性劳务收入以分月支付方式取得的，就适用同一事项连续取得收入，以 1 个月内取得的收入为一次的规定。

就稿酬来看，以每次出版、发表取得的收入为一次，不论出版单位是预付还是分笔支付稿酬，或者加印该作品后再付稿酬，均应合并其稿酬所得按一次计征

个人所得税。具体可细分为：同一作品再版取得的所得，应视作另一次稿酬所得计征。同一作品先在报刊上连载，然后再出版，或先出版，再在报刊上连载的，应视为两次稿酬所得征税。即连载作为一次，出版作为另一次。同一作品在报刊上连载取得收入的，以连载完成后取得的所有收入合并为一次，计征个人所得税。同一作品在出版和发表时，以预付稿酬或分次支付稿酬等形式取得的稿酬收入，应合并计算为一次。同一作品出版、发表后，因添加印数而追加稿酬的，应与以前出版、发表时取得的稿酬合并计算为一次计征个人所得税。在两处或两处以上出版、发表或再版同一作品而取得稿酬所得，则可分别各处取得的所得或再版所得按分次所得计征个人所得税。作者去世后，对取得其遗作稿酬的个人，按稿酬所得征税。

就特许权使用费来看，以某项使用权的一次转让所取得的收入为一次。一个非居民个人，可能不仅拥有一项特许权利，每一项特许权的使用权也可能不止一次地向我国境内提供。因此，对特许权使用费所得的“次”的界定，明确为每一项使用权的每次转让所取得的收入为一次。如果该次转让取得的收入是分笔支付的，则应将各笔收入相加为一次的收入，计征个人所得税。

（2）属于同一事项连续取得收入的，以 1 个月内取得的收入为一次

例如，某外籍歌手（非居民个人）与一卡拉 OK 厅签约，在一定时期内每天到卡拉 OK 厅演唱一次，每次演出后付酬 500 元。在计算其劳务报酬所得时，应视为同一事项的连续性收入，以其 1 个月内取得的收入为一次计征个人所得税，而不能以每天取得的收入为一次。

2. 财产租赁所得，以 1 个月内取得的收入为一次。

3. 利息、股息、红利所得，以支付利息、股息、红利时取得的收入为一次。

4. 偶然所得，以每次收入为一次。

5. 其他所得，以每次收入为一次。

（四）计税依据的其他规定

1. 个人将其所得通过中国境内的社会团体、国家机关向社会公益事业以及遭受严重自然灾害地区、贫困地区捐赠，捐赠额未超过纳税义务人申报的应纳税所得额 30% 的部分，可以从其应纳税所得额中扣除。

2. 个人的所得（不含偶然所得，经国务院财政部门确定征税的其他所得）用于资助的，可以全额在下月（工资、薪金所得）或下次（按次计征的所得）或当年（按年计征的所得）计征个人所得税时，从应纳税所得额中扣除，不足抵扣的，不得结转抵扣。

3. 个人取得的应纳税所得，包括现金、实物和有价证券。所得为实物的，应当按照取得的凭证上所注明的价格计算应纳税所得额；无凭证或实物或者凭证上所注明的价格明显偏低的，由主管税务机关参照当地的市场价格核定应纳税所

得额。所得为有价证券的，由主管税务机关根据票面价格和市场价格核定应纳税所得额。

第二节 个人所得税纳税人的纳税筹划

由于纳税人分为居民个人和非居民个人，法人个人和非法人个人，它们的个人所得税的计税方法有所不同，纳税人在有多种可供选择的纳税人身份纳税方案时，可以通过纳税筹划来降低税负。

一、居民个人和非居民个人的转换

根据纳税人的住所和其在中国境内居住的时间，个人所得税的纳税人分为居民个人纳税人和非居民个人纳税人。由于对这两种纳税人的税收政策不同，因此，纳税人可以通过住所和居住时间的筹划，改变纳税人的身份，实现税收筹划。

（一）通过居住时间进行纳税筹划

根据税法规定，在中国境内有住所，或者虽然无住所，但在中国境内居住满183天的个人为居民个人纳税人，其对从中国境内和境外取得的所得均负有纳税义务。境内居住满183天是指在一个纳税年度（自公历1月1日起至12月31日止）中在中国境内居住183天。因此，通过控制居住时间，使停留在我国境内的时间不满183天，就可以避免成为我国的居民个人纳税人，从而规避了居民个人纳税人的无限纳税义务。

（二）通过人员的住所（居住地）进行纳税筹划

在居住时间的确认上，各国的规定并不一致：有的规定为三个月、半年，也有的以居住期超过一年为负税期限或规定以永久性住宅为标准。这样一些从事跨国活动的人员就可以自由地游离于各国之间，而不至成为某个国家的纳税人，从而达到少缴税或不缴税的目的。例如，我国税法规定在我国境内无住所且在一年内居住累计不满183天的个人，不用就其境外所得向我国缴纳个人所得税。所以，一个人在我国居住的时间只要在一年内累计不满183天（在其他国家居住，其时间只要不满该国有关所得税法所规定的期限），就不用就其全部收入缴纳个人所得税，事实上免除了部分纳税义务，从而达到税收筹划的目的。

二、公司制企业与个体工商户、个人独资企业、合伙企业的选择

目前，个人可以选择的企业组织形式主要有：作为个体工商户从事生产经营和对企事业单位实行承包、承租经营业务；成立个人独资企业；组建合伙企业；

设立公司制企业（企业所得税纳税人）。在对这些投资方式进行比较时，如果其他因素相同，投资者应承担的税收，尤其是所得税便成为决定投资决策的关键。通常在收入相同的情况下，个体工商户、个人独资企业、合伙企业、公司制企业的税负是不一样的。但是，个人独资企业、合伙企业、公司制企业三种形式的企业是法人单位，在发票的申购、纳税人的资格等方面占有优势，比较容易开展业务，经营范围也比较广，并且可以享受国家的一些税收优惠政策。在这三种企业形式中，公司制企业以公司的形式出现，只承担有限责任，风险相对较小；个人独资企业和合伙企业由于要承担无限责任，风险相对较大。

需要注意的是，财税〔2019〕13 号文件规定，从 2019 年 1 月 1 日至 2021 年 12 月 31 日，对小型微利企业引入超额累进计算方法，年应纳税所得额不超过 100 万元的部分，减按 25% 计入应纳税所得额，按 20% 的税率缴纳企业所得税；对年应纳税所得额超过 100 万元但不超过 300 万元的部分，减按 50% 计入应纳税所得额，按 20% 的税率缴纳企业所得税。因此，企业在选择组织形式时，还应根据业务规模来判断应该选择哪种形式。

（一）公司制企业与个体工商户身份的选择

个人对企事业单位实行承包、承租经营的形式较多，分配方式也不尽相同。《国家税务总局关于个人对企事业单位实行承包经营承租经营取得所得征税问题的通知》（国税发〔1994〕179 号）对此做了适当分类并规定了相应的税务处理方法：个人对企事业单位实行承包、承租经营后，工商登记改变为个体工商户的，应依照“经营所得”项目计征个人所得税，不再征收企业所得税。个人对企事业单位实行承包、承租经营后，工商登记仍为企业的，不论其分配方式如何，均应先按照企业所得税的有关规定缴纳企业所得税，然后将承包、承租人按合同（协议）规定取得的所得，依照有关规定缴纳个人所得税。如果承包、承租人对企业经营成果不拥有所有权，仅按合同（协议）规定取得一定所得的，应按“工资、薪金所得”项目征收个人所得税；如果承包方、承租人按合同（协议）的规定只向发包方、出租人缴纳一定费用，缴纳承包、承租费后的企业经营成果归承包方、承租人所有，其取得的所得按“经营所得”项目征收个人所得税。也就是说，个人对企事业单位实行承包、承租经营，工商登记仍为企业的，就需要承担企业所得税与个人所得税两种税负。

【案例 9－1】 李某承包经营了一家公司制企业。合同规定：李某平时不领取工资，从企业净利润中上缴承包费 120000 元，其余经营成果全部归其个人所有。李某的生产经营所得当年为 500000 元（已扣除相关费用）。假设李某没有其他的劳务收入，他应该如何利用不同的企业性质进行税收筹划？

【解析】 在企业性质上，李某面临两种选择：一是仍使用原企业的营业执照；二是将原企业的工商登记改为个体工商户。

方案一：如果仍使用原企业的营业执照，按税法规定其经营所得应缴纳企业所得税，而且李某的税后所得还要再按经营所得缴纳个人所得税。在不考虑其他调整因素的情况下，该企业的纳税情况如下所示：

应交企业所得税 = 500000 × 25% × 20% = 25000（元）

李某的承包经营所得 = 500000 − 25000 − 120000 = 355000（元）

李某应缴纳的个人所得税 =（355000 − 60000）× 20% − 10500 = 48500（元）

李某实际获得的税后利润 = 355000 − 48500 = 306500（元）

方案二：将原企业的工商登记改为个体工商户，则其承包经营所得应缴纳个所得税。在不考虑其他调整因素的情况下，其纳税情况如下所示：

应纳个人所得税 =（500000 − 120000 − 60000）× 30% − 40500 = 55500（元）

李某获得的税后利润 = 500000 − 120000 − 55500 = 324500（元）

所以，李某采纳方案二可以多获利 18000 元（324500 − 306500）。

（二）公司制企业与合伙企业的选择

如果企业采用公司制形式，需要先就公司所得缴纳企业所得税，其自然人股东取得股息、红利所得还要缴纳个人所得税；如果采用合伙制经营，则对自然人合伙人只征收个人所得税。

第三节　对不同收入项目计税依据和税率的纳税筹划

不同的收入项目的个人所得税的计税方法是有所不同的，这就为个人所得税纳税筹划提供了空间。下面我们就来讨论一下如何通过缩小不同项目计税依据和降低适用税率进行税收筹划。

一、工资、薪金的个人所得税筹划

（一）工资、薪金福利化

工资、薪金福利化主要是通过缩小计税依据和降低纳税人适用税率档次实现的。一方面，由于企业实物性质的福利不计入职工的工资、薪金，这就为个人所得税的计税依据筹划提供了空间。例如，企业可以为职工提供免费住宿、免费职工餐、免费的通勤班车等职工福利，这不仅可以减轻职工的个人所得税税收负担，而且对于企业来说，这些职工福利是可以在企业所得税税前限额扣除的，可能会减轻企业所得税同时还会获得职工的好评，建立企业良好形象，这是对于职工和企业来说都是双赢的。另一方面，对于高收入职工来说，通过工资、薪金福利化，不仅可以缩小个人所得税计税依据，而且可以降低其适用的税率档次，从而达到节税的目的。

【案例9-2】 2019年李主管每月工资为10000元，单身无子女，父母健在且年满60岁，每月支付房租2000元，公司代扣五险一金1000元。不考虑其他扣除，李主管无其他收入来源，且为独生子女。这时李主管全年应纳的个人所得税如下：

全年应纳个人所得税 = (10000 × 12 - 1000 × 12 - 2000 × 12 - 5000 × 12) × 3% = 720（元）

如果企业为李主管提供免费住宿，每月工资下调为8000元，则李主管全年应纳税所得额 = 8000 × 12 - 1000 × 12 - 2000 × 12 - 5000 × 12 = 0（元）则李主管全年不需要缴纳个人所得税。经过筹划后李主管可以节省个人所得税720元，而对公司来说没有增加支出。

（二）转化为其他形式所得

税法规定，居民纳税人的综合所得每一纳税年度可以扣除6万元的费用、专项扣除、专项附加扣除以及依法确定的其他扣除后的余额为应纳税所得额。对于有多处工资、薪金来源的纳税人来说，只能进行一次费用扣除，此时，建议将一处作为工资、薪金项目，其他的收入作为劳务报酬项目，因为劳务报酬可以扣除20%的费用的余额作为收入额计入综合所得。另外灵活转换工资、薪金所得与劳务报酬，可以获得纳税递延的优惠。

【案例9-3】 2019年李磊在三家公司任职，每月在三家公司分别获得薪资5000元，可在三家公司一处扣除五险一金1000元，父母健在且都不满60岁。不考虑其他费用扣除，李磊为独生子女。请问李磊应该如何筹划，可使其个人所得税税负降到最低。

方案一：李磊选择三家公司的收入都作为工资、薪金项目时，李磊全年应纳个人所得税 = (5000 × 3 × 12 - 1000 × 12 - 5000 × 12) × 10% - 2520 = 8280（元）

方案二：李磊选择两家公司的收入作为工资、薪金项目，一家公司的收入作为劳务报酬时，李磊全年应纳个人所得税 = [5000 + 5000 - 1000 - 5000 + 5000 × (1 - 20%)] × 12 × 10% - 2520 = 7080（元）

方案三：李磊选择一家公司的收入工资、薪资项目，两家公司的收入作为劳务报酬时，李磊全年应纳个人所得税 = [5000 + 5000 × 2 × (1 - 20%) - 5000 - 1000] × 12 × 10% - 2520 = 5880（元）

从上面的三个案例来看，方案一纳税最多，方案二次之，方案三纳税最少，李磊选择方案三的节税效果比较好。

（三）扣除项目的筹划

《个人所得税专项附加扣除操作办法（试行）》规定：纳税人享受子女教育、继续教育、大病医疗、住房贷款利息或者住房租金、赡养老人专项附加扣除。这几项专项费用扣除具体的扣除方法给个人所得税纳税筹划提供了空间。例如，每个子女教育扣除可以由父母一方扣除1000元，也可以由父母双方各扣除500元，这时可以根据父母的工资、薪金的情况进行筹划，达到家庭的税收负担最小化。

（四）年终奖的发放

1. 年终奖的计税方法。《财政部、国家税务总局关于个人所得税法修改后有关税收优惠政策衔接问题的通知》（财税〔2018〕164号）规定，居民个人取得全年一次性奖金，符合相关规定的，在2021年12月31日前，可以并入当年综合所得计征个人所得税，也可以不并入综合所得，以全年一次性奖金收入形式征收个人所得税。将雇员当月内取得的全年一次性奖金按上面确定的适用税率和速算扣除数计算征税，相应的计算公式如下：

应纳税额 = 雇员当月取得全年一次性奖金 × 适用税率 - 速算扣除数

雇员取得除全年一次性奖金以外的其他各种名目奖金，如半年奖、加班奖、现金奖、考勤奖等，一律与当月工资、薪金收入合并，按税法规定缴纳个人所得税。

2. 年终奖发放的筹划原理及方法。对个人所得税中全年一次性奖金收入的筹划主要在于两个方面：一是由居民选择并入当年综合所得计算缴纳个人所得税；二是年终奖发放的数额要避免税收陷阱，即出现发放金额增加但实际到手金额减少的情况。

（1）财税〔2018〕164号文规定，居民个人取得全年一次性奖金，符合相关规定的，在2021年12月31日前，可以不并入当年综合所得，以全年一次性奖金收入形式征收个人所得税。假设纳税人的综合所得（不包括年终奖）为A，全部扣除项目综合为B，年终奖为C，则当纳税人的收入水平较低、综合所得低于扣除项目之和时，即在A<B的情况下，可以考虑将年终奖与综合所得合并计税。

（2）如果一个员工的年终奖为36000元，其个人所得税的适用税率为3%，应纳个人所得税1080元，税后收入为34920元；当年终奖变为36120元时，适用税率为10%，应纳个人所得税3402元（36120×10% -210），税后收入32718元。也就是说，该员工的年终奖增加120元，但税后收入反而减少了2202元。

造成员工奖金增加、税后收入反而减少的原因为虽年终奖先除以12，再确定适用税率，但它是用年终奖的总额作为应纳税所得额，或者只能扣除一个月的速算扣除数，因此，在对年终奖征收个人所得税时，相当于实行了全额累进税率。在全额累进税率的形式下，各级距临界点附近的税率和税负跳跃式上升，从而造成税负的增长速度大于收入的增长速度。

如果年终奖恰好为36000元，则需要缴纳个人所得税1080元（36000×3%），税后收入为34920元；超过36000元发放奖金，就会适用10%的税率。假设用B表示企业超过36000元发放年终奖时个人的税后收入与发放36000元年终奖时个人的税后收入相等的奖金额，则

$$B-(B\times10\%-210)=34920\ (元)$$

解得：

B = 38567（元）

即当员工的年终奖金在36000～38567元时，员工最后得到的税后净利润收入反而不如直接发36000元得到的净利润多，这个区间叫作“年终奖的税收陷阱”。那么，当员工的年终奖位于这个区间时，超过36000元的部分就不应再以全年一次性奖金的形式发放，而应在以前月份并入工资、薪金收入发放。年终奖的税收陷阱见附表1。

附表1　　年终奖的税收陷阱

级数	奖金收入级数	适用税率（%）	年终奖的税收陷阱区间
1	不超过36000元部分	3	无
2	超过36000元至144000元的部分	10	超过36000元至38567元的部分
3	超过144000元至300000元的部分	20	超过144000元至160500元的部分
4	超过300000元至420000元的部分	25	超过300000元至318333元的部分
5	超过420000元至660000元的部分	30	超过420000元至447500元的部分
6	超过660000元至960000元的部分	35	超过660000元至706538元的部分
7	超过960000元的部分	45	超过960000元的部分至1120000的部分

【案例9－4】年终奖发放的筹划

陈先生每月工资收入9000元，个人承担的“五险一金”2000元，专项附加扣除3000元，无其他综合所得扣除项目。3月份发放全年一次性奖金48000元。

请设计陈先生的年终奖筹划方案。

【解析】

方案一：如果选择工资、薪金与年终金分别计算。

综合所得不用缴税

年终奖单独计税，应纳税额 = 48000 × 10% － 210 = 4590（元）

合计应纳税额 = 4590元

方案二：如果选择工资、薪金与综合所得合并计税。

应纳税额 =（9000 × 12 － 2000 × 12 － 3000 × 12 － 60000 + 48000）× 3%

= 1080（元）

因此，方案二比方案一少缴税款3510元，所以方案二比方案一更优。

（五）工资与年终奖的合理安排

在选择年终奖单独计征个人所得税的情况下，年终奖与工资、薪金在计税方法上存在一定差别，这就给年终奖与工资、薪金之间的筹划带来了较大的筹划空间。在职工收入较为稳定的情况下，要使个人所得税负担最轻，需要调整好月工资总额与年终奖的分配关系，从而使工资、奖金所得最大限度地享受低税率。对劳动关系和年收入较为稳定的员工，可以按以下步骤分配月工资总额与年终奖。

1. 年应纳所得税额为 0～180000 元

当纳税人的应纳税所得额为 0～72000 元时，最优的筹划方案是综合所得与年终奖的金额都适用 3% 的税率。例如，当所得额达到 72000 元时，两者都安排为 36000 元，那么这两种所得都不会适用 10% 这一较高的税率档次。

当纳税人的应纳税所得额大于 72000 元小于 180000 元时，如果全部所得归入综合所得或者全部作为单独的年终奖，当纳税人的应纳税所得额为 72000～144000 适用 10% 的税率，当纳税人的应纳税所得额为 144000～180000 适用 20% 的税率，从而带来税负较高的问题。在这种情况下，应考虑将收入在年终奖与综合所得之间进行分摊。如果年终奖超过 36000 元，就要适用 10% 的税率与 210 元的速算扣除数；如果综合所得超过 36000 元，就要适用 10% 的税率与 2520 元的速算扣除数。如果收入在年终奖和综合所得之间进行分摊，应将年终奖控制在 36000 元，剩下的部分归入综合所得。

2. 年应纳所得额为 180000～288000 元

在上述最优筹划的基础上，随着纳税人的所得逐渐增加，如果将增加的所得放在综合所得中，则适用最高税率级次就会上升到 20%，速算扣除数为 16920 元，即：应纳税额 = (A－B) ×20% －16920 +36000 ×3%

如果将增加的所得放在年终奖中，则适用的税率级次为 10%，速算扣除数为 2520 元，即：应纳税额 = (A－B) ×10% －2520 + C ×10% －210

式中，A 为工资、薪金金额；B 为扣除项目金额；C 为年终奖金额。

我们发现，当 A－B + C 小于等于 203100 元时，增加的所得放在综合所得中的税负较低；其中大于 203100 元时，增加的所得放在年终奖中的税负较低。

因此，综合上述分析，当总所得处在 0～203100 元区间时，将年终奖金额固定在 36000 元，其余分入综合所得是最节税的方案。

依次运用以上的测算方法，可以得到表中所表示的综合所得与年终奖的最低税负分配方案，如表 9－1 所示：

表 9－1　　年终奖最低税负方案对照表

预计年所得（A + B + C）	年终奖金额（C）
0～36000 元	不限
36000～203100 元	36000 元
203100～672000 元	144000 元
672000～1277500 元	300000 元
1277500 元～1452500 元	420000 元
1452500 元以上	660000 元

【案例9-5】 工资、薪金收入均衡化筹划

陈某全年取得各项工资、薪金、奖金合计320000元（已扣除专项扣除），无其他扣除，陈某选择了年终奖单独计算的方法。假如现在企业为陈某提供了两种薪金方案，方案一是每月发放工资薪金17000元，剩余部分116000元，作为全年一次性奖金发放。方案二是每月发放工资、薪金13000元，剩余部分164000元作为一次性奖金发放。应该选择哪种方案来减轻个人所得税税负？

【解析】

方案一：

综合所得应纳税额 =（17000 - 5000）×12×10% - 2520 = 11880（元）

奖金部分应纳税额 = 116000×10% - 210 = 11390（元）

合计应纳税额 = 11880 + 11390 = 23270（元）

方案二：

综合所得应纳税额 =（13000 - 5000）×12×10% - 2520 = 7080（元）

奖金部分的应纳税额 = 164000×20% - 1410 = 31390（元）

合计应纳税额 = 7080 + 31390 = 38470（元）

因此，在不考虑资金时间价值的情况下，陈某应该选择方案一来降低个人所得税税负。

（六）运用保险、公积金筹划

根据《财政部、国家税务总局关于基本养老保险费、基本医疗保险费、失业保险费、住房公积金有关个人所得税政策的通知》（财税〔2006〕10号）的规定，企事业单位按照国家或省（自治区、直辖市）人民政府规定的缴费比例或者办法实际缴付的基本养老保险费、基本医疗保险费和失业保险费，免征个人所得税；个人按照国家或省（自治区、直辖市）人民政府规定的缴费比例或办法实际缴付的基本养老保险费、基本医疗保险费和失业的基本养老保险费、基本医疗保险费和失业保险费，应将超过部分并入个人当期工资、薪金收入，计征个人所得税。

根据《住房公积金管理条例》《建设部、财政部、中国人民银行关于公积金管理若干具体问题的指导意见》（建金管〔2005〕5号）等规定精神，单位和个人分别在不超过职工本人上一年度平均工资12%的幅度内，其实际缴纳的住房公积金，允许在个人应纳税所得额中扣除。单位和职工个人缴存住房公积金的月平均工资不得超过职工所在地所在设区城市上一年度职工月平均工资的3倍，具体标准按照各地有关规定执行。单位和个人超过上述规定比例和标准缴付的住房公积金，应将超过部分并入个人当期的工资、薪金收入，计征个人所得税。

个人在实际领（支）取原提存的基本养老保险金、基本医疗保险金、失业保险金和住房公积金时，免征个人所得税。

根据《财政部、国家税务总局、保监会关于将商业健康保险个人所得税试点政策推广到全国范围实施的通知》（财税〔2017〕39号）的规定，对个人购买符合规定的商业健康保险产品的支出，允许在当年（月）计算应纳税所得额时予以税前扣除，扣除限额为2400元/年（200元/月）。单位统一为员工购买符合规定的商业健康保险产品的支出，应分别计入员工的工资、薪金，视同个人购买，按上述限额予以扣除。

【知识提醒】 商业健康保险税收优惠政策的纳税人，是指取得工资、薪金所得及连续性劳务报酬所得的个人，以及取得个体工商户的生产性经营所得，对企事业单位的承包经营、承租经营所得个体工商户业主、个体独资企业投资者、合伙企业个人合伙人和承包、承租经营者。取得连续性劳务报酬所得是指个人取得连续3个月以上（含3个月）为同一单位取得劳务所得。取得工资、薪金所得或取得连续性劳务报酬所得个人，自行购买符合规定的商业健康保险的，应及时向代扣代缴单位提供保单凭证。扣缴单位自个人提交保单次月起，在不超过200元/月的标准内按月扣除。一年内保险费金额超过2400元的部分，不得进行税前扣除。保险公司销售符合规定的商业健康保险产品，需要及时为购买人开具发票和保单凭证，并在保单凭证上注明税优识别码。个人购买商业保险未取得税优识别码的，不得进行税前扣除。

【案例9-6】 运用保险、公积金筹划

陈经理每月从公司取得工资15000元，减除个人承担的社会保险费800元后，陈经理每月实际工资14200元。该公司没有为陈经理缴纳住房公积金，陈经理个人也未缴纳。陈经理的上一年的月平均工资为13000元，其所在的城市月平均工资为10000元，不考虑其他的扣除项目。在其他的条件不变的情况下，如果单位将原来发给陈经理的工资按照其上一年度月平均工资12%部分以住房公积金形式缴入陈经理的住房公积金账户，陈经理个人也以相同的金额缴入，请问该方案能取得节税效果吗？

【解析】

原方案：陈经理全年应纳税所得额＝(15000－800－5000)×12×10%－2520

＝8520（元）

筹划方案：企业为陈经理缴纳的住房公积金：

13 000×12%＝1560（元）

个人缴纳的住房公积金也为1560元。

陈经理实际当月工资、薪金所得为：

15000－800－1560＝12640（元）

全年应缴纳的个人所得税＝(12640－5000)×12×10%－2520

＝6 648（元）

筹划后陈经理全年节税1872元。

（七）薪酬激励方式的转化

居民个人取得股权、股票、股票增值权、限制性股票、股权激励等股权激励（以下简称“股权激励”），在2021年12月31日前取得的股权激励，可以不并入综合所得计算个人所得税，全额单独适用综合所得税表计算个人所得税。公式为：

应纳税额＝股权激励收入×适用税率－速算扣除数

1. 个人股票期权所得计税方法

企业员工股票期权（以下简称“股票期权”）是指上市公司按照规定的程序授予本公司及其控股企业员工的一项权利，该允许被授权员工在未来时间内以特定某价格购买本公司一定数量的股票。

上述“某特定价格”被称为“授予价”或者“施权价”，即根据股票期权计划购买股票价格，一般为股票期权授予日的市场价格或价格的折扣价，也可以按照事先设定的计算方法约定价格；“授予日”又称“授权日”，是指公司员工获得上述权利的日期；“行权”又称“执行”，是指员工根据股票期权计划选择购买股票的过程；员工行使上述权利的当日为“行权日”，又称“购买日”。

授权环节。员工在接受实施股票期权计划企业授予的股票期权时，除另有规定外，一般不作为应税所得征税。

行权环节。员工在行权时，其从企业取得股票的实际买价（施权价）低于购买日公平市场价（指该股票当日的收盘价，下同）的差额，是员工在企业的表现和业绩情况而取得的与任职、受雇有关所得，应按“工资、薪金所得”适用的规定计算缴纳个人所得税。

对于因特殊情况，员工在行权日之前将股票期权转让的，以股票期权的转让净收入作为工资、薪金所得征收个人所得税。

员工行权日所在期间的工资、薪金所得，应按下列公式计算工资、薪金所得额：

股票期权形成的工资、薪金应纳税所得额＝（行权股票的每股市场价－员工取得该股票期权支付的每股施权价）×股票数量

该股票期权形式的工资、薪金所得可区别于所在月份的其他工资、薪金所得，在2021年12月31日前，不并入当年综合所得，全额单独适用综合所得税率表计算纳税。相应的公式为：

应纳税额＝股权激励收入×适用税率－速算扣除数

行权之后，员工将行权后的股票再转让时获得的高于购买日公平市场价格的差额，属于个人在证券二级市场上转让股票等有价证券而获得的所得，应按照“财产转让所得”适用的征免规定计算缴纳个人所得税。个人将行权后的境内上

市公司股票再转让而取得的所得，暂不征收个人所得税；个人转让境外上市公司的股票取得的所得，应按照税法的规定缴纳个人所得税。

根据《财政部、国家税务总局关于完善股权激励和技术股有关所得税政策的通知》（财税〔2016〕101 号的规定，非上市公司授予本公司员工的股票期权、股权期权、限制性股票和股权奖励，符合规定的，经向主管税务机关备案，可以实行递延纳税政策，即员工在取得股权激励时可暂不纳税，递延至转让股权时纳税；在股权转让时，按照股权转让收入减除股权取得的成本以及合理税费的差额，适用“财产转让所得”项目，按照 20% 的税率计算缴纳个人所得税。上市公司授予个人的股票期权、限制性股票和股权奖励，经向主管税务机关备案，个人可自股票期权行权、限制性股票解禁或取得股权奖励之日起，在不超过 12 个月的期限内缴纳个人所得税。

2. 股票期权的筹划方法

行权日期选择。由于股票期权以行使日作为纳税义务日，而行权之后再无转让无须纳税，这就为个人所得税筹划留下了筹划的空间。股票期权的股票市价在行权有效期内是波动的，被激励对象可以在有效期合理选择行权日，尽可能选择在股票市价接近于行权日的日期行权，从而降低应纳税所得额，达到减少个人所得税的目的。

【案例 9－7】 股票期权的税收筹划

陈某于 2019 年 1 月 10 在其工作的上市公司获得 2 万股股票期权，授予日的股票价格为 5 元/股，陈某可以在一年后以 5 元/股的价格售出其公司 2 万股股票。2020 年 1 月 10 日，该股票的市价为 10 元/股。2020 年 4 月 10 日，该股票的市价为 12 元/股。陈某有以下几种行权方案。

方案一：陈某于 2020 年 4 月 10 日行权，购买 2 万股股票。

方案二：陈某于 2020 年 1 月 10 日行权，购买 2 万股股票，并于 2020 年 4 月 10 日将该股票转让。请问哪种方案好？

【解析】

方案一：应纳税额计算如下：

陈某在获得股票期权时不需要纳税。

当陈某于 2020 年 4 月 10 日行权时，应按照工资、薪金所得缴纳个人所得税。应纳税所得额为该股票的市场价格与施权价的差额。

应纳税额 $=(12-5)\times 20000\times 10\%-2520=11480$（元）

方案二：应纳税额计算如下：

陈某于 2020 年 1 月 10 日行权时，

应纳税额 $=(10-5)\times 20000\times 10\%-2520=7480$（元）

4 月 10 日转让股票，获得财产转让所得：$(12-10)\times 20000=40000$（元）

税法规定，个人将行权后的境内上市公司股票再行转让而取得的所得，暂不征收个人所得税。通过以上两种方案比较，可以看出在股价较低时行权、在股价较高时卖出更为节税。

股票期权所得与工资、薪金所得，年终奖之间的转换。对股票期权所得采取的是独立征收个人所得税的办法，股票期权所得在一年内多次取得的要合并计算（分次取得的合并为一次计税）。纳税人可结合全年一次性奖金测算最低税负方案，在工资、股票期权以及年终奖之间进行转换，通过降低适用税率，以减少应纳税额。

【案例 9-8】 薪酬方式的筹划

2019 年 1 月 1 日，某上市公司授予高管李某 1 万股股票期权，可在两年后以 20 元/股购买 1 万股公司股票。在 2021 年 12 月 31 日，该股票的市场价格为 30 元/股（假定 2021 年李某无年终奖）。请问李某应该如何筹划？

【解析】

方案一：未进行筹划的情况下，李某股票期权的应纳税额 =（30 - 20）×1 × 10% -0.252 =0.748（万元）

方案二：如果企业将可行权价格定为 23 元/股，其余的 3 万元作为全年一次性奖金的形式发放，此时李某的应纳税额计算如下：

股票期权应纳税额 =（30 -23）×1 ×10% -0.252 =0.448（万元）

全年一次性奖金应纳税额 =3 ×3% =0.09（万元）

应纳税总额 =0.448 +0.09 =0.538（万元）

方案三：企业在 2019 年初与 2020 年初分别向李某发放 5 000 股股票期权。2019 年末、2020 年末的行权价格分别为 15 元/股和 20 元/股，预计 2019 年末、2020 年末公司的股票市场价格分别为 25 元/股和 30 元/股。此时，当公司业绩符合标准时，李某应纳税额计算如下：

2019 年应纳税额 =（25 -15）×0.5 ×10% -0.252 =0.248（万元）

2020 年应纳税额 =（30 -20）×0.5 ×10% -0.252 =0.248（万元）

两年纳税总额 =0.248 +0.248 =0.496（万元）

因此，我们可以看到，经过筹划的方案二和方案三都能降低李某的个人所得税的负担，但方案三的效果更好。其实方案二与方案三运用的筹划原理有所不同。方案二运用的筹划原理是利用股票期权所得与全年一次性奖金所得分别根据不同方式的收入确定适用税率，当某种方式的收入较少时，适用的税率也较低，因而将收入分解可以使总体的税负下降。方案三是借助分年度取得的方法，利用累进税率模式的特点，通过分摊的方式同样降低了税负。需要注意的是，工资、薪金所得的不同的发放方式可能会产生交易成本的差异，所以在进行筹划时，必须将这些因素考虑在内，税收筹划并不限于纳税额的减少，而是追求综合收益最大化。

股票增值权与限制性股票的选择。股票增值权是指上市公司授予公司员工在未来一定时期内和约定条件下，获得规定数量的股票价格上升所带来的收益权利。被授权人在约定条件下行权，上市公司按照行权日与授权日二级市场股票差价乘以授权股票数量，向被授权人发放现金。

限制性股票是指上市公司按照股权激励计划约定的条件，授予公司员工一定数量本公司的股票。

个人因任职、受雇从上市公司取得的股票增值权和限制性股票所得，按照工资、薪金所得和股票期权所得个人所得税计税方法缴纳个人所得税。股票增值权的纳税义务发生时间为上市公司向被授权人兑现股票增值权所得的日期。

股票增值权某次行权应纳税所得额 =（行权日股票价格 - 授权日股票价格）×行权股票份数

按照《个人所得税法》及其实施条例有关规定，原则上应在限制性股票所有权归属于激励对象时确认其限制性股票所得的应纳税所得额。也就是说，上市公司实施限制性股票计划时，应以被激励对象限制性股票在中国证券登记结算公司（境外为证券登记托管机构）进行股票登记日期的股票市价（指当日收盘价，同下）和本批次解禁股票当日市价（指当日收盘价，下同）的平均价格乘以本批次解禁股票份数，减去被激励对象本批次解禁股份数所对应的为获取限制性股票实际支付的资金数额，其差额为应纳税所得额。被激励对象限制性股票所得额的计算公式如下：

应纳税所得额 =（股票登记日股票市价 + 本批次解禁股票当日市价）÷ 2 × 本批次解禁股票份数 - 被激励对象实际支付的资金总额 ×（本批次解禁股票份数 ÷ 被激励对象获取的限制性股票总份数）

个人在纳税年度内第一次取得股票期权、股票增值权和限制性股票所得的，在 2021 年 12 月 31 号前，不并入当年综合所得，全额单独适用综合所得税率表计算纳税计算公式如下：

应纳税额 = 股权激励收入 × 适用税率 - 速算扣除数

比较股票期权和股票增值权所得，如果预计在行权日后股票价格上升，那么以股票期权的形式作为激励机制会使得个人产生节税效应。其原因是，根据我国税法的规定，个人在上海证券交易所、深圳证券交易所转让上市公司公开发行和转让市场上取得的上市公司股票所得而获得免税收益。当授权日或者股票登记日与解禁日或行权日股票的市场价差距非常大时，授予登记日、解禁日的股票价格平均值与实际支付价格的差额计算的，股票期权所得是按行权日股票市价与行权价（即实际支付）的差额计算的，当市价上升加大时，前者将小于后者，从而减少应纳税额。

【案例 9 - 9】 某企业计划为高管设计一套有效的激励机制，现有如下两种方案可供选择（每种方案的行权条件和时间相同，规定月份数超过 12 个月）：

方案一：企业授权每位高管 1 万股股权期权，在行权日按 20 元/股的价格购入该企业的 1 万股。

方案二：企业授权每位高管股票增值权，行权股票数为 1 万股。在股票增值权授权日，股票价格为 15 元/股。行权日的股票价格为 30 元/股，预计行权后，股票价格将升至 35 元/股。请问哪种方案比较好？

【解析】

两种方案，高管取得的税前收益相同，都是 15 万元［(30 - 15) ×1 或 (30 - 20) ×1 + (35 - 30) ×1］。

方案一：每位高管应纳税额 = (30 - 20) ×1 ×10% - 0.252 = 0.748（万元）

方案二：每位高管的应纳税额 = (30 - 15) ×1 ×20% - 1.692 = 1.308（万元）

由此看出方案一与方案二相比，方案一每位高管少缴 0.56 万元，方案一比较好。

工资与股息的选择。个人投资者获取收益的方式有税前领取工资和税后分配股息、红利两种，在选择领取报酬方式时，若能充分利用工资和股息之间所适用税率的差别，把部分股息所得转化为工资、薪金所得，就能降低投资者的整体税收负担。

二、稿酬所得的个人所得税筹划

由于应纳税额的计算是应纳税所得额乘以税率，税率是固定不变的，因而应纳税所得额越大，应纳税额就越大。如果能在现有扣除标准下再多扣除一些费用，或想办法将应纳税所得额减少，就可以减少应纳税额。

纳税人的一般做法就是与出版社协商，让其提供尽可能多的设备、服务，这样就将服务费用转移给出版社，自己基本上不用承担费用，使得自己的稿酬所得相当于享受到两次费用抵扣，从而减少应纳税额。可以考虑由出版社承担的费用有以下几种：资料费、稿纸、绘画工具、书写工具、其他材料、交通费、住宿费、实验费、实践费等。有些行业甚至可以要求提供办公室以及计算机等办公室设备。

【案例 9 - 10】 稿酬所得增加前期写作费用的税收筹划

李教授编写一本关于税务管理的专业书籍，需要到江苏某地区进行实地考察研究。由于李教授在业界的口碑一向很好，预计这本书的销量很好。出版社与李教授达成协议：全部稿费为 30 万元，预计到江苏考察需要 3 万元经费。

【解析】

方案一：如果李教授自己承担经费，则计入综合所得的收入为：

30 × (1 - 20%) ×70% = 16.8（万元）

方案二：如果出版社承担经费，给李教授27万稿费，则计入综合所得的收入如下：

27×(1－20%)×70%＝15.12（万元）

由此可以看出方案二李教授的应纳税所得额减少1.68万元，但净收入不变。

三、财产转让所得的个人所得税筹划

（一）拍卖财产的税收筹划

根据《国家税务总局关于加强和规范个人取得拍卖收入征收个人所得税有关问题的通知》（国税发〔2007〕38号）的规定，个人拍卖出文字作品原稿以及复印件以外的其他财产，如瓷器、玉器、珠宝、邮件、钱币、古籍和古董等物品，应以其转让收入额减去财产原值和合理费用后的余额作为应纳税所得额，按照“财产转让所得”项目适用20%的税率缴纳个人所得税。在对个人财产拍卖所得征收个人所得税时，以该项财产最终拍卖成交价格为其转让收入额，纳税人凭合法有效凭证，如税务机关监制的正式发票、相关境外交易单据或海关报关单据、完税凭证等，可从其转让收入额中减除相应的财产原值、拍卖财产过程中缴纳的税金及有关合理费用作为应纳所得额。

如果纳税人不能提供合法、完整、准确的财产原值凭证（包括提供的财产原值凭证内容填写不规范，或者一份财产原值凭证包括多件拍卖品且无法确认每件拍卖品对应的原值），不能正确计算财产原值的，按转让收入额乘以3%的征收率计算缴纳个人所得税。

此外，国家税务总局还进一步针对个人取得房屋拍卖收入征收个人所得税问题作出了明确的规定，即个人通过拍卖市场取得的房屋拍卖收入在计征个人所得税时，其房屋原值应按照纳税人提供的合法、完善、准确的凭证予以扣除；不能提供有效的凭证的，按转让收入全额3%计算缴纳个人所得税。

从上述税法规定可以发现，对于个人通过拍卖市场取得的财产拍卖所得适用“财产转让所得”项目计征个人所得税时，存在两种计税方法。这两种计算方法计算的应纳税额通常存在很大的差别，提供了税收筹划的空间。

（二）转让限售股的税收筹划

自2010年1月1日起，对个人转让限售股取得的所得，按照“财产转让所得”项目适用20%税率计算个人所得税。个人转让限售股，以每次转让收入减除股票原值和合理税费后余额为应纳税所得额。合理税费是指在转让限售股过程中发生的印花税、佣金过户费等与交易相关的费用。对于未能够提供完整、真实的限售股原始凭证，不能准确计算限售股原值的，主管税务机关一律按照限售股转让收入的15%核定限售股原值及合理税费。如果纳税人能够提供完整、真实的限售股原值凭证，纳税人就存在两种计税方法，为纳税人筹划提供空间。

【案例9-11】 转让限售股的纳税筹划

王亮持有某股票100万股限售股，原始取得成本为100万元。2019年5月1日，王亮持有的限售股全部解禁可上市流通。他在2019年5月20日将已经解禁的限售股全部减持，取得转让收入共计1000万元，并支付印花税、佣金、过户费等税费3万元。王亮拥有完整、真实的限售股原值凭证。王亮应如何进行筹划。

【解析】

方案一：王亮按照拥有完整、真实的限售股原值凭证扣除费用，

应纳税额 $=(1000-100-3)\times20\%=179.4$（万元）

方案二：王亮按照转让收入的15%核定原值与合理费用，

应纳税额 $=1000\times(1-15\%)\times20\%=170$（万元）

可以看出方案二比方案一节税9.4万元。

四、利息、股息、红利的个人所得税筹划

债券投资的纳税筹划。个人进行债券投资决策时，需要考虑的最重要因素之一就是投资所能获得的净收益。

根据《个人所得税法》第四条规定，个人取得的国债和国家发行的金融债券利息所得免征个人所得税。投资企业债券不能享受免征个人所得税的税收优惠政策。因此，可能出现企业债券的票面收益率高于国债，但净收益率小于国债的情况，个人进行债权投资决策时，应把税收纳入考虑范畴，考虑债券投资所获得的净收益。

股票投资的纳税筹划。根据税法的规定，对个人在上海证券交易所、深圳证券交易所转让从上市公司公开发行和转让市场上取得的上市公司股票所得，免征个人所得税。

自2013年1月1日起，个人从公开发行和转让市场上取得的上市公司股票，持股期限在一个月内（含1个月）的，股息、红利所得全额计入应纳税所得额；持期限超过1个月至1年（含1年）的，暂减按50%计入应纳税所得额；持股超过1年的，股息、红利所得暂免征收个人所得税。上述所得统一适用20%的税率计征个人所得税。持有期限是指个人从公开发行和转让市场取得上市公司股票之日至转让交割该股票之日前一日的持有时间。

上市公司在派发股息、红利时，对截至股权登记个人已持股超过1年的，其股息、红利所得免征个人所得税。对截至至股权登记日个人持股1年以内（含1年）且尚未转让的，税款分两步代扣代缴：第一步，上市公司在派发股息、红利时，暂不扣缴个人所得税。第二步，个人转让股票时，证券登记结算公司根据其持股期限计算应纳税额，由证券公司等股份托管机构从个人资金账户中扣收并划

付证券登记结算公司，证券登记结算公司应于次月5个工作日内划付上市公司，上市公司在收到税款当月的法定申报期内向主管税务机关申报缴纳。

个人转让上市公司股票取得的资本利得与持有上市公司股票分得的股息、红利所得适用不同的税收待遇，即前者可以享受免税优惠，而后者需要缴纳个人所得税。另外，对于持有上市公司股票取得股息、红利所得应缴纳的个人所得税也会因持有期限的长短而有所差异，即持股时间越长，个人所得税的税收负担就会越轻。在进行股票投资时，纳税人可以充分利用这些税收待遇的差异性进行税收筹划，以减轻自身的税负。一方面，如果上市公司保留利润不做分配，这在一定程度上会促使股价上涨，当个人投资者转让所持有的股票时，就能将股息、红利性质的所得转化为股票资本利得，进而可以享受免征个人所得税的优惠。另一方面，纳税人可以利用持股期限的临界点进行筹划，尽可能延长持股期限，使获得的股息、红利所得适用更低的实际税率，甚至不用纳税。

【案例9-12】 股票投资的纳税筹划

中国公民李磊自2019年12月1日起持有某家上市公司的股票300万股。该上市公司于2020年8月1日公布了2019年度的利润分配方案，方案规定本次利润分配采取派发现金红利的方式，每10股派发现金红利1元，股权登记日为2020年9月30日，现金红利发放日为2020年10月30日，李磊应该如何筹划？

【解析】

由于截至股权登记日李磊持有股票的时间不足1年，根据税法规定，该上市公司在发放现金红利时暂不代扣代缴股息个人所得税。

如果李磊在分得现金红利后立刻转让该上市公司的股票，则李磊应缴纳的个人所得税 $=300\div10\times1\times50\%\times20\%=3$（万元）；如果李磊等到2020年12月1日后转让该上市公司的股票，由于持股时间超过一年，不需要缴纳个人所得税，节税3万元。

第四节　个人所得税优惠政策的纳税筹划

纳税筹划能够成功的条件之一就是存在差异性政策，这些差异性政策主要表现在税收优惠政策。因此，纳税人熟知税收优惠政策并加以运用就很可能实现节税。

一、优惠政策的有关规定

《中华人民共和国个人所得税法》及其实施条例，以及财政部、国家税务总局的若干规定等，都对个人所得项目给予了减税免税的优惠。

（一）免纳个人所得税的项目

1. 省级人民政府、国务院部委和中国人民解放军以上单位，以及外国组织颁发的科学、教育、技术、文化、卫生、体育、环境保护等方面的奖金。

2. 国债和国家发行的金融债券利息。

这里所说的国债利息，是指个人持有中华人民共和国财政部发行的债券而取得的利息所得；所说的国家发行的金融债券利息，是指个人持有经国务院批准发行的金融债券而取得的利息所得。

3. 按照国家统一规定发给的补贴、津贴。这里所说的按照国家统一规定发给的补贴、津贴，是指按照国务院规定发给的政府特殊津贴和国务院规定免纳个人所得税的补贴、津贴。

发给中国科学院资深院士和中国工程院资深院士每人每年 1 万元的资深院士津贴，免予征收个人所得税。

4. 福利费、抚恤金、救济金。这里所说的福利费，是指根据国家有关规定，从企业、事业单位、国家机关、社会团体提留的福利费或者工会经费中支付给个人的生活补助费；所说的救济金，是指国家民政部门支付给个人的生活困难补助费。

5. 保险赔款。

6. 军人的转业费、复员费。

7. 按照国家统一规定发给干部、职工的安家费、退职费、退休工资、离休工资、离休生活补助费。

8. 依照我国有关法律规定应予免税的各国驻华使馆、领事馆的外交代表、领事官员和其他人员的所得。

上述“所得”，是指依照《中华人民共和国外交特权与豁免条例》和《中华人民共和国领事特权与豁免条例》规定免税的所得。

9. 中国政府参加的国际公约以及签订的协议中规定免税的所得。

10. 关于发给见义勇为者的奖金问题。对乡、镇（含乡、镇）以上人民政府或经县（含县）以上人民政府主管部门批准成立的有机构、有章程的见义勇为基金或者类似性质组织，奖励见义勇为者的奖金或奖品，经主管税务机关核准，免征个人所得税。

11. 企业和个人按照省级以上人民政府规定的比例提取并缴付的住房公积金、医疗保险金、基本养老保险金、失业保险金，不计入个人当期的工资、薪金收入，免予征收个人所得税。超过规定比例缴付的部分计征个人所得税。个人领取原提存的住房公积金、医疗保险金、基本养老保险金时，免予征收个人所得税。

12. 对个人取得的教育储蓄存款利息所得以及国务院财政部门确定的其他专

项储蓄存款或者储蓄性专项基金存款的利息所得，免征个人所得税。

13. 储蓄机构内从事代扣代缴工作的办税人员取得的代扣代缴利息税手续费所得，免征个人所得税。

14. 生育妇女按照县级以上人民政府根据国家有关规定的生育保险办法取得的生育津贴、生育医疗费或其他属于生育保险性质的津贴、补贴，免征个人所得税。

15. 对工伤职工及其近亲属按照《工伤保险条例》规定取得的工伤医疗保险待遇，免征个人所得税。

16. 对被拆迁人按照国家有关城镇住房拆迁管理办法规定的标准取得的拆迁补偿款，免征个人所得税。

17. 保险营销员、证券经纪人取得的佣金收入，属于劳务报酬所得，以不含增值税的收入减除20%的费用后的余额为收入额，收入额减去展业成本以及附加税费后合并当年综合所得，计算缴纳个人所得税。保险营销人员、证券经纪人展业成本按照收入额的25%计算。

18. 依法批准成立的非经营性研究开发机构和高等学校（含国家设立的科研机构和高校、民办非营利性科研机构和高校），根据《中华人民共和国促进科技成果转化法》的规定，从职务科技成果转化收入中给予科技人员的现金奖励，可按50%计入科技人员当月“工资、薪金所得”，依法缴纳个人所得税。

19. 经国务院财政部门批准免税的所得。

经批准可以减征个人所得税的情况：

（1）残疾、孤老人员和烈属的所得。

（2）因严重自然灾害造成重大损失的。

（3）其他经国务院财政部门批准减税的。

暂免征收个人所得税的所得：

（1）个人举报、协查各种违法、犯罪行为而获得的奖金。

（2）个人办理代扣代缴税款手续，按规定取得的扣缴手续费。

（3）个人转让自用达5年以上并且是唯一的家庭居住用房取得的所得。

20. 对按《国务院关于高级专家离休退休若干问题的暂行规定》和《国务院办公厅关于杰出高级专家暂缓离休审批问题的通知》精神，达到离休、退休年龄，但确因工作需要，适当延长离休退休年龄的高级专家（指享受国家发放的政府特殊津贴的专家，学者），其在延长离休退休期间的工资、薪金所得，视同退休工资、离休工资，免征个人所得税。

21. 凡符合下列条件之一的外籍专家取得的工资、薪金所得，可免征个人所得税：

（1）根据世界银行专项贷款协议由世界银行直接派往我国工作的外国专家；

（2）联合国组织直接派往我国工作的专家；

（3）为联合国援助项目来华工作的专家；

（4）援助国派往我国专为该国无偿援助项目工作的专家；

（5）根据两国政府签订的文化交流项目来华工作2年以内的文教专家，其工资、薪金所得由该国负担的；

（6）根据我国大专院校国际交流项目来华工作2年以内的文教专家，其工资、薪金所得由该国负担的；

（7）通过民间科研协定来华工作的专家，其工资、薪金所得由该国政府机构负担的。

二、扣除境外已纳税额

在对纳税人的境外所得征税时，会存在其境外所得已在来源国或者地区缴税的实际情况。基于国家之间对同一所得应避免双重征税的原则，我国在对纳税人的境外所得行使税收管辖权时，对该所得在境外已纳税额采取了分不同情况从应征税额中予以扣除的做法。

我国税法规定，纳税义务人从中国境外取得的所得，准予其在应纳税额中扣除已在境外缴纳的个人所得税税额，但扣除额不得超过该纳税人境外所得依照我国税法规定计算的应纳税额。

已在境外缴纳的个人所得税税款，是指纳税人从中国境外取得的所得，依照该所得来源国或者地区的法律应当缴纳并且实际已经缴纳的税款。

依照税法规定计算的应纳税额，是指纳税人从中国境外取得的所得，区别不同国家或者地区和不同应税项目，依照税法规定的费用减除标准和适用税率计算的应纳税额；同一国家或地区内不同应税项目的应纳税额之和，为该国家或者地区的扣除限额。

纳税人在中国境外一个国家或者地区实际已经缴纳的个人所得税税额，低于该国家或者地区扣除限额的，应当在中国缴纳差额部分的税额；超过该国家或者地区扣除限额的，其超过部分不得在本纳税年度的应纳税额中扣除，但是，可以在以后纳税年度的该国家或者地区扣除限额的余额中补扣，补扣期限最长不得超过五年。

如何才能让“超过扣除限额的部分”在五年内获得扣除，以充分削减在我国境外缴纳的超过抵扣限额的高税负？下列几种情况可以解决这一问题：

（一）纳税人在以后年度必须继续从该国取得应税收入，而且来自该国的所有应税收入的已纳税额之和小于税法规定的扣除限额，可以获得抵扣。

（二）如果纳税人在某个国家只有一项收入来源，而且该项收入来源在该国的已纳税额超过了按照我国税法计算的应纳税额，这种情况只会使“超过扣除限额的部分”越来越高，除非该国税制变化（降低税率），或者我国税制变化（提高税率），否则永远不能扣除。

（三）以后年度来源于该国的各项应税收入中又增加了其他应税收入项目，这些应税收入项目在该国的税负低于我国。

（四）以后年度来源于该国的应税收入中减少了一些应税收入项目，这些应税收入项目在该国的税负高于我国。

【案例 9－13】假定居民纳税人张先生从甲国取得两项应税收入。其中，在甲国因任职取得的工资、薪金收入以美元支付，折合人民币 60000 元/年，平均每月 5000 元，在甲国已纳个人所得税折合人民币 700 元。因向某公司投资，取得该公司股息所得 3871 美元，折合人民币 24000 元，已纳个人所得税折合人民币 5740 元。张先生应如何进行税额抵扣？

【解析】张先生的税额抵扣计算如下：

（1）工资、薪金所得：全年应纳税额＝60000－60000＝0（元）

（2）股息所得：应纳税额＝24000×20%＝4800（元）

因此，其抵免限额为 4800 元，由于张先生在该国实际已纳税款 6440 元（700＋5740），超过了抵免限额，因此不再补税，但超过限额的部分 1640 元（6440－4800）可以在今后 5 年的期限内，从甲国抵免限额的余额中补扣。

对张先生境外所得已纳税额扣除的筹划思路为：如果在第二年，张先生在甲国取得的应税所得按照我国《个人所得税法》规定计算出来的年应纳税额为 9000 元人民币，在甲国已纳税 7480 元人民币，在我国应补个人所得税税额 1520 元人民币，此时可用上年度“超过抵免限额的部分 1640 元”进行补扣，因而第二年无须补缴税款。此时，张先生还有 120 元（1640－1520）未抵扣，可以在未来的 4 年内继续扣除。但是如果第二年张先生在甲国取得的应税所得按照我国《个人所得税法》规定计算出来的年应纳税额为 7000 元人民币，低于甲国的已纳税额 7480 元，或不再从甲国取得收入，就无法运用这一优惠政策。

由此可以看出，工资、薪金所得和股息所得在甲国的已纳税额都超过了按我国税法计算的应纳税额，在两国税率没有变化的情况下，“超过抵免限额的部分”只会越来越多。

三、捐赠的纳税筹划

根据有关税法的规定，个人将其所得通过中国境内的社会团体、国家机关向教育和其他社会公益事业以及遭受严重自然灾害地区、贫困地区的捐赠，金额未超过纳税人申报的应纳税所得额 30% 的部分，可以从其应纳税所得额中扣除。即个人在捐赠时，必须在捐赠方式、捐赠款投向、捐赠额度上符合税法规定，才能使这部分捐赠款免缴个人所得税。这里所说的社会团体是指获得公益性捐赠税前扣除资格的公益性社会团体，由财政部、国家税务总局和民政部以及省、自治区、直辖市、计划单列市财政、税务和民政部门每年分别联合公布名单。名单应当包括当年继续获得公益性捐赠税前扣除资格和新获得公益性捐赠税前扣除资格的公益性社会团体。因此，进行税收筹划要让捐赠尽可能从应纳税所得额中扣除，需要注意下面几点：

1. 选择捐赠对象。个人在进行捐赠时，应注意捐赠对象，除税法规定对其捐赠允许扣除的对象外，其他捐赠支出是不允许税前列支的。

2. 规划捐赠途径。个人在进行捐赠时，应通过中国境内的县级以上人民政府及其组成部门和直属机构或具有公益性捐赠税前扣除资格的社会团体、国家机关捐赠，直接捐赠的捐赠支出不允许税前列支。

3. 取得合法的凭证。取得合法的凭证是进行税收筹划最基本的条件。

4. 调整捐赠金额。如果捐赠金额已经超过了可扣除限额，则可考虑分次或分项捐赠，尽量使捐赠金额不超过扣除限额。

本章小结

本章主要从三个角度来进行个人所得税筹划，第一个角度是从居民个人和非居民个人的角度进行税收筹划，由于两者的计税方法不同，因此就为个人所得税纳税筹划提供了空间，特别对于来大陆工作的港澳台同胞提供了税收筹划的空间。第二个角度是对不同项目的计税基础和税率的纳税筹划，其中对工资、薪金的筹划最为复杂。第三个角度是从税收优惠政策的角度来分析个人所得税的纳税筹划，个人所得税改革之后，出台了很多相关的税收优惠政策，这也为个人所得税纳税筹划提供了空间。

复习思考题

1. 工资、薪金的筹划方法有哪些？
2. 如果全年一次性奖金非常高，可以通过哪些方法来降低个人所得税？
3. 对于财产转让收入，可以采取哪些方法进行筹划？

第十章

其他税种的纳税筹划

导语：其他税种主要包括土地增值税、房产税、城镇土地使用税、车船税、车辆购置税、资源税、印花税、契税。这些税种虽小，但是在生产经营中总是会频繁地涉及这些税种，而且有些税种如契税的税额还相当巨大。如果忽视小税种筹划的后果往往是缴纳了很多本不必要的税额，影响了资金流转、增加了税负。通过本章的学习，让读者了解有关税种的法律规定和税收筹划空间，掌握筹划要点。

第一节　土地增值税的纳税筹划

土地增值税是对在我国境内有偿转让国有土地使用权和地上建筑物及其附着物产权、取得增值性收入的单位和个人征收的一种税。

一、土地增值税的主要法律界定

（一）一般规定

土地增值税的纳税人是指转让国有土地使用权、地上建筑物及其附着物并取得收入的单位和个人。课税对象是转让国有土地使用权、地上建筑物及其附着物（以下简称转让房地产）所取得的增值额。转让房地产的增值额，是纳税人转让房地产的收入减除税法规定的扣除项目金额后的余额。

扣除项目包括：取得土地使用权所支付的金额；房地产开发成本；房地产开发费用；与转让房地产有关的税金；财政部规定的其他扣除项目；涉及旧房交易时，旧房及建筑物的评估价格。

纳税人有下列情形之一的，按照房地产评估价格计算、征收土地增值税：隐瞒、虚报房地产成交价格的；提供扣除项目金额不实的；转让房地产价格低于房地产评估价格，又无正当理由的。

土地增值税实行四级超率累进税率（见表10－1）。

表 10-1 土地增值税税率表

级数	增值额与扣除项目金额的比率	税率（%）	速算扣除系数（%）
1	不超过 50% 的部分	30	0
2	50% ~100% 的部分	40	5
3	100% ~200% 的部分	50	15
4	超过 200% 的部分	60	35

（二）征税范围

土地增值税只对转让国有土地使用权及其地上建筑物和附着物的行为征收土地增值税，而对转让非国有土地使用权的行为不征税。转让的土地，其所有权是否为国家所有，是判定是否属于土地增值税征税范围的第一个标准。此外，国有土地使用权出让不属于土地增值税的征税范围，不征收土地增值税。

只对转让的房地产征收土地增值税，不转让的不征税。例如，房地产的出租虽然取得了收入，但没有发生房地产的产权转让，不属于土地增值税的征收范围。因此，土地使用权、地上的建筑物及其附着物是否发生权属转让是判断是否属于土地增值税征税范围的第二个标准。

仅对转让房地产并取得收入的行为征税。例如，房地产的继承这种行为虽然使房地产的权属发生了变更，但作为房产产权、土地使用权的原所有人并没有因为权属变更而取得任何收入。因此，转让房地产是否取得收入是判断是否属于土地增值税征税范围的第三个标准。基本征税范围包括转让国有土地使用权、地上的建筑物及其附着物连同国有土地使用权一并转让和存量房地产的买卖。

具体情况判定：

1. 房地产的继承不征税，房地产的赠与行为除赠与直系亲属或承担直接赡养义务的人及通过中国境内非营利的社会团体、国家机关将房屋产权、土地使用权赠与教育、民政和其他社会福利、公益事业的外，均应征税。

2. 对于房地产的抵押，在抵押期间不征收土地增值税，待抵押期满后，视该房地产是否转移占有而确定是否征收土地增值税。对于以房地产抵债而发生房地产权属转让的，应列入土地增值税的征税范围。

3. 房地产的出租不征收土地增值税。

4. 对于一方出地，一方出资金，双方合作建房，建成后按比例分房使用的，暂免征收土地增值税；建成后转让的，应征收土地增值税。

5. 房地产的交换，除个人之间互换自有居住用房地产的，经当地税务机关核实可免税外，其余均应缴税。

6. 房地产的代建房行为，不征收土地增值税。

7. 房地产的重新评估，主要是指国有企业在清产核资时对房地产进行的重新评估而使其增值的情况。在这种情况下，房地产虽然有增值，但既没有发生房地产权属的转移房产产权、土地使用权人也没有取得收入，所以不属于土地增值税的征税范围。

8. 按照《中华人民共和国公司法》的规定，非公司制企业整体改建为有限责任公司或者股份有限公司，有限责任公司（股份有限公司）整体改建为股份有限公司（有限责任公司），对改建前的企业将国有土地、房屋权属转移、变更到改建后的企业的行为，暂不征收土地增值税。所谓整体改建是指不改变原企业的投资主体，并承继原企业权利、义务的行为（该政策不适用于房地产开发企业）。

9. 按照法律规定或者合同约定，两个或两个以上企业合并为一个企业，且原企业投资主体存续的，对原企业将国有土地、房屋权属转移、变更到合并后的企业的行为，暂不征收土地增值税（该政策者合用于房地产开发企业）：对于发行两个或两个以上与原企业投资主体相同的企业，对原企业将国有土地、房屋权属转移、变更到分立后企业的行为，暂不征收土地增值税（该政策不适用于房地产开发企业）。

10. 单位、个人在改制重组时以国有土地、房屋进行投资，对其将国有土地、房屋权属转移、变更到被投资企业的行为，暂不征收土地增值税（该政策不适用于房地产开发企业）。

对土地增值税征税范围与不征税范围的大致分类，可以用表 10－2 来概括。

表 10－2　　是否课征土地增值税的企业行为概括表

有关行为	是否征税
1. 继承、赠与	继承不征（无收入），赠与中的公益性赠与、赠与直系亲属或承担直接赡养义务的人不征；非公益性赠与征税
2. 房地产抵押	抵押期间不征；抵押期满转移产权的，征税不征（无权属转移）
3. 出租	不征
4. 合作建房	建成后按比例分房自用的，免税；建成后转让的，征税
5. 房地产交换	单位之间换房的征税；个人之间互换自住房的免税
6. 代建房行为	不征
7. 房地产重新评估增值	不征（无收入）
8. 整体改建中的国有土地、房屋权属转移	符合条件暂不征（不适用于房地产开发企业）
9. 合并与分立中的国有土地、房屋权属转移	符合条件暂不征（不适用于房地产开发企业）
10. 改制重组时将国有土地、房屋权属转移、变更到被投资的企业	符合条件暂不征（不适用于房地产开发企业）

【小思考】因转让股权而发生的房地产权属转移，是否需要缴纳土地增值税？

（三）税收优惠

1. 纳税人建造普通标准住宅（不包括高级公寓、别墅、度假村等）出售，增值额未超过扣除项目金额20%的，免征土地增值税。

2. 因国家建设需要依法征用、收回的房地产，免征土地增值税。

（四）对个人转让房地产的一些免税政策

1. 对个人之间互换自有居住用房地产的，经当地税务机关核实，可以免征土地增值税。

2. 自2008年11月1日起，对个人销售住房暂免征收土地增值税。

3. 因城市实施规划、国家建设的需要而搬迁，由纳税人自行转让原房地产的，免征土地增值税。

二、土地增值税的纳税筹划

（一）利用房地产转移方式进行筹划

土地增值税是对有偿转让国有土地使用权和地上建筑物及其附着物产权，取得增值收入的单位和个人征收的一种税。从这个定义可以看出，征收土地增值税必须满足三个判定标准：仅对转让国有土地使用权和地上建筑物及其附着物的行为征税；仅对产权发生转让的行为征税；仅对转让房地产并取得收入的行为征税。

【知识要点提醒】国有土地使用权的出让不属于土地增值税的征税范围。

房地产所有人可以通过避免符合以上三个判定标准来规避缴纳土地增值税。例如，房地产所有人通过境内非营利的社会团体、国家机关将房屋产权、土地使用权赠与教育、民政和其他社会福利、公益事业，虽然发生了权属的变更，但是房地产所有人并没有因为权属发生变更而取得任何收入，因而不属于土地增值税的征税范围。再如，房地产所有人将房产、土地使用权租赁给承租人使用，由承租人向出租人支付租金等，由于产权没有发生转让，因而不属于土地增值税的征税范围，无须缴纳土地增值税。

（二）通过控制增值额进行筹划

按照我国现行税法的规定，土地增值税税率是以增值率为基础的超率累进税率。当房地产企业开发的房产对外销售时的增值率达到50%时，土地增值税税负将会达到销售额的10%；当增值率达到100%时，土地增值税税负将达到销售额的17.5%；当增值率达到200%时，土地增值税税负将达到销售额的28.33%；当增值率达到300%时，土地增值税税负将达到销售额的36.25%（见表10-3）。

表 10－3　房地产开发企业主要税种在现行政策下的实际税收负担表
（普通商品房的开发）

1. 房产增值率	2. 土地增值税实际税负	3. 增值税及附加税负	4. 所得税税负	5. 税负合计
20%	0.00%	5.5%	3.75%	9.25%
50%	10.00%	5.5%	3.75%	19.25%
100%	17.5%	5.5%	3.75%	26.75%
200%	28.33%	5.5%	3.75%	37.85%
300%	36.25%	5.5%	3.75%	45.50%

注：土地增值税适用于四级超率累进税率。

房地产开发企业对外销售普通商品房，若增值率小于 20%，免征土地增值税。销售不动产的增值税税率为 5%，加上城建税与教育费附加合计不考虑地方教育费附加率不低于 15%，两项相乘为 3.75%。设城市维护建设视房地产老项目选择适用简易征税方法。以增值率达到 200% 为例计算其税负。假设一家房地产公司开发一栋商品房的可扣除项目金额为 P，对外销售价格为 3P。增值率 =（3P－P）×100% =200%，应纳土地增值税税额 =2P×60% －P×35% =0.85P，土地增值税实际税负 =（0.85P/3P）×100% =28.33%。由此可见，土地增值税筹划最关键的一点就是合理合法地控制、降低增值额，以避免因税率级次爬升而适用较高档次的税率。由于增值额是纳税人转让房地产所得的收入减去规定扣除项目金额后的余额，所以控制增值额的筹划包括收入筹划法和成本费用筹划法。

1. 收入筹划法

收入筹划法是指通过降低销售收入来降低增值额，以达到土地增值税税收筹划的目的。一方面是收入分散筹划，即将可以分开单独处理的部分从整个房地产中分离（比如房屋里面的各种设施），从而使转让收入变少，降低纳税人的土地增值额。另一方面是增值率临界点筹划，即增值额在临界点附近时，通过降低收入来降低增值额，以避免因税率级次爬升而适用较高档次的税率。

【案例 10－1】某企业准备出售其拥有的一幢房屋以及土地使用权。因为房屋已经使用过一段时间，里面的各种设备均已安装齐全，估计市场价值为 800 万元，其中各种设备的价格约为 100 万元。如果该企业与购买者签订合同时不注意区分这些，而是将全部金额以房地产转让价格的形式在合同上体现，则增值额无疑会增加 100 万元。而土地增值税适用的是四级超率累进税率，增值额越大，其适用的税率越高；相应地，应纳税额也会增大。

如果该企业与购买者签订房地产转让合同时采取变通方法，将收入分散，便可以节省不少税款，具体做法是在合同上仅注明 700 万元的房地产转让价格，同时签订一份附属办公设备购销合同，则问题迎刃而解。这样一来，将收入分散，不仅可以使增值额变小从而节省应缴土地增值税税额，而且由于购销合同适用0.03%的印花税税率，比产权转移书据适用的0.05%税率要低，也可以节省不少印花税，一举两得。

【案例10－2】南京市某房地产开发商为增值税一般纳税人，取得北京近郊的一块土地。根据北京市的土地规划方案，这块土地必须用于开发普通标准住宅；可扣除项目总金额为4055万元（包括加计扣除的20%和销售税金及附加），整个楼盘预计对外销售总价款为5000万元（不含税）。试计算这家房地产开发商应缴纳的土地增值税及企业所得税。

【解析】

增值额＝5000－4055＝945（万元）

增值率＝945÷4055×100%＝23.3%＞20%

应纳土地增值税税额＝945×30%－0＝283.5（万元）

应纳企业所得税税额＝(5000－4055－283.5)×25%＝165.38（万元）

税后获利＝5000－4055－283.5－165.38＝496.12（万元）

如果房地产开发商改变销售策略，在销售价格上作出较小的调整，将整个楼盘对外销售价格总额调整为4800万元，其他情况与前面相同。此时，该开发商的纳税情况如下所示：

增值额＝4800－4055＝745（万元）

增值率＝745÷4055×100%＝18.37%＜20%

因此，根据税法规定可免缴土地增值税。

应纳企业所得税税额＝(4800－4055)×25%＝186.25（万元）

税后获利＝4800－4055－186.25＝558.75（万元）

筹划后与筹划前的纳税情况相比，从表面上看，开发商虽然在销售价格上降低了200万元，但由于充分利用了土地增值税的税收优惠政策，其税后利润反而增加了62.63万元（558.75－496.12），这就是充分利用税收优惠政策所带来的合法节税收益。

其实，这种增值率较低的普通商品房销售时，其销售定价可遵循一般定价模型。

模型一：假设某房地产开发企业建成一批商品房待售，除城市维护建设税及附加外的全部允许扣除项目的金额为A，进项税额为B。其销售这批商品房的不含税价格为W，可扣除的地价款为Z，增值税的应税销售额为X＝W－Z时，相应的销售税金及附加如下所示：

$$(X \times 11\% - B) \times (7\% + 3\% + 2\%) = 1.32\% X - 12\% B$$

式中，11%为增值税税率，7%为城市维护建设税税率，3%为教育费附加征收率，2%为地方教育费附加。此时，其全部允许扣除项目的金额如下所示：

$A + 1.32\% X - 12\% B$

如果该房地产开发商想享受到免征土地增值税的税收优惠政策，则该房产的最高售价为：

$W = (X + 2) < 1.2 \times (A + 1.32\% X - 12\% B)$

假如企业允许扣除金额 A 为 100 万元，其中相应的地价款 Z 为 80 万元；进项税额 B 为 10 万元，则可以享受土地增值税免税政策的相应的增值税应税销售额 X 小于 39.18 万元，销售价格 W 应小于 119.18 万元。

模型二：假设该房地产开发商想通过提高售价来增加税后收益，当增值率高于 20%低于 50%时，应适用“增值率在 50%以下，税率为 30%”的规定。假设此时提高的售价为 Y，不含税售价为 W + Y。其中，W 为增值率等于 20%的销售价格，A 为允许扣除的项目金额（不含城市维护建设税和教育费附加），B 为该项目的进项税额，Z 为相应的土地价款。即：

$W = 1.2 \times (A + 1.32\% X - B) + Z$

由于不含税售价提高 Y，相应的城市维护建设税及附加和允许扣除项目金额都相应提高 1.32% Y。此时，允许扣除项目的金额和增值额如下所示：

允许扣除项目的金额 $= A + [11\% \times (X + Y) - B] \times 12\%$

增值额 $= (W + Y) - [A + 1.32\% (X + Y) - 0.12B]$ 化简后，有：增值额 $= W - A + 98.68\% Y - (1.32\% X - 0.12B)$ 所以：应纳土地增值税 $= 30\% \times [W - A + 98.68\% Y - (1.32\% X - 0.12B)]$，若企业欲使提高售价所带来的收益超过因高于土地增值税起征点而新增加的税收，就必须使：$Y > 30\% \times [W - A + 98.68\% Y - (1.32\% X - 0.12B)]$，也就是说，如果想通过提高售价获取更大的收益，就必须使提高的价格高于 $30\% \times [W - A + 98.68\% Y - (1.32\% X - 0.12B)]$。假如企业允许扣除金额为 100 万元，进项税额为 10 万元，相应的土地价款为 80 万元，则提高的价格 Y 应高于 8.46 万元。注：由模型一得知 X = 39.18，W = 119.18。通过以上两方面的分析可知，当转让房地产企业的销售项目除销售税金及附加外的全部允许扣除项目金额为 100 万元（其中相应的地价款 Z 为 80 万元）、进项税额为 10 万元时，将售价定为 119.18 万元是该纳税人可以享受到免税照顾的临界点。在这一价格水平下，既可享受免征土地增值税的税收优惠，又可获得较大收益。如果售价低于此数，虽然企业能够享受免征土地增值税的税收优惠，却只能获取较低的收益；如欲提高售价，则必须使价格高于 127.64 万元（119.18 + 8.46），否则，价格提高带来的收益不足以弥补价格提高所增加的税收负担。但是，对从事普通商品房开发的房地产商而言，并不是销售价格越高，其税后收益就越高。房价过高对于企业来说，至少有两个方面的负面影响：一是房价虚高可能会引起泡沫经济，国家必然要进行宏观调控，对房地产价格进行一定程度的打压，有些地方政府甚至开始利用行政手段来干预房价过高的现象。房地产商如果继续抬高房价，实际上是与政府的调控方向相背，不会带来节税收益。二是房价过高，普通消费者承受不起，会引发社会不满，使开发商背负偏离“和谐社会”和不负社会责任的“罪名”。

2. 成本费用筹划法

成本费用筹划法就是最大限度地扩大成本费用列支比例来降低增值额，以达到土地增值税税收筹划的目的。当然，这种筹划应有一定的限度，无节制任意扩大的后果是导致税务机关的纳税调整，最终得不偿失。比如对房屋装修的处理，可以对房屋进行装修之后再销售，这样装修费用可以作为成本费用的一部分据实扣除以及加计扣除，从而达到节税的目的。

【案例 10-3】 甲房地产开发公司开发的金山小区已于 2016 年 10 月完工，但尚未对房屋进行装修，可扣除项目的总金额为 6200 万元（不含税，包括加计扣除的 20%）。该公司不能按转让房地产项目计算分摊利息支出，也不能提供金融机构证明，当地政府规定的房地产开发费用的计算扣除比例为 10%。现在正在讨论的销售方案有如下两种：

方案一：直接销售未装修的房屋，每平方米售价为 3200 元，销售收入总额为 9600 万元（不含税），则：

增值额 = 9600 - 6200 = 3400（万元）

增值率 = 3400 ÷ 6200 × 10% = 54.84%

应缴土地增值税 = 3400 × 40% - 6200 × 5% = 1050（万元）

方案二：对房屋进行装修之后再销售，预计装修费用为 1200 万元（不含税），装修后每平方米售价为 3600 元，销售收入总额为 10800 万元（不含税），其他条件不变。

根据《国家税务总局关于房地产开发企业土地增值税清算管理有关问题的通知》（国税发〔2006〕187 号）的规定，房地产开发企业销售已装修的房屋，其装修费用可以计入房地产开发成本，因此有：增值额 = 10800 - 6200 - 1200 ×（1 + 10% + 20%）= 10800 - 7760 = 3040（万元），增值率 = 3040 ÷ 7760 = 39.18%，应缴土地增值税 = 3040 × 30% - 0 = 912（万元）

方案二与方案一相比，可以少缴土地增值税 138 万元（1050 - 912）。

再如利息支出的不同扣除方法会对企业的应纳税额产生很大的影响。根据《土地增值税暂行条例实施细则》第七条的规定，财务费用中的利息支出，凡能够按转让房地产项目计算分摊并提供金融机构证明的，允许据实扣除，但最高不能超过按商业银行同类同期贷款利率计算的金额，其他房地产开发费用，按取得土地使用权所支付的金额、房地产开发成本之和的 5% 以内计算扣除，即：

房地产开发费用 = 利息 +（取得土地使用权所支付的金额 + 房地产开发成

本）×5%

凡不能按转让房地产项目计算分摊利息支出或不能提供金融机构证明的，房地产开发费用按取得土地使用权所支付的金额、房地产开发成本之和的 10% 以内计算扣除，即：

房地产开发费用 =（取得土地使用权所支付的金额 + 房地产开发成本）×10%

【案例 10 -4】 北京某房地产开发企业在 2016 年 6 月开发一批民用住宅，共支付地价款 200 万元，开发成本为 400 万元，财务费用中的利息支出为 40 万元（假设不超过按商业银行同期贷款利率计算的金额），若能够按转让房地产项目计算分摊并提供金融机构证明，可扣除的房地产开发费用为 70 万元［40 +（200 + 400）×5%］。

若不能按转让房地产项目计算分摊利息支出或不能提供金融机构证明，可扣除的房地产开发费用 =（200 + 400）×10% = 60（万元），超限额的部分不得扣除。可见利息支出应当按转让房地产项目计算分摊并提供金融机构证明，以扩大成本费用项目扣除金额，降低应缴纳的土地增值税。

一般来说，企业进行房地产开发时的借款数额会较大，其实际数会大于（取得土地使用权所支付的金额 + 房地产开发成本）×5%。因此，按照第一种方式，即按转让房地产项目计算分摊并提供金融机构证明的方式计算扣除利息支出有利于企业节省税款。但是，现实中的情况并不总是如此简单。有些企业由于资金比较充裕，很少向银行等金融机构贷款，这方面的利息支出比较少。此时，如果按照第一种方法计算，则扣除项目金额会较少，而按照第二种方法计算，则扣除项目金额会较多。因此，企业比较合乎逻辑的做法就是故意不按照转让房地产项目计算分摊利息支出，或是表示不能提供金融机构的贷款证明，这样税务机关就会按照第二种方法计算。

（三）利用税收优惠进行筹划

现行税法规定，如果纳税人既建造普通标准住宅，又搞其他房地产开发，应当分别核算增值额；未分别核算增值额或者不能准确核算增值额的，其建造的普通标准住宅不能享受免税优惠。纳税人可以充分利用这一税收优惠政策进行筹划，在确保能够分开核算的情况下，将普通标准住宅的增值额控制在扣除项目金额的 20% 以内，从而免缴土地增值税，获得税收利益。

【案例 10 -5】 某房地产开发企业 2016 年 6 月的商品房销售收入为 15000 万元（不含税），其中，普通住宅的销售额为 10000 万元，豪华住宅的销售额为 5000 万元。税法规定的可扣除项目金额为 11500 万元，其中普通住宅的可扣除项目金额为 8500 万元，豪华住宅的可扣除项目金额为 3000 万元。

1. 不分开核算（假定当地允许不分开核算）

增值额与扣除项目金额的比例为：

(15000 - 11500) ÷ 11500 × 100% = 30.43%

因此适用30%的税率，该企业应缴纳土地增值税：

(15000 - 11500) × 30% - 0 = 1050（万元）

2. 分开核算

普通住宅：增值额与扣除项目金额的比例为：

(10000 - 8500) ÷ 8500 × 100% = 17.65% <20%

因此，根据税法规定可以免予缴纳土地增值税。

豪华住宅：增值额与扣除项目金额的比例为：

(5000 - 3000) ÷ 2985 × 100% = 67%

因此适用40%的税率，应缴纳土地增值税：

(5000 - 3000) × 40% - 3000 × 5% = 650（万元）

在分开核算的情况下，两者一共缴纳土地增值税650万元。因此，分开核算比不分开核算少支出税金400万元（1050 - 650）。

第二节　房产税的纳税筹划

房产税是以房屋为课税对象，以房产的计税余值或租金收入为计税依据，向房屋产权所有人征收的一种税。

一、房产税的主要法律界定

（一）产权属于国家所有的，由经营管理的单位纳税；产权属于集体和个人所有的，由集体单位和个人纳税。

（二）产权出典的，由承典人纳税。

（三）产权所有人、承典人不在房屋所在地的，或者产权未确定及租典纠纷未解决的，由房产代管人或者使用人纳税。

（四）无租使用其他单位房产的应税单位和个人，依照房产余值缴纳房产税。

（五）自2009年1月1日起，外商投资企业、外国企业和组织以及外籍个人，依照《中华人民共和国房产税暂行条例》缴纳房产税。

房产税的征税对象是房产，征税范围为城市、县城、建制镇和工矿区。房产税的计税方法分为从价计征和从租计征。从价计征就是依照房产原值一次减除10% ~30%费用后的余值计算缴纳房产税，税率为1.2%；从租计征就是以房产出租的租金收入为计税依据计算缴纳房产税，税率为12%。房产税的税收优惠政策包括：(1) 国家机关、人民团体、军队自用的房产，免征房产税。(2) 由国家财政部门拨付事业经费的单位自用的房产，免征房产税。(3) 宗教寺庙、公园、名胜古迹自用的房产，免征房产税。（4）个人所有非营业用的房产，免征房产税。（5）经财政部批准免税的其他房产，如房屋大修连续停用半年以上的，在大修期间可免征房产税。

二、房产税的纳税筹划

（一）利用税收优惠筹划

房产税作为地方税种，税法规定了许多政策性减免优惠。如对损坏不堪使用的房屋和危险房屋，经有关部门鉴定，在停止使用后，可免征房产税；纳税人因房屋大修导致连续停用半年以上的，在房屋大修期间免征房产税，等等。作为企业，应充分掌握、利用这些优惠政策，及时向税务机关提出书面减免税申请，并提供有关的证明，争取最大限度地获得税收优惠，减少房产税的支出。

（二）合理划分房产原值筹划

房产原值是指房屋的造价，包括与房屋不可分割的各种附属设备或一般不单独计算价值的配套设施。可见，房产原值的大小直接决定房产税的多少，合理地减少房产原值是房产税筹划的关键。税法规定，房产是指有屋面和围护结构（有墙或两边有柱），能够遮风避雨，可供人们在其中生产、工作、学习、娱乐、居住或储藏物资的场所。独立于房屋之外的建筑物，如围墙、烟囱、水塔、变电塔、油池油柜、酒窖菜窖、酒精池、糖蜜池、室外游泳池、玻璃暖房、砖瓦石灰窑以及各种油气罐等，不属于房产，不征房产税。但与房屋不可分割的各种附属设备或一般不单独计算价值的配套设施需要并入房屋原值计算征收房产税。这就要求我们在会计核算时，需要将房屋与非房屋建筑物以及各种附属设施、配套设施进行适当划分，单独列示，分别核算。对按照房产原值计税的房产，无论会计上如何核算，房产原值均应包含地价、取得土地使用权支付的价款、开发土地发生的成本费用等。因此，可利用“宗地容积率低于0.5的，按房产建筑面积的2倍计算土地面积并据此计入原值”这一政策达到税收筹划的目的。

【案例10-6】某企业有一块占地面积20000平方米的土地，每平方米平均地价为2万元，土地上的厂房、仓库和办公楼建筑总面积为10200平方米，房屋价值总计为55000万元。由于该块土地的宗地容积率为0.51（10200/20000），因此，该企业应将该块土地的价值全额计入房产原值。当地房产税原值减除比例为20%，那么该企业每年应缴纳的房产税为（55000+20000×2）×（1-20%）×1.2%=912（万元）。

假如该企业对仓库进行适当改建，使厂房、仓库和办公楼的建筑总面积减少至9500平方米，那么该块土地的宗地容积率降低为0.475（9500/20000），低于0.5。按照税法规定，该企业只需按房产建筑面积的2倍计算土地面积并据此计入房产原值，这种情况下该企业每年应缴纳的房产税为（55000+9500×2×2）×

(1－20%)×1.2%＝892.8（万元），与原来相比每年可以少缴19.2万元房产税。现行税法规定，对按照房产原值计征房产税的房产，无论会计上如何核算，房产原值均应包含地价；对于宗地容积率低于0.5的房产，按房产建筑面积的2倍计算土地面积并据此计入房产原值。而对于宗地容积率高于0.5的房产，则需要按照地价全额计入房产原值计征房产税。因此，企业可以对现有房产进行适当改建，以使宗地容积率降低至0.5以下，进而减少应缴房产税。此外，在宗地容积率低于0.5的情况下，建筑面积越小，宗地容积率越低，所纳房产税越少。因此，在可能的范围内降低宗地容积率，是节约房产税的一个有效方法。

三、出租房产的筹划

按照现行税法的规定，纳税人出租房屋要按租金收入的12%缴纳房产税。在现实经济活动中，企业往往在出租房屋的同时还将房屋内部或者外部的机器设备、生产线、办公用品等附属设施一同出租给承租方。这些附属设施并不属于房产税的征税范围。但是，如果企业与承租方在签订租赁合同时把这些设施与房屋不加区别地同时写在一份合同中，那么出租附属设施所对应的那一部分租金也要缴纳房产税，这无疑会增加企业的税收负担。因此，当纳税人既出租房屋也出租房屋中的机器设备等附属设施时，如果分别单独签订房屋租赁合同和机器设备租赁合同，那么就可以只对出租房屋取得的租金收入缴纳房产税，对出租机器设备等附属设施取得的租金收入无须缴纳房产税，从而降低企业税负。

【案例10－7】A公司是一家大型汽车零部件生产企业，打算将下属的一家工厂出租给B公司，双方协商决定A公司将厂房连同机器设备一同出租给B公司，B公司每年支付厂房和机器设备租金200万元（不含税），并据此签订了一份租赁合同。

如果A公司将厂房连同机器设备一起出租给B公司并与其签订一份租赁合同，未明确划分厂房和机器设备的租金，A公司应缴纳房产税24万元（200×12%）。也就是说，机器设备也缴纳了12%的房产税。

如果进行税收筹划，明确划分厂房和机器设备的租金，并分别与B公司签订厂房租赁合同和机器设备租赁合同，即A公司以每年100万元的租金出租厂房并与B公司签订厂房租赁合同，同时A公司以每年100万元的租金出租机器设备并与B公司签订机器设备租赁合同。在这种情况下，虽然两项租金合计仍为200万元，但由于机器设备出租不需要按照12%的税率缴纳房产税，A公司只需要就出租厂房收取的租金100万元缴纳房产税12万元（100×12%），与原来相比少缴了12万元的房产税。

四、房产税投资联营的筹划

对投资联营的房产，由于投资方式不同，房产税的计征方式和适用税率也不同，从而为纳税人提供了筹划空间。对于以房产投资联营，投资者参与投资利润分红、共担风险的，被投资方要以房产余值作为计税依据计征房产税，税率为1.2%；对于以房产投资联营，取得固定收入、不承担联营风险的，实际上是以联营名义取得房产租金，应由投资方按租金收入计算、缴纳房产税，税率为12%。纳税人可以结合这两种方式应缴纳的房产税进行成本效益分析，以决定如何选择投资方式来减轻税负。

【案例10－8】 甲公司和乙公司为同一集团公司的子公司，均为增值税一般纳税人，采用一般计税方法计税。2016年6月1日，甲公司将其自有的房产采用投资联营的方式提供给乙公司使用，该房产原账面价值是1000万元。现有两套对外投资方案可供选择：

方案一，甲公司向乙公司收取固定收入，不承担风险，当年取得的固定收入共计为100万元（不含税）。

方案二，甲公司参与投资利润分红，与乙公司共担风险，当年取得分红为100万元。当地房产原值减除比例为30%。

【解析】

方案一：收取固定收入，不承担风险。在该方案中，甲公司实际上是以联营名义取得房产租金，应由甲公司（投资方）按租金收入计缴房产税，税率为12%。

2016年应缴纳的房产税＝100×12%＝12（万元）

方案二：甲公司参与投资利润分红，共担风险。在该方案中，应由乙公司（被投资方）以房产余值作为计税依据计征房产税，税率为1.2%。

2016年应缴纳的房产税＝1000×（1－30%）×1.2%＝8.4（万元）

由此可见，方案二比方案一少缴税款合计3.6万元（12－8.4）。因此，应当选择方案二。

第三节　城镇土地使用税的纳税筹划

城镇土地使用税是以城市、县城、建制镇和工矿区内的国有土地或集体土地为征税对象，对拥有土地使用权的单位和个人征收的一种税。

一、城镇土地使用税的主要法律界定

城镇土地使用税的征税范围包括城市、县城、建制镇和工矿区内国家所有及集体所有的土地。城镇土地使用税的纳税人是指征税范围内应承担纳税义务的所有单位和个人，具体包括：

1. 拥有土地使用权的单位和个人。

2. 拥有土地使用权的单位和个人不在土地所在地的，土地的实际使用人和代管人为纳税人。

3. 土地使用权未明确或权属纠纷未解决的，其实际使用人为纳税人。

4. 土地使用权共有的，共有各方都是纳税人，各方应以其实际使用的土地面积占总面积的比例，分别计算、缴纳土地使用税。

城镇土地使用税实行从量定额征收，以纳税人实际占用的土地面积为计税依据，土地面积的计量标准为平方米。纳税人实际占用的土地面积首先以省、自治区、直辖市人民政府确定的单位组织测定的土地面积为准；若尚未组织测量，但纳税人持有政府部门核发的土地使用证书的，以证书确认的土地面积为准；若既未组织测量，又尚未核发土地使用证书的，应由纳税人据实申报土地面积。城镇土地使用税采用定额税率，即采用有幅度差别的定额税率（见表10－4）。

表10－4　　城镇土地使用税税率表

级别	每平方米税额（元）
大城市	1.5～30
中等城市	1.2～24
小城市	0.9～18
县城、建制镇、工矿区	0.6～12

城镇土地使用税的主要税收优惠政策包括：

1. 国家机关、人民团体、军队自用的土地，免缴城镇土地使用税。

2. 由国家财政部门拨付事业经费的单位自用的土地，免缴城镇土地使用税。

3. 宗教寺庙、公园、名胜古迹自用的土地，免缴城镇土地使用税。

4. 市政街道、广场、绿化地带等公共用地，免缴城镇土地使用税。

5. 直接用于农、林、牧、渔业的生产用地，免缴城镇土地使用税。

6. 经批准开山填海整治的土地和改造的废弃土地，从使用的月份起免缴土地使用税5～10年。

7. 由财政部另行规定免税的能源、交通、水利设施用地和其他用地。

二、城镇土地使用税的纳税筹划

（一）利用税收优惠进行筹划

1. 利用改造废弃土地进行筹划

税法规定，经批准开山填海整治的土地和改造的废弃土地，从使用月份起免缴城镇地使用税5～10年。纳税人可以充分利用城市、县城、建制镇和工矿区的废弃土地或进行开山填海利用土地，以获得免税机会。

2. 通过准确核算用地进行筹划

如果纳税人能准确核算用地，就可以充分享受针对土地使用税设定的优惠条款。例如，将农、林、牧、渔的生产用地与农副产品加工场地和生活办公用地分离，就可享受生产用地的免税条款。

3. 利用经营采摘、观光农业进行筹划

税法规定，在城镇土地使用税征收范围内经营采摘、观光农业的单位和个人，其直接用于采摘、观光的种植、养殖、饲养的土地，根据《中华人民共和国城镇土地使用税暂行条例》中“直接用于农、林、牧、渔业的生产用地”的规定，免征城镇土地使用税。

（二）利用土地级别的不同进行筹划

土地使用税实行幅度税额，大城市、中等城市、小城市、县城、建制镇、工矿区的税额各不相同。即使在同一地区，由于不同地段的市政建设情况和经济繁荣程度有较大区别，土地使用税的税额规定也不相同，最大的相差20倍。纳税人在投资设厂时就可以进行筹划，选择不同级别的土地。

【案例10－9】某复合材料集团公司想要扩大生产基地。由于公司总部在北京，所以董事会的初步方案是将生产基地建在北京郊区，面积为10000平方米，选用的土地为四级土地，每平方米土地每年需缴纳城镇土地使用税12元。因此，每年需缴纳城镇土地使用税12万元。后来，经过多方考虑，最终决定将生产基地建在江苏省沿海城市，这样不仅能享受其他税种，如所得税的税收优惠并且方便出口贸易，单是每年的城镇土地使用税也可节约不少。由于该地区的城镇土地使用税税率为每年4元/平方米，所以每年只需缴纳城镇土地使用税4万元，节省城镇土地使用税8万元。

第四节　车船税的纳税筹划

车船税是对在我国境内拥有的车辆、船舶，按其种类、数量和吨位实行定额征收的一种税。

一、车船税的主要法律界定

车船税的纳税人是指在中华人民共和国境内，拥有《中华人民共和国车船税法》（以下简称《车船税法》）规定的车辆、船舶的所有人或者管理人。车船税的征税范围是指在中华人民共和国境内符合《车船税法》所附《车船税税目税额表》规定的车辆、船舶，包括依法应当在车船登记管理部门登记的机动车辆和船舶以及依法不需要在车船登记管理部门登记的在单位内部场所行驶或者作业的机动车辆和船舶。

车船税采用定额税率。乘用车、客车、摩托车，以“辆”为计税依据；机动船舶，以“净吨位”为计税依据；货车（包括半挂牵引车、挂车、客货两用汽车、三轮汽车和低速载货汽车等）、专用作业车、轮式专用机械车，以“整备质量吨位”为计税依据；游艇，以“艇身长度”为计税依据。

下列车船免征车船税：

1. 捕捞、养殖渔船。

2. 军队、武装警察部队专用的车船。

3. 警用车船。

4. 依照法律规定应当予以免税的外国驻华使领馆、国际组织驻华代表机构及其有关人员的车船。

5. 对节约能源车船，减半征收车船税；对使用新能源车船，免征车船税。

对受严重自然灾害影响而纳税困难以及有其他特殊原因确需减税、免税的，可以减征或者免征车船税。

省、自治区、直辖市人民政府根据当地实际情况，可以对公共交通车船，农村居民拥有并主要在农村地区使用的摩托车、三轮汽车和低速载货汽车定期减征或者免征车船税。

二、车船税的纳税筹划

（一）利用车船税标准的临界点

由于对乘用车按发动机汽缸容量（排气量）分档规定税率，因而产生了应纳车船税税额相对排气量变化的临界点。在临界点上下，排气量虽然相差不大，但临界点两边的税额却有很大变化，因此，在这种情况下进行税收筹划是十分必要的。建议企业在临界点附近时，尽量选择购买排气量较小的乘用车，不要跳过临界点，以便适用较低的税率，达到税收筹划的目的。

（二）利用车船税的优惠政策

税法中规定了一些车船可以减免车船税，企业应充分利用税收优惠政策以达到节税的目的。比如《财政部　国家税务总局工业和信息化部关于节约能源、使用新能源车船税优惠政策的通知》（财税〔2015〕51号）规定，对节约能源车船，减半征收车船税；对使用新能源车船，免征车船税。企业可以选择节约能源的车辆或新能源车辆，这样既可以享受减征或免征车船税的税收优惠，又可以为环境保护贡献自己的一份力量。例如，对捕捞、养殖渔船免税，这里的捕捞、养殖渔船是指在渔业船舶登记管理部门登记为捕捞船或者养殖船的船舶，符合条件的捕捞、养殖船舶应主动到渔业船舶登记管理部门登记，以便能享受免税优惠。

许多企业和个人使用车船并非从一开始便具备享受税收优惠政策的条件，这就需要企业和个人为自己创造条件，达到利用税收政策合理筹划的目的，即“挂靠”。同时，对于已享有税收优惠的纳税人来说，应清楚地区分应税项目和免税项目，以求最大限度地节省税款。

第五节　车辆购置税的纳税筹划

车辆购置税是以在中国境内购置规定的车辆为课税对象、在特定的环节向车辆购置者征收的一种税。

一、车辆购置税的主要法律界定

（一）车辆购置税的纳税人、税率和征税范围

在中华人民共和国境内购置《中华人民共和国车辆购置税暂行条例》规定的车辆（以下简称“应税车辆”）的单位和个人，为车辆购置税的纳税人，应当依照规定缴纳车辆购置税。这里所说的购置，包括购买、进口、自产、受赠、获奖或者以其他方式取得并自用应税车辆的行为。车辆购置税的税率为10%。车辆购置税的征收范围包括汽车、有轨电车、汽车挂车、排气量超过150毫升的摩托车。

（二）车辆购置税的计税依据

车辆购置税属于从价税，车辆价格是否合理会直接影响税款的高低。因此，国家根据不同情况，对计税价格作出如下规定：

1. 纳税人购买自用的应税车辆的计税价格，为纳税人购买应税车辆支付给销售者的全部价款和价外费用，不包括增值税税款。价外费用是指销售方价外向购买方收取的基金、集资费、违约金（延期付款利息）和手续费、包装费、储存费、优质费、运输装卸费、保管费以及其他各种性质的价外收费，但不包括销售方代办保险等而向购买方收取的保险费，以及向购买方收取的代购买方缴纳的车辆购置税、车辆牌照费。

2. 纳税人进口自用的应税车辆以组成计税价格为计税依据，纳税人购买自用或者进口自用应税车辆，申报的计税价格低于同类型应税车辆的最低计税价格又无正当理由的，按照最低计税价格征收车辆购置税。组成计税价格的计算公式如下：

计税价格＝关税完税价格＋关税＋消费税

3. 纳税人自产、受赠、获奖或者以其他方式取得并自用的应税车辆的计税价格，由主管税务机关参照国家税务总局规定的不同车辆的最低计税价格核定。

最低计税价格是指国家税务总局依据机动车生产企业或者经销商提供的价格

信息，参照市场平均交易价格核定的车辆购置税计税价格。

（三）车辆购置税的主要税收优惠政策

1. 回国服务的在外留学人员用现汇购买1辆个人自用国产小汽车和长期来华定居专家进口1辆自用小汽车免征车辆购置税。防汛部门和森林消防部门用于指挥、检查、调度、报汛（警）、联络的由指定厂家生产的设有固定装置的指定型号的车辆免征车辆购置税。具体操作按照《财政部 国家税务总局关于防汛专用等车辆免征车辆购置税的通知》（财税〔2001〕39号）有关规定执行。

2. 自2018年1月1日至2020年12月31日，对购置新能源汽车免征车辆购置税。具体操作按照《财政部 税务总局 工业和信息化部 科技部关于免征新能源汽车车辆购置税的公告》（2017年第172号）有关规定执行。

3. 自2018年7月1日至2021年6月30日，对购置挂车减半征收车辆购置税。具体操作按照《财政部 税务总局 工业和信息化部关于对挂车减征车辆购置税的公告》（2018年第69号）有关规定执行。

4. 中国妇女发展基金会“母亲健康快车”项目的流动医疗车免征车辆购置税。

5. 北京2022年冬奥会和冬残奥会组织委员会新购置车辆免征车辆购置税。

6. 原公安现役部队和原武警黄金、森林、水电部队改制后换发地方机动车牌证的车辆（公安消防、武警森林部队执行灭火救援任务的车辆除外），一次性免征车辆购置税。

二、车辆购置税的纳税筹划

（一）合理分解计税价格进行筹划

纳税人在购置车辆时，其计税依据是购买应税车辆而支付给销售方的全部价款与价外费用，但不包括增值税税款。价外费用项目比较多，如果处理得当，可以将属于价外费用的项目不计入计税价格中。显然，此举可以降低车辆购置税，具体做法应视实际销售行为而定。第一，区别对待代收款项。凡使用代收单位（受托方）票据收取的款项，应视作代收单位价外收费，购买者支付的价费款，应并入计税依据中一并征税；凡使用委托方票据收取，受托方只履行代收义务并收取代收手续费的款项，不应并入计征车辆购置税，应按其他税收政策规定征税。第二，准确划分车款与其他相应费用。购买者随购买车辆支付的工具件和零部件价款应作为购车价款的一部分，并入计税价格中征收车辆购置税，如果时间或销售方不同，则不应并入计税价格中。支付的车辆装饰费作为价外费用，应并入计税价格中计税，如果时间或收款单位不同，则不应并入计税价格中。因此，企业可以通过不同时间和不同的销售方式，使其他费用与价格相分离，达到节税的目的。同时，如果纳税人将车辆牌照费、销售方代办保险而向购买方收取的保险费等分开，由相关单位另行开具发票，就可以合理降低其计税价格，从而减少车辆购置税支出。

【案例10－10】 2015年4月8日，查先生在广州购买一辆本田轿车供自己使用，支付车款的总价为240000元（含增值税价款）。另外，他支付的其他费用包括：车辆牌照费200元，购买各种工具件共3000元，销售方代办保险等而向购买方收取的保险费5000元，车辆装饰费15000元。各款项均由汽车4S店开具发票。

在未筹划前，查先生应纳车辆购置税为26320元，计算过程如下：

应纳车辆购置税款 = (240000 + 200 + 3000 + 5000 + 15000) × 10%
= 26320（元）

如果这家销售汽车的4S店在向购买方收取车辆牌照费和保险费时使用并开具款项所有单位的票据，且各种工具件由查先生购置本田轿车后另行购买，车辆也在购置本田轿车后另行装饰，则车辆牌照费、向购买方收取的保险费、各种工具件、车辆装饰费均无须计入车辆计税价格，车辆的计税价格就变为240000元。此时，应纳的车辆购置税为24000元，计算过程如下所示：应纳车辆购置税款 = 240000 × 10% = 24000（元），两者相比之下，节约的车辆购置税税款为2320元。

（二）充分合理地运用车辆购置税的减免税政策

车辆购置税的纳税人可以充分利用车辆购置税的减免税政策来达到税收筹划的目的。比如，自2004年10月1日起，对农用三轮车免征车辆购置税。所谓农用三轮车，是指柴油发动机，功率不大于10.4千瓦，载重量不大于500千克，最高车速不大于40公里/小时的三个车轮的机动车。只要农民购买的农用三轮车满足上述三个条件，便可享受免税政策，达到节约车辆购置税的目的。再如，回国服务的留学人员用现汇购买1辆自用国产小轿车，可以享受免税优惠。回国服务的留学人员可以按照税法规定准备和提供相应的证明材料（如中华人民共和国驻留学人员学习所在国的大使馆或者领事馆出具的留学证明）充分利用这一免税优惠政策达到减轻自身税负的目的。

第六节　资源税的纳税筹划

资源税是以各种自然资源为课税对象，为调节资源级差收入并体现国有资源有偿使用而征收的一种税。

一、资源税的主要法律界定

现行资源税的纳税人是在中华人民共和国领域及管辖海域开采《中华人民共

和国资源税暂行条例》(以下简称《资源税暂行条例》)规定的矿产品或者生产盐的单位和个人。其征税范围只包括矿产品资源(原油、天然气、煤炭、其他非金属矿原矿、黑色金属矿原矿、有色金属矿原矿)和盐资源。另外,根据《关于全面推进资源税改革的通知》(财税〔2016〕53号)的有关规定,从2016年7月1日开始,在河北省开展水资源税改革试点工作,将地表水和地下水纳入资源税的征税范围。纳税人为利用取水工程或者设施直接从江河、湖泊(含水库)和地下取用地表水、地下水的单位和个人。

在税目设置上,资源税采取了按资源的具体品种设置税目的形式,《资源税税目税率幅度表》(见《关于全面推进资源税改革的通知》附件)列举了21种资源品目:铁矿、金矿、铜矿、铝土矿、铅锌矿、锦矿、锡矿、石墨、硅藻土、高岭土、董石、石灰石、硫矿、磷矿、氯化钾、硫酸钾、井矿盐、湖盐、提取地下卤水晒制的盐、煤层(成)气、海盐。

对于列举名称的21种资源品目和未列举名称的其他金属矿实行从价计征,计税依据由原矿销售额调整为原矿、精矿(或原矿加工品)、氯化钠初级产品或金键的销售额;对经营分散、多为现金交易且难以控管的黏土、砂石,按照便利征管原则,仍实行从量定额计征;对《资源税税目税率幅度表》中未列举名称的其他非金属矿产品,按照从价计征为主、从量计征为辅的原则,由省级人民政府确定计征方式。

在税率的设置上,对《资源税税目税率幅度表》中列举名称的资源品目,由省级人民政府在规定的税率幅度内提出具体适用税率建议,报财政部、国家税务总局确定核准;对未列举名称的其他金属和非金属矿产品,由省级人民政府根据实际情况确定具体税目和适用税率,报财政部、国家税务总局备案;省级人民政府在提出和确定适用税率时,要结合当前矿产企业实际生产经营情况,遵循改革前后税费平移原则,充分考虑企业负担能力。

【知识要点提醒】 自2010年6月1日起,在新疆率先进行资源税改革,对在新疆开采的原油、天然气资源税实行从价计征,税率为5%。

自2010年12月1日起,在西部地区实施原油、天然气资源税改革,对在西部地区开采的原油、天然气资源税实行从价计征,税率为5%。

2011年9月21日国务院第173次常务会议通过了《国务院关于修改《中华人民共和国资源税暂行条例》的决定》(国务院令〔2011〕第605号),自2011年11月1日起实施,在全国范围内将原油、天然气的资源税由从量计征改为从价计征,税率为5%。自2014年12月1日起,原油、天然气矿产资源补偿费费率降为零,相应地将资源税的适用税率由5%提高至6%;同时,煤炭的资源税由从量计征改为从价计征,煤炭资源税税率幅度为2%~10%,具体适用税率由省、自治区、直辖市政府拟定。自2015年5月1日起,稀土、钨、钼的资源税由从量定额计征改为从价定率计征。轻稀土按地区执行不同的适用税率，其中，内蒙古为11.5%、四川为9.5%、山东为7.5%；中重稀土资源税的适用税率为27%；钨资源税的适用税率为6.5%；钼资源税的适用税率为11%。自2016年7月1日起，对《关于全面推进资源税改革的通知》（财税〔2016〕53号）中《资源税税目税率幅度表》列举名称的21种资源品目和未列举名称的其他金属矿实行从价计征，对《资源税税目税率幅度表》未列举名称的其他非金属矿产品，按照从价计征为主、从量计征为辅的原则，由省级人民政府确定计征方式。

资源税的减免优惠政策包括：

（一）开采原油过程中用于加热、修井的原油，免税。

（二）对油田范围内运输稠油过程中用于加热的原油、天然气免征资源税。

（三）纳税人开采或者生产应税产品过程中，因意外事故或者自然灾害等原因遭受重大损失的，由省、自治区、直辖市人民政府酌情决定减税或者免税。

（四）对符合条件的采用充填开采方式采出的矿产资源，资源税减征50%；对符合条件的衰竭期矿山开采的矿产资源，资源税减征30%。

（五）对鼓励利用的低品位矿、废石、尾矿、废渣、废水、废气等提取的矿产品，由省级人民政府根据实际情况确定是否减税或免税，并制定具体办法。

（六）国务院规定的其他减税、免税项目。

纳税人的减税、免税项目，应当单独核算销售额或者销售数量；未单独核算或者不能准确提供销售额或者销售数量的，不予减税或者免税。

二、资源税的纳税筹划

（一）利用综合回收率和选矿比进行筹划

资源税法规定，对于连续加工前无法正确计算原煤移送使用量的煤炭，可按加工产品的综合回收率，将加工产品实际销售量和自用量折算成原煤数量作为课税数量；金属和非金属矿产品原矿，无法准确掌握纳税人移送使用数量的，可将其精矿按选矿比折算成原矿数量作为课税数量。这就给税收筹划提供了一定的空间。企业如果确定自身煤炭回收率或选矿比低于同行业平均综合回收率或平均选矿比，则可不提供应税资源销售量或自用量。在这种情况下，税务机关就会根据同行业的平均综合回收率或平均选矿比来折算，计算出来的应税产品数量会少于实际使用数量，达到节税目的；反之，如果企业的加工技术或选矿技术比较先进，本企业煤炭的加工生产综合回收率或金属矿选矿比相对于同行业较高，则应该准确核算回收率或选矿比，向税务机关提供准确的应税产品销售数量或移送数量。

【案例10-11】某个体户生产煤炭并连续加工生产某种煤炭制品。由于其采用的加工技术相对落后，使得产品加工生产的综合回收率相对于同行业企业低，因而可用这种方法进行筹划。具体筹划过程如下所示：在确定自己企业的综合回收率相对较低的时候故意不提供或不准确提供应税产品销售数量或移送数量。这样，税务机关在根据同行业企业的平均综合回收率折算应税产品数量时，就会相对少算课税数量。这里假定该企业生产出的最终产品有1000吨，同行业综合回收率为40%，该企业的综合回收率为25%，则实际课税数量应为4000吨（1000/25%），而税务机关最终认定的数量为2500吨（1000/40%）。由于目前煤炭资源税采用的是从价定率征收方法，因此，在煤炭单位售价不变的情况下，课税数量的减少将会明显减少应纳资源税税额。

（二）利用伴选精矿免税规定筹划

由于国家对以精矿形式伴选出来的副产品不征收资源税，对纳税人而言，最好的筹划方式就是尽量完善工艺，引进技术，使以非精矿形式伴生出来的副产品以精矿形式出现，并以此节税。

（三）准确核算筹划法

资源税法规定，纳税人的减税、免税项目，应当单独核算销售额或者销售数；未单独核算或者不能准确提供销售额或者销售数量的，不予减税或者免税。纳税人开采或者生产不同税目应税产品的，应当分别核算不同税目应税产品的销售额或者销售数量：未分别核算或者不能准确提供不同税目应税产品的销售额或者销售数量的，从高适用税率。因此，纳税人可以通过准确核算各税目的销售额或者销售数量，分清免税产品与征税产品，分清不同税率产品，从而充分享受税收优惠，节约资源税。

【案例10－12】 华北某矿产开采企业2015年3月开采销售原油10000吨，生产销售原煤5000吨，开采使用天然气10万立方米（其中，5万立方米开采原油时伴生，5万立方米开采煤炭时伴生，该企业未分开核算），已知原油3300元/吨，原煤1000元/吨，天然气2.35元/立方米，其适用税率为原油6%，原煤2.5%，天然气6%。那么，该企业2015年3月份应缴纳的资源税如下：

10000×3300×6%＋5000×1000×2.5%＋100000×2.35×6%＝2119100（元）。根据税法的规定，煤炭开采时生产的天然气免税。因此，如果该企业将采煤时伴生的天然气分开核算，则可以享受免税优惠，节省资源税7050元（50000×2.35×6%）。

第七节　印花税的纳税筹划

印花税是以经济活动和经济交往中书立、领受应税凭证的行为作为征税对象而征收的一种税，是一种兼有行为性质的凭证税。印花税具有征收面广、税负轻、由纳税人自行购买并粘贴印花税票完成纳税义务等特点。

一、印花税的主要法律界定

按照书立、使用、领受应税凭证的不同，印花税的纳税人可以分为立合同人、立据人、立账簿人、领受人、使用人和各类电子应税凭证的签订人。

印花税共有购销合同、加工承揽合同、建设工程勘察设计合同、建筑安装工程承包合司、财产租赁合同、货物运输合同、仓储保管合同、借款合同、财产保险合同、技术合同、产权转移书据、营业账簿、权利许可证照 13 个税目。印花税的税率有两种形式，即比例税率和定额税率。比例税率共分为 4 个档次，分别为 0.03%、0.005%、0.1%、0.05%，“权利许可证照”和“营业账簿”税目中的其他账簿，适用定额税率，每件 5 元。

印花税的税收优惠政策主要有：

（1）对已缴纳印花税的凭证的副本或者抄本免税。

（2）对财产所有人将财产赠与政府、社会福利单位、学校所立的书据免税。

（3）对国家制定的收购部门与村民委员会、农民个人书立的农副产品收购合同免税。

（4）对无息、贴息贷款合同免税。

（5）对外国政府或者国际金融组织向我国政府及国家金融机构提供优惠贷款所书立的合同免税。

（6）对房地产管理部门与个人签订的用于生活居住的租赁合同免税。

（7）对农林作物、牧业畜类保险合同暂不贴花。

（8）对特殊货运凭证免税，如军事物资运输凭证、抢险救灾物资运输凭证、新建铁路的工程临管线运输凭证等，免征印花税。

（9）对个人出租、承租住房签订的租赁合同，免征印花税。

（10）企业因改制签订的产权转移书据免予贴花。

企业可以利用印花税的税收优惠政策进行筹划。例如，税法规定应纳税额不足 0.1 元时，免纳印花税；0.1 元以上的，其税额尾数不满 0.05 元的不计，满 0.05 元的按 0.1 元计算；已缴印花税的凭证的副本或者抄本，只要不视同正本使用，也就不需要缴纳印花税。

二、分项核算筹划

一个合同如果涉及若干经济业务，应当分别核算各项业务的金额，业务类型不同，适用的印花税税率也不同。税法明确规定，同一凭证记载有两个或两个以上经济事项而适用不同税目、税率，分别记载金额的，应分别计算应纳税额，相加后按合计税额贴花；未分别记载金额的，按税率较高的计税贴花。

【案例10-13】金门窗厂受建筑安装公司委托，负责加工总价值200万元的铝合金门窗，加工所需的原材料由铝合金门窗厂提供，铝合金门窗厂收取加工费及原材料费共计140万元（在合同中未分别记载）；同时，由铝合金门窗厂提供价值20万元的零配件。

我国印花税法对加工承揽合同的计税依据有如下规定：加工承揽合同的计税依据为加工或承揽收入，对于由受托方提供原材料的加工、定做合同，凡在合同中分别记载加工费金额和原材料金额的，应分别按“加工承揽合同”（税率0.05%）、“购销合同”（税率0.03%）计税，两项税额相加数，即为合同应贴印花数；若合同中未分别记载，则应就全部金额依照加工承揽合同（税率0.5%）计税贴花。

在本案例中，由于铝合金门窗厂（受托方）提供原材料，且加工承揽合同中加工费金额和原材料金额未分别记载，应就全部金额依照加工承揽合同计税，铝合金门窗厂和建筑安装企业应缴纳的印花税均为0.05%：（1400000+200000）×0.05%=800（元）

由于合同签订形式不恰当，双方多缴纳了印花税税款。如果加工承揽合同将铝合金门窗厂所提供的加工费金额与原材料金额分别记载，则加工费金额和原材料金额分别按照“加工承揽合同”“购销合同”计税，能达到税收筹划的目的。例如，加工费为40万元，原材料费为100万元，各方所需贴花的金额为840元（1000000×0.03%+400000×0.05%+200000×0.05%），相对少纳印花税40元。

三、利用不确定金额和保守金额进行筹划

税法规定，对于在签订时无法确定计税金额的合同，可在签订时先按定额5元贴花，以后结算时再按实际金额计税，补税贴花。该项规定提供了利用不确定金额筹划的可能性。纳税人在签订金额较大的合同时，可有意识地使合同中所载金额不能明确，从而在签订时先按定额5元贴花，以达到递延缴纳印花税、获得资金时间价值的目的。

或者双方在订立合同时，充分考虑以后经济交往中可能会遇到的各种情况，确定比较合理、保守的金额，防止所载金额大于合同履行后的实际结算金额。同时，出于共同利益，双方或多方当事人可以经过合理筹划，使一些费用及成本通过合法途径扣除，以压缩合同金额，达到少缴纳税款的目的。

四、利用不同借款方式筹划

一般来说，筹资方法有争取财政拨款和补贴、金融机构贷款、自我积累、社会筹资、企业间拆借以及企业内部集资。根据印花税的规定，银行及其他金融机

构与借款人所签订的合同（不包括银行同业拆借）、只填写借据并作为合同使用以及取得银行借款的借据，应按照“借款合同”税目缴纳印花税。企业之间的借款合同不需要贴花。因此，如果两者的借款利率是相同的，则向企业借款更能节约印花税。

五、最少转包筹划

建筑安装工程承包合同是印花税的一种应税凭证，该种合同的计税依据为合同上记载的承包金额，其适用税率为0.03%。根据印花税的规定，施工单位将自己承包的建设项目分包或者转包给其他施工单位所签订的分包合同或者转包合同，应按照新的分包合同或者转包合同上所记载的金额再次计算应纳税额。在此，印花税是一种行为性质的税种，只要有应税行为发生，就应按税法规定纳税。尽管总承包合同已依法计税贴花，但新的分包或转包合同是一种新的应税凭证，又发生了新的纳税义务。因此，企业应尽量减少签订合同的环节，书立尽可能少的应税凭证，以节约印花税。

【案例10－14】 假定城建公司A与某商城签订一份建筑合同，总计金额为1亿元。该城建公司因业务需要分别与建筑公司B和C签订分包合同，其合同记载金额分别为4000万元和4000万元，B和C又分别将2000万元的工程转包给D和E，则应纳税额的计算如下所示：

（1）A与商城签订合同时，双方各应纳税：10000×0.03%＝3（万元）

（2）A与B、C签订合同时，各方应纳税：A应纳税：（4000＋4000）×0.03%＝2.4（万元）

B、C各应纳税：4000×0.03%＝1.2（万元）

（3）B、C与D、E签订合同时，各方应纳税：2000×0.03%＝0.6（万元）

（4）这五家建筑公司共应纳印花税：3＋2.4＋1.2×2＋0.6×4＝10.2（万元）

如果这几方进行合理筹划，该商城分别与上述A、B、C、D、E五家建筑公司签订2000万元的承包合同，则这五家公司共应纳印花税：2000×0.03%×5＝3（万元），可以节省7.2万元税款。因此，这种筹划方法的核心就是尽量减少签订承包合同的环节，尽量减少书立应税凭证的次数，以达到节约部分应缴税款的目的。

第八节　契税的筹划

契税是以在中华人民共和国境内转移土地、房屋权属为征税对象，向产权承受人征收的一种财产税。

一、契税的主要法律界定

在中华人民共和国境内转移土地、房屋权属，承受的单位和个人为契税的纳税人，应当依照规定缴纳契税。

契税的征税对象是在中华人民共和国境内转移的土地、房屋权属，具体包括：国有土地使用权出让；土地使用权转让（包括出售、赠与和交换）；房屋买卖；房屋赠与；房屋交换。

契税实行3%～5%的幅度税率，计税依据是不动产的价格。

由于土地、房屋权属转移的方式不同，定价方法也不同，因此，具体计税依据依不同情况而定：国有土地使用权出让、土地使用权出售、房屋买卖，以成交价格为计税依据；土地使用权赠与、房屋赠与，由征收机关参照土地使用权出售、房屋买卖的市场价格核定计税依据；土地使用权交换、房屋交换，计税依据为所交换的土地使用权、房屋的价格的差额。如果成交价格明显低于市场价格并且无正当理由，或者所交换土地使用权、房屋的价格的差额明显不合理并且无正当理由，由征收机关参照市场价格核定计税依据。

契税的税收优惠政策主要有：

（1）国家机关、事业单位、社会团体、军事单位承受土地、房屋用于办公、教学、医疗、科研和军事设施的，免税；

（2）城镇职工按规定第一次购买公有住房的，免税；

（3）因不可抗力失去住房而重新购买住房的，酌情减免；

（4）土地、房屋被县级以上人民政府征用、占用后，重新承受土地、房屋权属的，由省级人民政府确定是否减免；

（5）承受荒山、荒田、荒丘、荒滩土地使用权，并用于农、林、牧、渔业生产的，免征契税；

（6）经外交部确认，依照我国有关法律规定以及我国缔结或者参加的双边和多边条约或协定，应当予以免税的外国驻华大使馆、领事馆、联合国驻华机构及其外交代表、领事官员和其他外交人员承受土地、房屋权属的，免征契税；

（7）对个人购买普通住房，且该住房属于家庭（成员范围包括购房人、配偶以及未成年子女，下同）唯一住房的，减半征收契税。对个人购买90平方米及以下普通住房，且该住房属于家庭唯一住房的，减按1%的税率征收契税。

二、契税的纳税筹划

（一）对企业合并、分立、改组等情形的契税筹划

在现阶段，企业改组改制的情况很多，税法对此作出了特殊的规定，了解和充分利用这些规定进行筹划，可以节省不少税收。例如，在企业合并中，两个或

两个以上的公司，依照法律规定、合同约定，合并为一个公司，且原投资主体存续的，对合并后公司承受原合并各方土地、房屋权属的，免征契税；在企业分立中，公司依照法律规定、合同约定分立为两个或两个以上与原公司投资主体相同的公司，对分立后公司承受原公司土地、房屋权属的，免征契税；以增资扩股进行股权重组，对以土地、房屋权属作价入股或作为出资投入企业的要征收契税；而以股权转让进行重组，在股权（股份）转让中，单位、个人承受公司股权（股份），公司土地、房屋权属不发生转移的，不征收契税。再如，企业依照有关法律法规规定实施破产，债权人（包括破产企业职工）承受破产。企业抵偿债务的土地、房屋权属，免征契税；对非债权人承受破产企业土地、房屋权属凡按照《中华人民共和国劳动法》等有关法律法规政策妥善安置原企业全部职工，原企业全部职工签订服务年限不少于三年劳动用工合同的，对其承受的所购企业土地、房屋权属，免征契税：与原企业超过30%的职工签订服务年限不少于三年的劳动用工合同的，减半征收契税。

（二）利用房屋交换进行筹划

《中华人民共和国契税暂行条例》规定，土地使用权交换、房屋交换，以所交换土地使用权、房屋价格的差额为计税依据。显然，进行房屋交换所纳契税远低于普通的房屋购置，所以纳税人可以将原来不属于交换的行为，通过合法的途径变为交换行为，以减轻税负。如果双方当事人进行交换的价格相等，价差为零，任何一方都不用缴纳契税，所以当纳税人交换土地使用权或房屋所有权时，如果能想办法保持双方的价格差额较小甚至没有，就可以达到节税的目的。与此同时，可将本来不属于等价交换的行为通过合法途径改为等价交换行为，以减少税款支出。

【案例10－15】有甲、乙、丙三位经济当事人，甲和丙都拥有一套价值500万元的房屋，乙想购买甲的房屋，甲也想购买丙的房屋后出售其现有的那套房屋。如果不进行筹划，乙购买甲的房屋应缴纳契税，具体计算如下所示（假定税率为5%）：

应纳税额＝500×5%＝25（万元）

同理，甲购买丙的房屋，甲也应缴纳契税，税款也为25万元。

如果三方进行一下调整，先由甲和丙交换房屋，再由丙将房屋出售给乙，同样可以达到上述买卖结果，但应纳税款却大大减少了。因为甲和丙交换房屋所有权为等价交换，没有价格差额，不用缴纳契税。在丙将房屋出售给乙时，应由乙缴纳契税，具体计算如下所示：

应纳税额＝500×5%＝25（万元）。与上一种交易方式相比，可以节省税款25万元。若甲将筹划中获得的经济收益适当地补偿给乙，这样交易双方均能获得收益。

三、充分利用税收优惠政策进行筹划

契税的纳税人可充分利用契税的税收优惠政策达到税收筹划的目的。例如，城镇职工按规定第一次购买公有住房，免征契税。对个人购买普通住房，且该住房属于家庭唯一住房的，减半征收契税。对个人购买90平方米及以下普通住房，且该住房属于家庭唯一住房的，减按1%的税率征收契税。城镇职工和个人可充分利用这一优惠政策，达到税收筹划的目的。

四、通过签订分立合同进行筹划

根据《财政部 国家税务总局关于房屋附属设施有关契税政策的批复》（财税〔2004〕126号）的规定：对于承受与房屋相关的附属设施（包括停车位、汽车库、自行车库、顶层阁楼以及储藏室，下同）的所有权或土地使用权的行为，按照契税法律法规的规定征收契税；对于不涉及土地使用权和房屋所有权转移变动的，不征收契税：采取分期付款方式购买房屋附属设施土地使用权、房屋所有权的，应按合同规定的总价款计征契税。承受的房屋附属设施权属如为单独计价的，按照当地确定的适用税率征收契税；如与房屋统一计价的，适用与房屋相同的契税税率。因此，企业可以通过签订分立合同的方法，清晰区分土地使用权和房屋所有权发生转移的部分，以达到节税的目的。

【案例10-16】甲公司有一化肥生产车间拟出售给乙化工公司，该化肥生产车间有一幢生产厂房及其他生产厂房附属物。附属物主要为围墙、烟囱、水塔、变电塔、油池油柜、若干油气罐、挡土墙、蓄水池等，化肥生产车间总占地面积为3000平方米，整体评估价为600万元（其中，生产厂房评估价为160万元，3000平方米土地的评估价为240万元，其他生产厂房附属物的评估价为200万元）。乙化工公司按整体评估价600万元（不含税）购买，假定当地契税税率为4%，则应缴纳契税 =600×4% =24（万元）

根据税法的规定，对于承受与房屋相关的附属设施（包括停车位、汽车库、自行车库、顶层阁楼以及储藏室，下同）所有权或土地使用权的行为，按照契税法律法规的规定征收契税；对于不涉及土地使用权和房屋所有权转移变动的，不征收契税。如果甲公司与乙化工公司签订两份销售合同：第一份合同为销售生产厂房及3000平方米土地使用权的合同，销售合同价款为400万元（不含税），第二份合同为销售独立于房屋之外的建筑物、构筑物以及地面附着物（主要包括围墙、烟囱、水塔、变电塔、油池油柜、若干油气罐、挡土墙、蓄水池等），销售合同价款为200万元。第二份合同涉及的生产厂房附属物不涉及土地使用权和房屋所有权的转移变动，不征收契税。因此，经过筹划，乙化工公司只就第一份销售合同缴纳契税，则应缴纳契税 =400×4% =16（万元），节约契税支出8万元。

本章小结

本章介绍了其他税种的筹划，包括土地增值税、房产税、城镇土地使用税、车船税、车辆购置税、资源税、印花税和契税八个税种的纳税筹划。这些税种在我国大部分属于地方税种，税源分散，在整个国家税收收入中所占的比例不大，内容也比较繁杂，学生应着重掌握现在在经济中比较活跃的领域，如土地增值税的有效筹划、房产税的有效筹划、资源税的有效筹划以及车辆购置税的有效筹划。

复习思考题

1. 印花税的合同类型不同，其税负高低也不同。如果一个合同涉及若干经济业务，如何进行筹划？

2. 车船税属于典型的行为税类，如果你的车船使用效率不高，其结果就是隐性地增加了税收负担。请从行为税的课征特点出发，举例说明如何有效地降低一个企业的车船税。

3. 车辆购置税的税率是一定的，决定其税负高低的关键因素在于计税价格的高低，如何有效地在实践中加以筹划？

4. 位于北京市的 A 公司为房地产开发企业。2019 年其商品房销售收入为 5 亿元，其中普通住宅的销售额为 3 亿元，豪华住宅的销售额为 2 亿元。税法规定的可扣除项目金额为 3.6 亿元，其中普通住宅的可扣除项目金额为 2.6 亿元，豪华住宅的可扣除项目金额为 1 亿元。请问该房地产开发公司应如何筹划，才能使本年度缴纳的土地增值税较少？

5. 某市 B 公司和 C 公司为 D 公司的两家子公司。2015 年初，C 公司由于业务扩张，急需新的办公场所，B 公司正好有一处办公楼处于闲置状态。B 公司和 C 公司经过协商决定将其自有的闲置办公楼以投资联营的方式提供给 C 公司使用。该办公楼购置于 2010 年，原账面价值为 5000 万元。现有两套对外投资方案可供选择：

方案一：B 公司向 C 公司收取固定收入，不承担风险，当年取得的固定收入共计为 300 万元。

方案二：B 公司参与投资利润分红，与 C 公司共担风险，当年取得分红 300 万元。已知当地房产原值减除比例为 20%，城市维护建设税税率为 7%，教育费附加征收率为 3%，地方教育费附加征收率为 2%。请问应该采用哪种方案？

第十一章

国际税收筹划

导语：国际税收筹划涉及的范围与内容更加广泛。因此，筹划空间也就更大。通过本章的学习，掌握国际纳税筹划的一般概念和筹划方法，了解国际纳税筹划产生的条件，以及跨国公司税收筹划和电子商务国际税收筹划应注意的问题。

第一节　国际税收筹划概述

随着经济全球化的不断扩大，开放经济以及国际贸易、国际资本和劳动力流动，深刻地影响着各国的税收政策，越来越多的专业人士关注国际税收问题研究，尤其是国际税收筹划问题的研究。国际常用手段和身在国际避税地、市场中心区等与本企业开拓市场、资本流动等有关的区域设立常设相构，再利用各国（地区）税收制度的差别，通过一定的方法获取税收筹划利益。

一、国际税收筹划的概念

所谓国际税收筹划，是指跨国纳税人在不违反相关国家税法和不影响跨国企业管理目标的前提下，对自身各项跨国涉税业务作出的筹谋与策划，实现跨国纳税人全球范围内的税后收益最大化。

从概念来看，国际税收筹划与国内税务筹划的区别主要表现在以下四个方面。

（一）筹划主体不同

国际税收筹划的主体为跨国纳税人，而国内税收筹划主体是单纯在一国之内从事经济活动的纳税人。后者不会涉及国际税收筹划问题。

（二）筹划前提不同

两者虽然都有不违法的前提条件，但国际税收筹划是对多个国家的税法而言的，即不违反跨国业务所涉及的多个国家的税法；而国内税收筹划是仅对本国的税法而言的。

（三）筹划对象不同

国际税收筹划是对跨国涉税业务作出的筹谋与策划。从这个意义上说，国际税收筹划习惯上也称为国际避税。而国内避税则不是严格意义上的税收筹划。

（四）筹划手段不同

国际税收筹划既然是对跨国涉税业务作出的筹谋与策划，其跨国涉税业务可能涉及资本、所得、财产和纳税人等在国际间的流动，并带来国际间税法如何协调的问题（如税收协定）。因此，“流动”与“税收协定利用”就是国际税收筹划最基本的手段。

二、国际税收筹划的条件

简单地说，国际税收筹划的条件存在于各国税收方面的差异。因为国际税收不同于国家税收之处，就在于每一国家内部都有较为统一的税法，而各国之间的税法则存在差异。其差异主要表现在以下六个方面。

（一）各国税制结构的差异

税制结构是指在国家税制体系中，各税种的关系与地位。税制结构主要受各国社会经济条件的制约。一般来说，发达国家大多以直接税为主，发展中国家大多以间接税为主。到目前为止，国际税收协定的对象基本局限于以所得税为代表的直接税，而对间接税很少会涉及。比如，目前国际上避免国际重复征税的几种方法，包括扣除法、抵免法和免税法等，都是针对纳税人的跨国所得。但不可忽略的是，由于各个国家的税制结构不同，会对纳税人的税负产生较大影响。

（二）各国税收管辖权和纳税义务确定标准的差异

各国税收管辖权差异很大。有些国家只实行单一的收入来源地税收管辖权，大多数国家同时实行收入来源地税收管辖权和居民税收管辖权，少数国家实行三种税收管辖权，即还实行公民税收管辖权。

即使实行同种税收管辖权，各国纳税义务确定的标准也各不相同。例如，有的国家认为债权人所在地为利息收入的所得来源地，而有的国家则认为债务人的支付地是利息的来源地，应以债务人所在地为利息收入的所得来源地。

各国税收管辖权和纳税义务确定标准的差异为纳税人提供了对比和选择的机会，同时也提供了筹划的空间。

（三）各国税基的差异

税基即课税的基础，以企业所得税为例，税基即为应税所得。各国税法对同一税种（或同一性质税种）如何确定税基差异很大，表现在以下两个方面：

1. 税收优惠多少不同。一般来说，税收优惠多则税基小；反之，则税基大。

2. 税基计算不同。以所得税为例，什么收入应该计税，什么项目可以扣除，各国规定均存在较大差异。

（四）各国税率的差异

税率是税制的三个基本要素之一，反映税负的高低。各国的所得税制度所采用的税率形式有累进税率与比例税率的差异，即使同为比例税率，又有税率高低的差异；若同为累进税率，税率高低的幅度与级距的大小也不会完全相同。

如前所述，各国税法之间客观上存在着较大差异，国际税收筹划的基本手段是利用差异进行流动。但有时这种流动不是简单地从一国流向另一国，而是需要多次、多个国家之间流动，税收协定网络的形成为这种复杂的流动提供了可能。

（五）国际避税港的客观存在

一般来说，一国之内几乎不存在完全由于地域原因而税负较低的地区。国际上，由于主权的独立，一些国家（地区）出于某些原因而税负较低，甚至不存在所得税和一般财产税。这种低税负不需要其他条件，符合地域条件即可。这些国家（地区）就是国际避税港，为国际税收筹划提供了机会。

第二节　国际税收筹划一般方法

一、转让定价筹划法

转让定价是指关联企业之间在相互举借资金、销售商品、提供劳务和转让无形资产等经济往来中，所确定的内部交易价格。通常情况下，这种内部交易定价不同于一般市场价格，是跨国公司价格战略的一个重要组成部分，同时也是跨国税收筹划的主要手段。世界各个国家的税收制度千差万别，包括税种、税基、税率和减免以及固定资产折旧计提、交际费用列支等的规定都有很大的差异。因此，在母公司与子公司之间（包括各子公司之间）、总公司与分公司或总机构与常设机构之间（包括各分公司或常设机构之间），业务和财务联系的广泛性使纳税人有较大的余地实现产品、货物或劳务等价格的转让。企业往往通过从高税国向低税国或避税地以较低的内部转让定价销售商品和分配费用，或者从低税国或避税地向高税国以较高的内部转让定价销售商品和分配费用，降低国际关联企业的整体税收负担。

转让定价可以使关联企业避免或延迟缴纳公司所得税，实现整体税负最小化。

由于世界各国公司所得税制在计税依据、税率和税收征管水平等方面都存在着差异，特别是公司所得税税率上的差异，使得跨国关联企业可以在企业集团的整体利益的支配下（特别是在某个主要股权者的把持下），精心安排收支项目及其计价标准，通过价格让渡实现利润让渡，降低应税所得额，从而使价格转出方和接受方在实际税负水平方面的差异趋缓甚至消失。也就是说，关联企业集团通过利用高税国（地区）与低税国（地区）的税制差别，把应税所得尽量从高税国（地区）往低税国（地区）或避税地转移，躲避高税国（地区）的税收负担，在税收上避重就轻，达到企业集团总利润不变而其税后所得可以大量增加的目的。

二、日期结点税收筹划法

日期结点税收筹划法是指把收益和费用的结算日期提前数日或滞后数日进行筹划的方法。实质上，这种筹划方法所带来的收益额，并不是税款支出的减少，而是适当地利用计算日期之间的时间差，相应地增加或减少利息收入或支出，属于相对筹划法。

（一）收益结算日定为最迟一天

企业缴纳税额的多少是以企业的收益规模和税率的高低为依据的。企业收益是总收入减去费用的剩余部分。一般来说，应该列入收入的部分，除另有规定外，通常是指资产销售、有偿或无偿的资产转让、提供劳务以及其他交易所得到的部分，而其中最为一般的是资产的销售。对于企业来说，如何处理资产销售的计算标准问题，就是计算税收金额的最基本事项。在税务上，销售收入的计算是以“交货或交付”为计算标准。这也就是说，商品及其他的销售收入应算入交货或交付日所在的会计年度之中，但是，这里所谓交货或交付有如下几种情况：

1. 库存资产销售。库存资产销售的交货日在企业会计处理上，所采用的计算标准有装运日、验收日、检查仪器仪表正常运作日等。企业可以根据其库存资产的种类、性质、用途以及销售合同等的内容，相应地选择合适的计算标准。

2. 委托销售。在库存资产委托销售的场合，按规定，原则上应以库存资产销售受托人售出委托库存资产的时间为计算标准，但是如果满足某些条件，也可以委托库存资产销售计算书送达到委托人手中的日期为计算标准。

3. 建设工程等。建设工程等的交付日，一般有作业完工日、住房迁入日、验完工日、管理权限移交日等，企业也可以根据建设工程的种类、性质以及建设合同等内容，相应地选择其中某一个计算日期为计算标准。

4. 不动产经纪人介绍报酬。不动产经纪人介绍报酬原则上与不动产买卖、租赁等有关的合同生效日作为计算标准。不过，有时企业可以选择与合同有关的交易结束时收取酬金的时日作为计算标准。

从上述几种情况来看，有关税法对所谓交货或交付日并未作出详细规定，有时即使做了规定，但由于经营类别和结算的方式不同，也可以在满足一定条件下选择某个计算日期为计算标准。因此，很显然，收益结算的日期定得越晚，则销售收入的实现就越迟，对企业来说就越有利。故从企业角度看，应尽可能地在得到许可的情况下从几个可被视为的交货日或交付日中，选取一个最合适的最晚的日期作为计算税金的标准，这样对企业最为有利。

（二）销售收入的计算截止日比结算日提前 10 天

一般在企业营业执照和章程中，把会计年度的结束之日定为某月的月末。也就是说，根据其会计年度开始之日的月初至会计年度结束的当月月末这一期间来计算企业的收入。但是从企业的实际情况来说，可能并不完全是这样。例如，企业可能将采购、订购等的截止日期在企业内部定为某一日期。这样，销售收入等的计算也相应地把这一天定为截止日，并逐月进行损益计算。

在国外有些税法中规定，如果上述在企业内部的计算能保持连续性，即在一个较长的时期稳定不变，同时这种计算对税收没有明显的弊端，也允许企业根据其商业习惯以及其他理由，将作为与会计年度有关的收入及支出计算基础的截止日，提前到各会计年度结束之日前 10 天左右的时间，剩下的最后 10 天的销售款和销售成本作相应的调整之后进行年度损益计算。这样一来，对企业来说，尽管并没有因此减少税金支出，但却可以获得与某种存款利率相同的利益。

（三）在销售额尚未确定的情况下将其定得低一点

销售额是计算企业所得税等的基础，而销售额是根据交付货物的数量乘以其单价计算而来的。在某些情况下，尽管货物已交付给客户，但销售金额还没有最终确定下来的情况下，国外一些国家的税法是这样规定的：企业在交付货物后，如在交付之日所在的会计年度结束之前还没有最终确定的销售金额，则企业可以根据当时的情况确定一个预期的金额作为纳税基础。如果在此之后实际确定的销售金额与预期金额存在某一差额，则这一差额可算入销售金额确定之日在会计年度的收益或费用之中。此外税法还规定，如果根据预计所得到的销售收入与在此之后实际确定的销售收入之间存在差额，也不必再返过去重新修改税额，而是在销售收入确定之日所在的会计年度中，在年度损益表中反映这一差额，作出相应的调整，这样就为节税提供了可能性。

三、国际租赁筹划法

国际租赁不仅可以得到税收方面的优惠，而且还可以使租赁企业以支付租金的方式冲减企业利润，减少应纳税额。所以，它已成为跨国纳税人减轻税负的重要方法之一。利用国际租赁进行税收筹划的基本操作技巧有两种：

一是银转租赁获得税收利益。这是指由一个设在高税国的关联企业购置资产，以尽可能低的价格租赁给一个设在低税国的关联企业，后者再以尽可能高的价格租赁给设在另一高税国的关联企业。通过租金费用的转移，将在高税国的所得向低税国转移，同时，出租方和承租方又可多次提取折旧，从而大规模减轻税负。

二是将直接投资转为租赁。例如，某跨国纳税人将本应对子公司直接投资的资产转为租赁形式。这不仅增加了子公司的费用支出，减少应纳税额，又可在有关国家享受到租金税收减免的优惠。若这个跨国纳税人所在国为欧共体国家，那这种租赁形式应为融资租赁，把获得的收入由一般利得转为资本利得，还可享受到减免税负的优惠。如果采取杠杆融资租赁，除了以上好处外，还可以利用财务杠杆作用获取税收收益。因为资产的所有者（出租人）提供取得资产所需的10% ~40% 的资金，而其余部分则以无追索权为依据从金融机构债权人那里借入。资产所有权带来的全部税收收益归出租人所得，即使出租人在租赁中只占10% ~40% 的产权。这种财务杠杆作用为出租人创造了比按比例得到的税金节减额更高的收益。

四、优劣比较税收筹划法

优劣比较法主要用于税法允许进行某种选择的场合。

（一）存货计价方法的合理选择

税法上允许采用个别计价法、加权平均法、先进先出法等对存货成本进行计价，从企业来说，可以选择其中最有利于节税的一种计价方法。在经济发展比较稳定的时期，为了降低评价值，宜采用加权平均法。通过这样的选择，可有效地减少税金的支出。

（二）生产的附加费用控制在生产成本的某一限度以内

国外的一些税法规定，消耗或销售时所发生的一些直接费用须列入成本中。但是，如果下列的费用是少量的，即不到生产成本的 3%，那么可以不算入购置成本中。这些费用包括：

1. 生产加工之后所进行的检查、核对、整理、归类等所发生的一些费用。
2. 从生产场所转移到销售场所所需的货运费、打包费等一些费用。
3. 因为只能在某个特定的时期销售而需在较长时期保管等发生的一些费用。

除此之外，如在采购原材料时所发生的一些间接的附加费用也是少量的，则也可以不列入购置成本之中。为了使生产加工等的附加费用控制在生产成本的3% 以内，当然一方面应尽可能减少这些费用的支出，另一方面按照产品的种类、品质、型号的不同情况而相应地分摊费用，力图使分摊到每个产品上的附加费用压缩在生产成本的 3% 以内。这样，由于附加费用控制在生产成本的 3% 以内，因而可以不列入库存资产的购置价值中。显然就可以降低对库存资产的评价额，从而实现有效的节税。

（三）选择低价法进行评价

低价法是指按期末库存资产的种类、品质等的不同而加以分类。对于同一种类库存资产，从该类库存资产的市价中选择一个最低的值作为库存资产的评价值。从期间损益计算的观点来看，低价法缺乏其应用的合理性，但是由于这是很早以来在各国就已通行的评价方法，因此，外国许多税法中认可这一方法。所谓市价，指的是这样一种价格：1. 购进的库存资产，为期末库存资产的购进价格再加上购货的一些附加费用；2. 在有批发价和一般市场行情的场合，可按批发价再加上某些附加费用；3. 进口原材料的场合，按进口原材料时的进口价格，再加上附加费用；4. 自己生产的库存资产按期末生产的生产成本再加上附加费用。对于企业来说，一般情况下，市价可能会高于根据某一评价方法得出的评价额。因此，为了降低库存资产的评价值，常常选择低价法最为适宜，从而可以达到节省税款支出的目的。

五、购销折扣筹划法

（一）购货折扣从购货额中扣除，降低库存资产评价

在国外，许多大厂商都有自己的特约经销店。为了在激烈的市场竞争中确保自己的价格，这些厂商要特约经销店以自己定的批发价格出售产品，作为回报，给予特约经销店一定的购货折扣。关于购货折扣，在经济发达国家税法中都有相应的规定，并允许对购货折扣的处理方法作某种选择。在这些处理方法中，最受企业青睐的方法是将购货折扣从购货额中加以扣除。现将这一方法与不把购货折扣从购货额中扣除而作为余项收益处理的方法用数学演算作一比较。从中可以看到，企业采用前一方法可使企业资产评价值降低，从而有效地减少应交税额。

例如，期初库存资产：600000 × 10 = 6000000（元）；本期购货额：2000000 × 12 = 24000000（元）；购货折扣额（购货价格的 3%）：24000000 × 3% = 720000（元）；期末库存资产：700000 个；库存资产的评价方法：总平均法。

1. 购货折扣额从购货额中扣除的场合，本期的进货单价为：(6000000 + 24000000 − 720000) ÷ (600000 + 2000000) = 11.26（元/个）。因此，期末库存资产的评价金额为：700000 × 11.26 = 7882000（元）。

2. 购货折扣额不从购货额中扣除的情况下，本期进货单价为：(6000000 + 24000000) ÷ (600000 + 2000000) = 11.54（元/个）。因此，期末库存资产的评价金额为：700000 × 11.54 = 8078000（元）。

比较上述两个结果，可以看到，后者比前者多出 196000 元。显然，采用购货的折扣从购货额中扣除的办法进行计算，可以使库存资产的评价值降低，从而有利于企业减少税金支出，实现了节税。

（二）将期末的销售折扣作为未付款处理

有些企业尽管面临着巨大的价格压力，销售量却持续大幅度上升，究其原因主要的一个手段就是通过销售折扣来进行促销。

关于销售折扣，国外的税法上主要有两种规定：一是如果销售折扣的计算标准由销售价格和销售数量确定，并且计算标准通过销售合同或其他方法预先向客户予以说明。在这种情况下，销售折扣被视作售出货物之日所在会计年度内的费用。二是如果不是这种情况，即销售折扣的计算标准事先没有明确地向客户说明，或者以收回比例作为销售折扣的计算标准。在这种情况下，由于销售收入及负债情况没有确定，因此，销售折扣在通知客户销售折扣的具体数额之日或支付销售折扣之日所在会计年度内列入费用之中。

在上述两种方法中，从节税的角度出发，企业最好是采用前一种方法。这是因为，如果把销售折扣的支付标准确定为收回金额，那么，在期末尚未付出的用于代用那一部分的销售折扣就不能作为未付款处理。这样对企业来说，无疑会增加税金的支出。而如果将支付标准改为以销售价格为标准，那么，期末赊销货物的销售折扣就可以作为未付款，从而减少税金支出。若采用第二种方法，如果将销售折扣通知客户的时间拖延到申报期限，那么销售折扣也可按未付款处理。因此，企业亦可用第二种方法进行节税。

（三）将销售折扣作为保证金存起来，向客户支付相应的利息

在产品销售过程中，为了保证一定的市场占有率，必须保持一定的市场销售量。但是有时随之出现的呆账也逐渐地多起来。为了保证销售债权的安全性，有些企业想出这样一个办法，即将要支付给客户的销售折扣留存下来，以作为销售债权担保的保证金。只有当客户要求解除销售合同，发生灾害或改造店铺时，才把销售折扣全部支付给客户。但这样一来，由于销售折扣在一定期间实际上并未支付，而是仍留存在企业内部，因此，税务上不能认可将此销售折扣在该会计年度内作为未付款处理。为了既能够使销售折扣具有保证金的作用，同时又能使销售企业和客户签订一个合同，规定企业按照销售折扣的存款额定期向客户支付一笔利息。这样作为客户来说，已经享受到销售折扣的实际利益，而此时企业销售折扣可作为未付款处理，从而享受到节税的好处。

六、折旧税收筹划法

（一）申请缩短资产的使用寿命，缩短折旧年限

一般地，折旧资产的使用寿命大多由国家财政当局规定，任何企业都不得随意变更。法定的折旧资产的使用寿命主要是根据折旧资产的技术、材料、使用地点、维修的一般情况等来确定的。因此，由于所处的环境和条件的不同，企业的折旧资产的实际使用寿命与法定的使用寿命之间总是存在一定的差距。为了能使企业在特定情况下弥补这一差距，有些国家为此设立了缩短折旧资产的使用寿命的制度。所谓缩短折旧资产使用寿命制度，就是企业所拥有的折旧资产，在符合财政当局所规定的缩短使用寿命的某些条件下，在实际使用寿命可能比法定的使

用寿命缩短10%以上的情况下，按照一定的程度和格式，可以申请缩短折旧资产的使用寿命。

一般情况下，当企业的经营情况比较理想，发展速度较快，并且投资规模巨大，所使用的机械设备大多是新式的，在技术上也是属于最先进的，这时采用缩短折旧资产使用寿命的对策，是非常有利的。

（二）对于中期购入的资产，从简单折旧和按月比例折旧中选取最有利的一种方法

在会计年度中期购置并投入使用的折旧资产，采用定额法或定额比例法计算其会计年度的折旧额时，一般根据下面的公式计算：

折旧限额＝该会计年度每年结束时的月份数×在该会计年度中开始使用之日至会计年度结束时的月份数÷该会计年度的月份数

但是，在某些情况下，为了计算简单化起见，也可在得到税务当局认可的前提下，采用所谓“二分之一”的简单折旧方法，即假定折旧资产在整个会计年度期间使用，那其折旧限额为该折旧资产会计年度折旧限额的1/2。到底采用上述哪种公式来计折旧限额，即按月比例计提折旧还是采用简单折旧的方法，对节税最为有利，这主要视机械设备、运输工具等的购入情况而定。如果在会计年度中前半期资产的购置数量多于后半期，则最好是按月份数比例折旧；如果是后半期的购置的资产数量多，则最好是采用简单折旧的方法。

（三）积极进行有形淘汰计算资产报废费用

在税务上，关于固定资产的折旧，允许即使不是因该固定资产的破损、撤走、废弃等，只要符合一定的条件，也可以从该资产的账面价值中，扣除其淘汰处理的估计值，作为资产报废费用而列入费用之中。例如，当固定资产停止使用，此后按照一般的方法也不存在继续使用的可能性；成为生产某种特定产品而使用的固定资产，由于产品生产被中止，该固定资产也不可能继续获得使用等。在这些情况下，可以允许进行“有形淘汰”，即作为固定资产，其经济上的使用价值已近极限，这时可按其原有状态进行报废处理。报废固定资产的残值，可作为资产报废费用而计入费用之中。这样处理，在节税方面是比较有效的。因此，一般地，固定资产的价值较大，在生产被中止的阶段，其残值还是比较可观的。如果不作这样的处理，那么每年在账面上将占有一笔不小的金额，显然对节税是不利的。

（四）企业纯收益大时积极进行设备投资

作为所得税课税标准的企业纯收益即利润额，是企业的收入扣除费用以后的剩余部分。因此，增加费用部分就可使利润部分减少，当然支付的税金也随之减少。从这个意义上来说，如何增大费用支出部分，也是实行节税的一个行之有效的办法。但是，简单地认为增加费用就能带来节税的效果，其实是一种误解。因

为增加费用，尽管可以带来税金支出的减少，但同时也使纯收益减少，而且税金支出的减少额并不能完全抵消费用的增加部分。这两者之间存在一个差额，而这个差额实际上是企业的损失部分。

因此，单纯地增加费用并不能收到节税的效果。尽管如此，如果费用增加有利于企业未来长远的发展，对提高企业的收入能起推动作用，那么增加费用就值得企业重视。国外许多企业在盈利形势良好之时，积极进行设备投资。虽然这样会在一个时期内增加大量折旧费支出从而带来赢利率的降低，但对企业的长远发展是有利的，同时还可起到节税的效果。

七、费用摊销税收筹划法

这是指通过费用的摊销来调节成本和利润，或通过费用的转移来躲避一些特殊征税的费用。

在国外的某些税法上，有些费用如交际费、招待费、保密费等，国家是征税的。随着市场竞争日趋激烈，同时为了企业的进一步发展的需要，这一部分费用又有越来越大的倾向，从而构成企业的一大负担。为了既抑制日益增多的交际费用等的费用支出，同时又达到减免税收的目的，有些企业将交际费用等按每人的营业实绩作为包干费用每月一次性地支付给职员。这样，这部分费用就被视为职员的薪水，税收的征管对象就转移到个人身上。此外，有的企业把交际费用打进制造成本；把招待客户的旅行费算作会议经费等，通过这些手法来转移费用，可以达到节税的目的。又如，平均费用分摊法是最大限度地抵消利润、减轻税负的最佳方法。企业应把长期经营活动中发生的各项费用尽量平均分摊在各期中，使其所获各个时期利润比较平均，从而不会出现某阶段税负过高的现象。

八、分散所得筹划法

分散所得筹划法主要是通过设立子公司，给家庭从业人员支付工资等来分散企业所得，从而达到少缴税的目的。这是国外企业最普遍的一种节税对策。目前，这种节税对策在我国的一些企业中也得到经常性的应用。

在累进税制下，分散所得进行节税就显得尤为重要。因为，一般所得税通常使用累进税率。在这种情况下，随着所得额的增加，税率档次爬升会使企业税负急剧增加。因此，企业分散所得是有现实意义的。如何合理、合法地使所得分散，是问题的关键。在国外，主要有以下几种类型：一是给雇员支付工资。由于个人所得也需要交累进个人所得税，因此，这种节税需要经过严密的计划，尽可能将支付转化为不需要交纳个人所得税的方法。如企业为职工买免税的国债券；又如给职工提供福利性实物等；二是通过子公司转移支付，将税负较高的所得分散支出，转移到免税或轻税的公司；三是通过信托的方法将集中的所得分散到信托公司的名下；四是通过联营，将免税企业或减税企业作为联合的合作伙伴，从而分散所得。

第三节 跨国公司的税收筹划

一、跨国公司

跨国公司，也叫多国公司，是国际直接投资的主体，世界上绝大部分的国际投资都是由跨国公司进行的。仅世界100家最大的跨国公司就占了国际直接投资总存量1/3的份额。特别是第二次世界大战后，跨国公司不断涌现。据不完全统计，全世界各种类型的跨国公司已从1960年的7000家发展到1983年的60000家，到1995年全球共有39000多家母公司和270000多家跨国公司的分支机构，其经济活动已占世界贸易总额的50%，占国际技术转让的30%～40%。跨国公司作为国际商品、劳务、人才、技术和资金的一个综合体，已成为当代国际经济和技术发展不可缺少的重要力量。

跨国公司内部结构体系或法律组织形式，主要包括总公司、母公司以及分布在与其非同一税收管辖区内的其他国家中的分公司、子公司和联络办事处等。建立跨国公司的主要目的是在经济全球化的条件下，实现生产过程、销售和管理的最优化，成本费用的最小化和利润的最大化，从而巩固跨国公司在国际市场中的地位。然而，在构建跨国公司内部结构的筹划过程中，经营活动的税收问题已成为一个不可忽视的问题。企业进行跨国税收筹划的目标恰恰是实现跨国公司内部结构的最优化，从而使公司的总利润达到最大化。跨国公司税收筹划的主要方法是建立灵活的公司内部结构，并在这个结构的范围内开展一系列使税收最小化的业务活动，包括利润的再分配和减少利润等。其中，利润的再分配是指将跨国公司的全球利润安置到税负水平相对较低的国家去；减少利润是指将部分费用和股息、利息和特许权使用费的付款归入跨国公司内部低税国居民公司的财务收益中去。

跨国投资者可以通过在低税区或适用低税率的地区设立各种企业组织机构，诸如建立国际控股公司、国际金融公司、国际投资公司、国际销售与采购公司、常设机构和子公司等，达到跨国税收筹划的目的。

二、跨国公司的税收筹划

（一）国际控股公司的税收筹划

建立国际控股公司是跨国公司实现其全球性的经营战略、减轻税收负担、达到总体利润最大化的有效途径之一。

所谓国际控股公司，也称特别控股公司或导管公司，通常是一家企业集团的母公司直接或间接拥有其他公司股权。国际控股公司以控制而不以投资为目的，其全部活动就是传导集团财务资金，将外国子公司所得集中在它所在国自己的账户中，然后将筹集的资金再投资，或者转回集团的母公司，控股公司可分为以下两种类型：

1. 纯控股公司。这种控股公司只持有其他公司的股票（或其他决定性投票权），从而管理这些公司的经营活动和财务活动，而不经营具体业务。

2. 混合控股公司。这是指除了具备上述纯控股公司的功能外，它还同时从事各种经营活动，如生产、贸易和信贷业务等。

国际控股公司是跨国企业进行股权参与和控制走向专业化的一种组织结构。跨国公司建立控股公司的基本途径和结构是，跨国公司在甲国设立一家控股公司之后，母公司对于子公司的资本参与，以及子公司对母公司的收入、支付一般以控股公司为中介。跨国公司有意识地选择某个国家或地区设立专门的国际控股公司，主要是为了获得税收上以及其他经济方面的利益。

对于控股公司在企业集团中所起的作用，欧共体在 1973 年的一份报告中作过如下概括：

（1）通过持有多数股权以控制其他的工业或商业公司。

（2）形成投资基金。

通过发放债券以筹集资金，为企业集团内部的企业提供资金来源。获取利息、特许权使用费收入。

建立国际控股公司通常可以获得许多好处，在税收上的主要利益有：

（1）少缴预提税。这主要指收入来源国支付给控股公司的股息、利息和特许权使用费等，课征较低税率的预提税。

（2）递延缴纳股息收入的所得税。在一般情况下，母公司只有在收到子公司汇入股息，才把这部分股息还原为应税所得缴纳公司所得税。如果控股公司作为一个子公司，股息不汇入母公司，就可以递延缴纳母公司的所得税。

（3）增加税收抵免限额。这是指建立控股公司后，可以把原来由各个子公司分别计算税收抵免限额，改变为综合计算。在各个子公司不出现亏损的情况下，综合法要比分国法得到更多的抵免限额好处。

（4）递延缴纳资本利得的所得税。在控股公司所在国免征资本利得所得税的条件下，母公司的财产如通过控股公司转让，其收益如不汇入母公司，可递延缴纳所得税。

因此，国际控股公司在税收筹划上通常是围绕以下几个目标进行的：预提所得税的最小化；延迟纳税和再投资；外国税收抵免的最大化；回避外汇管制。

（二）国际金融公司的税收筹划

国际金融公司通常是指跨国公司在适当的地点建立起来的用于企业集团内部借入或贷出资金的中介性公司。这类公司有时还充当企业集团的财务中心，跨国公司选择在适当的地方设立中介性的金融公司，不仅可以增加企业集团整体融资的灵活性，还可以获得“节税”的税收利益。因此，也是跨国公司进行税收筹划的重要手段之一，国际金融公司的建立地点选择主要取决于以下因素：

1. 国际税收协定网络密布的国家或地区，可以享有协定提供的税收优惠。
2. 利息支付免征预提税。
3. 金融公司的利息收入不纳入公司所得税的税基。
4. 没有负债权益比率以及其他防止资本弱化的限制。
5. 没有任何形式反对滥用税收协定的法律规定。
6. 地方银行业和保险业比较发达。
7. 没有外汇管制。

【案例 11－1】 在某高税率国家从事经营活动的 A 公司需要为其境外子公司 B 筹借 5000 万美元资金，因数目较大需从国外借入，然后再转贷给 B 公司。假设 A 公司所在国的利息预提税率为 35%，则 A 公司在支付借款利息时要同时缴纳 35% 的预提税。这里需说明，本来利息预提税的纳税义务人是债权人，但是贷款人为了不减少实际的利息所得，往往要求 A 公司支付利息时还要加一笔应纳的预提税，也就是要求 A 公司负担预提税，这必然增加借款成本。考虑到这一点，A 公司在某个免征利息税的地区设立一个国际金融公司 C，由 C 公司在 A 公司担保下在国际市场上筹措 5000 万美元，转贷给 B 公司，从而免去了 35% 的利息预提税。

【案例 11－2】 某企业集团的母公司 A 设在英国，它从巴林的一家公司 B 借入款项，而巴林至今尚未与英国缔结税收协定。依据英国税法规定，A 公司向 B 公司支付利息时，要缴纳 25% 的预提税。在这种情况下，企业集团公司要考虑不直接从巴林的 B 公司借入款项，设法从设在可享受税收协定优惠的金融公司借入款项。母公司 A 可不直接从巴林 B 公司借入款项，而从它的子公司的荷兰金融公司借入款项，荷兰金融公司再从巴林 B 公司借入款项。由于荷兰同许多国家签订了税收协定网络，依据荷兰同英国和巴林的税收协定，英国不征预提税，荷兰金融公司支付巴林公司的利息也不征预提税。因此，大大降低了 A 公司的融资成本。如果金融公司不设在荷兰，而设在税收协定网络同样发达的荷属安地列斯等另一些地区，也可以得到同样的税收利益。不过要详细查一查国家与国家缔结的双边税收协定的具体条款，才能作出恰当的选择。这种做法还可以广泛地用在发行欧洲债券的筹资方式上。英国公司如要发行欧洲债券筹集资金，可以通过它设在荷兰的金融公司，向债券购买者发行，在今后支付债券的利息时可免征预提税。

（三）国际投资公司的税收筹划

企业集团组建国际投资公司一般是为了控制和管理有价证券的投资，通过选择适当的地点和资本的合理运作，也可以获得较好的“节税”利益。

投资公司与控股公司既有相同之处，也有不同之处。前者主要通过“股本参与”的方式达到控制其他公司的目的，其目的也是谋取整个企业集团的利益。后者主要是通过有价证券的投资，来谋取投资所得，不一定非要控制其他公司的经营决策。上述两种公司有时是合二为一的，既搞控股，也搞投资。投资公司同金融公司也不同，金融公司是以借贷款项、融资运作为主要手段，而投资公司则是主要以证券、股票为投资手段，这同证券经纪公司以代客频繁买卖股票、证券来获取佣金所得也不同。投资公司主要是进行有价证券的投资，但发展的结果却出现了财产投资公司。母公司所在国如果对财产转让、出卖的增益征收资本利得税，财产租赁收益征收不动产所得税，那么，选择一些免征上列税收的国家或地区建立财产投资公司办理这方面的业务，从中可以得到税收利益。例如，一家公司拟从事证券、固定资产转让，以获取差价收益。因母公司所在国税法规定公司的资本利得按一般所得征收公司所得税。为节省税款，这家公司考虑在不征收资本利得税的国家或地区设立财产投资公司来从事这方面的业务，以获得免缴资本利得税的利益。同样，母公司对子公司或子公司之间设备或财产的租赁也可以利用财产投资公司这一中介进行，而财产投资公司获取的租赁收益，可以少缴不动产所得税。避税港和那些对控股公司实行税收优惠政策的国家或地区，也是设立投资公司的适合场所。例如，卢森堡对控股公司实行一种特殊的税收优惠，几乎免征了一切所得税、投资利得税、预提税和个人所得税。

（四）国际销售、采购公司的税收筹划

跨国企业集团选择一个适当的地点设立专门的国际销售子公司或采购子公司是十分常见的。在正常情况下，母公司一般是把制造出来的产品直接销售给分布在世界各地负责销售业务的子公司，然后由子公司转售出去。不过母公司出于经营上或税务上的考虑，往往在某国设立一家受控的中介性国际销售公司，母公司的产品先卖给国际销售公司，然后再转卖给子公司，最终由这些子公司对外销售。与建立销售公司的情况类似，企业集团也可以建立一家国际采购公司。由国际采购公司向外购买企业集团成员公司所在地需要的原材料、零部件、半成品，然后在内部作价供应。

为什么企业集团要在母公司与其子公司之间设立中介性的国际销售公司，同时，又为什么企业集团的各成员公司不直接向供应商购买制造产品所需要的原材料、零部件、半成品呢？原因是多方面的。就税收而言，首先是设置国际销售或采购公司的所在国，最好是不征所得税，或者只课征比母公司以及子公司轻得多的所得税。这样，本来全部由母公司或其子公司取得的利润，分散到销售或采购公司之后，总体税负水平将会大大减轻。由于国际采购、销售公司多设立在低税负国家或地区，跨国公司同样一笔营业利润反映在这些公司账上，要比反映在高税负国的成员公司账上少缴许多税款，这对企业集团无疑作用重大。实际上采购与销售是一对相互联系的业务活动。买是为了卖，为了卖需要买。所以，企业集团成立的国际销售公司和国际采购公司大多是两位一体的，性质上类似于国际贸易公司。国际销售或采购公司获取的营业利润主要涉及两方面的税收：一是对营业利润课征的公司税；二是对利润分配课征的预提税。因此，国际销售或采购公司应选在所得税税负低和税收协定网络发达的国家和地区。目前避税港的税负最轻，像百慕大开曼群岛、巴哈马、马恩岛等地免征所得税，公司税税率为零，像根西泽西岛，中国香港、中国澳门等地公司税税率一般都很低。除避税港外，瑞士和塞浦路斯也是跨国公司建立国际销售或采购公司的理想地点。

（五）信托公司的税收筹划

信托反映人们之间财产权利责任的法律关系。在这种关系中包含三类当事人：一是信托者，即财产的所有人；二是受托者，即接受信托者委托管理信托财产的人；三是受益者，即依据设定的信托契约（合同）享有信托财产提供的利益的人。现代信托财产的种类也在不断扩大，最早是以土地为主，现在除了土地之外，还包括动产、不动产、股票、债券、现金、储蓄、专利、特许权等几乎一切具有确定价值的财产。随着经济发展，大量公司形态的“营业信托”（也称商事信托）等信托形式，逐渐在许多国家出现。目前信托公司、信托投资公司已如雨后春笋，蓬蓬勃勃地发展起来。从国际上看，利用信托进行税收筹划也是纳税人常用的手段之一。对信托的课税主要有以下三个方面：

1. 是对收益的课税，即对信托财产租赁所得、投资所得、经营所得、财产转让增益等收益征税；

2. 是对流转的课税，即对信托财产交易额课征的销售税、对信托劳务收入课征的销售税（或增值税）；

3. 是对契约、合同、文书、凭证课征的印花税。

利用信托公司进行税收筹划可以从以下几个方面进行：

第一，把信托公司建在国际避税地，如开曼群岛、列支敦士登、泽西岛、马恩岛、直布罗陀等。由于这些地区对信托业实行比较优惠的税收规定，因此，这些地区信托业相当发达。例如，直布罗陀规定，信托所得只要直接归受益人所有，将免征所得税，而不论其受托人是否为本国居民，也不论其所得究竟来源于境内还是境外。又如，在泽西岛，境内的受托人如取得信托财产的境外所得，而受益人又不是泽西岛的居民，这一信托单位不必缴纳所得税。第二，信托单位把信托所得支付给受益人，而什么时间支付是税收筹划需要加以考虑的。因为受益人如果是一个自然人，假定其居民所在国实行的是按综合收入的超额累进税率课税，那么年度之间的税率是有差别的。同样是一笔信托收益，列在2008年的账上，加上其他收入，计算的税率可能达到30%，而列在2009年的账上，因总收入较低，税率可能降低到20%。假定税收上有盈亏结转的待遇，信托收益冲销其他损失后，甚至可免缴所得税。第三，从信托关系来看，信托所得如果由受益人取得，信托单位只起中转的作用，本身不是信托所得的纳税义务人。这样，累积在信托组织的所得，有可能享有税收递延的好处。第四，除所得税外，信托财产还涉及一般财产税、遗产税及赠与税、印花税等。这些税种也须考虑在总税负中，不能只核算一个税种的负担率，还要核算综合负担率。

（六）常设机构的税收筹划

常设机构也叫固定场所或固定基地，是指一个企业进行全部或部分经营活动的固定营业场所。对于这一概念，《经合与发展组织关于对所得和财产避免双重征税协定范本》和《联合国关于发达国家与发展中国家避免双重征税协定范本》都作了确认，并作了实质性的说明。但各国对常设机构的认识并不完全一致。不过，许多国家已使用常设机构的概念来确定对在本国的非居民个人或非居民企业的利润进行征税。这种做法不仅在有些国家的税法中出现，而且在某些国家之间签订的双边或多边税收协定中也时常见到。

一般来说，一个事实上的常设机构要想躲避其纳税义务，是比较困难的。根据《经合与发展组织关于对所得和财产避免双重征税协定范本》的定义，判定跨国纳税人有无常设机构并确定其纳税义务，可以采用有形物质联系因素，如一处生产管理场所、一间办公室、一座工厂等。即使找不到这些有形物质联系因素，也可以采用法律等因素加以综合判定。只要一个人代表非居民纳税人在一国中行使签订合同、接受订单的权利，就可以认定非居民纳税人在该国有常设机构。尽管如此，许多国家的税法中，特别是在国家间的税收协定中，却规定了大量免税的常设机构经营活动，例如，货物仓储、存货管理、货物购买、广告宣传、信息提供或其他辅助性营业活动等。这些特殊的税收优惠规定，就为跨国纳税人通过建立常设机构来转移资金、货物或劳务，进行跨国税收筹划活动提供了渠道。

在我国分别与美国、加拿大、比利时、丹麦、泰国和新加坡等国签署的《关于对所得避免双重征税和防止偷漏税的协定》（下称《协定》）中明确规定，对下列内容不能视为常设机构：一是专为储存、陈列或者交付本企业货物或者商品的目的而使用的设施；二是专为储存、陈列或者交付的目的而保存本企业货物或者商品的库存；三是专为另一企业加工的目的而保存本企业货物或者商品的库存；四是专为本企业采购货物或者商品，或者收集情报的目的所设的固定营业场所；五是专为本企业进行其他准备性或辅助性活动的目的所设的固定营业场所；

六是专为上述第一项至第五项所述活动的结合所设的固定营业场所，如果由于这种结合使该固定营业场所全部活动属于准备性质或辅助性质。《协定》中还明确指出：缔约国一方企业仅通过经纪人、一般佣金代理人或者任何其他独立代理人，在缔约国另一方进行营业，如果这些人按常规进行其业务本身，不应认为该缔约国一方企业在缔约国另一方设有常设机构。同时缔约国一方居民公司，控制或被控制于缔约国另一方居民公司或者在该缔约国另一方进行营业的公司，此项事实不能据以使任何一方公司构成另一方公司的常设机构。上述内容的规定为跨国纳税人提供了许多好处，他们可以根据所从事的一项或多项免税活动进行税收筹划；有时也可以利用服务公司或与子公司一起转移货物、劳务、利息、特许权使用费和管理费用等；还可以利用常设机构转让营业财产和虚构财产租赁，以达到节税目的；有时还可以利用常设机构亏损以及常设机构间的汇率变化，有效地减轻税收负担。

（七）设立子公司的税收筹划

一个跨国公司对外投资时，除了采取选择建立常设机构形式外，还可以选择建立子公司的形式。由于一些低税国可能对具有独立法人资格的投资者的利润不征税或只征收较低的税收，并和其他国家广泛签订了税收协定，对分配的税后利润（即股息、红利）不征或少征预提税。跨国公司可以在这些低税国建立子公司，用来转移利润，进行跨国税收筹划。低税国往往也为子公司提供免税期或其他鼓励。这样，跨国公司既可以避免在常设机构条件下，被居住国补征其不足限额的税款，又可利用母公司所在国税法规定，通过暂不汇回股息，以取得延缓纳税的好处。

【案例 11-3】 甲国 A 公司从其乙国常设机构处取得利润 100 万美元，乙国对这笔利润征收了 35% 的所得税，即 35 万美元税款。假定甲国的所得税税率为 40%，对 A 公司取得的这笔国外来源所得应征 40 万美元（100 × 40%）税款，那么，在抵免制度的情况下，A 公司除已缴纳的乙国税款可获得全部抵免外，还要补交其不足限额的税款，即补交 5 万美元（40 - 35）税款。但如果 A 公司是从其乙国子公司处取得股息 100 万美元，就可避免上述结果了。常设机构一旦取得利润，总机构在同一纳税年度内就要将此项利润在母国汇总纳税。这样，在国外税率低于母国税率的情况下，就无法获得延期纳税的好处。因为母公司所在国税法往往规定，对来自外国子公司的税后利润的股息暂不汇回国内的，可以延缓纳税，即只对汇回国内的股息征税，且多有间接抵免待遇。这样，上述 A 公司从其乙国子公司处取得的 100 万美元股息，如果子公司暂不汇给甲国 A 公司，则可获得延缓纳税的好处。

（八）收购外国公司的税收筹划

收购外国公司是跨国公司从内部来扩大自己的全球化经营的有效方法。采用这种形式往往是跨国公司想尽快在当地市场中获取一个现有的服务网络，削弱竞争对手，取得先进的工艺技术，以及扩大经营项目。从税收筹划角度看，收购外国公司有两大好处：一是不需要进行企业的登记注册，从而避免了一系列手续费用，如注册登记费、最低注册资本的检验等，并且还避免了某种情况下需缴纳的资本税和各种地方税；二是如果收购的是一家失去支付能力的公司，那么其债务在亏损以后还可以冲抵整个跨国集团的应税所得。这样，它可以同时享受集团总公司所在国和所购公司登记注册所在国提供的各种税收折扣和税收优惠。

在收购公司时，通常建议利用公司所在国的当地货币贷款，可在集团总公司的担保下从当地银行获取贷款。此举主要是为了减轻因汇率变化可能带来的损失，避免汇率风险；与此同时，还可以避免有些国家的汇率差额税。收购公司可由设立在当地的控股公司来进行，由它来签订合同和筹集资金。收购的费用和贷款利息的支付可由所购公司以后的利润来补偿。完成购买的一切手续后，该公司就被纳入跨国公司的内部组织体系之中。在收购公司前，应该仔细研究当地国家税法对类似业务的规定，在取得有关利息和债务等支付的税收优惠后，才能实现该公司和集团的联合。以后与所购公司的相互关系，就如同与集团中的其他子公司一样处理，跨国公司在收购外国公司时，在税收筹划上应注意以下三个问题：

一是在实现所购公司资本化（发行新的有价证券）时可能要承担税收义务，在改变公司所有人的时候要缴纳转让税。二是公司的经营活动要受到当地政府的限制，其中包括税收上的限制。例如，终止公司享受税收优惠政策的权利，或与当地人口就业有关的政策。三是既要评估包括新公司在内的整个集团的税收负担水平，又要评估该公司在居住国将要承担的税收负担；评估所购公司的地位（公司、合伙企业、个体所有企业）以及今后公司地位可能变化后的税收影响；评估收购外国公司的方法。

第四节 电子商务的国际税收筹划

一、电子商务及其税收问题

电子商务（Electronic Commerce，简称 EC），按照世界贸易组织电子商务专题报告的定义，是指通过电信网络进行的生产、营销、销售和流通等活动。不仅指因特网上的交易，也指所有利用电子信息技术来解决问题、降低成本、增加价值和创造商机的商务活动，包括通过网络实现从原材料采购、查询、产品展示、订购到出品、储运以及电子支付等一系列的贸易活动。简言之，就是利用先进的电子技术所进行的商务活动的总称，包括信息流、物流、资金流三大系统。电子商务的经济活动类型大致有：通过网络上的“虚拟商店”“电子购物广场”等销售、出租货物；提供传统的金融、旅游、会计、法律、咨询等网络服务；提供在线信息；提供网络娱乐等。

20世纪90年代以来，随着电子计算机技术的迅猛发展和国际互联网的广泛应用，电子商务应运而生，并得到突飞猛进的发展。因特网正在戏剧性地改变商业行为的方式，使公司能够接触新市场、提高效率，并以前所未有的程度与消费者发生相互影响。受因特网影响最大的部门是交流、财经和零售业。但是在未来几年内，电子商务的应用还会越来越广。根据国际数据公司的统计，1999年全球使用因特网的客户已增至1亿多户，1996年世界电子商务总额为80亿美元，1998年达到430亿美元，1999年突破700亿美元。据艾瑞（iResearch）市场咨询公司统计，到2004年底，全球电子商务交易总额已经达到了2.7万亿美元。而由于亚太地区的经济急速增长，各国政府对信息化及电子商务市场的重视，未来几年全球电子商务市场将迎来高速发展的局面。

二、电子商务对传统税收管理的冲击

传统税收主要是针对有形产品制定的，并以属地原则为基础进行管辖，通过常设机构、居住地等概念，把纳税义务同纳税人的活动联系起来。而电子商务所具有的无国界性、超领土化以及数字化等特点，使现行税法及其管理落后于交易方式快速演进的步伐。随着电子商务的发展以及全球电子商务市场的繁荣，各国的传统税收制度及其管理也面临许多新的问题，对于电子商务，无论是其纳税义务产生的时间、地点，应税业务的定性、定量，还是纳税主体、客体的确定，传统税收制度都受到挑战。电子商务对传统税收的冲击主要体现在以下四个方面：

（一）税收管辖权问题

电子商务的发展，使各国对所得来源地的判定发生了争议，给行使地域管辖权带来一定困难。如服务所得通常由服务执行地作为来源地行使税收管辖权，而通过因特网可以轻松进行跨国的培训、教育、娱乐等服务，服务执行地难以确定。再如，外国企业利用因特网在一国开展贸易活动，只需装入事先核准的服务器就可以买卖数字化产品，而且通过该服务器还可以与世界各国的网上企业进行网络贸易，那么，该服务器是否构成这个外国企业设在该国的常设机构，而由该国行使地域管辖权进行征税的问题也难以确定。这些问题的关键是如果按属人原则进行征税，一个服务器能否算作“居民”。美国作为电子商务的发源地，基于其自身的利益，明确要求扩大居民管辖权，限制其他国家地域管辖权的实施范围，而发展中国家则从维护本国经济利益的目的出发，要求扩大本国的地域管辖权。

（二）常设机构及其利润判定问题

因特网的出现，使传统的营业机构所在地、合同缔结地、供货地等基本概念都模糊不清，如网站、服务器是否能构成常设机构、因特网服务提供商是否构成代理人等问题存在广泛的争议。即使服务器可以被认定为常设机构，由于服务器中只有数字信息，不存在进货、出货、库存等概念，营业收入也难以界定。

（三）征税对象的性质和数量问题

由于电子商务交易对象均被转换为数字化信息在网上传送，数字化信息易于传输与复制的特点使网上交易的性质难以划分，有形商品、劳务、特许权等的区别变得模糊。例如，销售书籍收入是产品销售收入，而通过因特网，顾客只需下载信息，就可完成购买，并且可复制，所购买的是书的数据权，这种交易难以确定应属产品销售、提供服务还是转让特许权。由于征税对象的性质难以确定，也就难以确定适用的税种和税率，给税务当局造成极大困难。

（四）税务管理问题

由于电子商务的无纸化，传统税收征管失去了所依赖的各种纸面票据凭证基础，而电子商务的各种凭证均可在计算机网络中以电子形式填制，这些电子凭证又可以被轻易修改，并且不留痕迹。随着电子银行的出现，电子货币可以在税务机关毫无察觉的情况下完成付款和结算。同时，由于网上交易更改营业地点容易，追踪供货途径和货款来源都存在困难，从而导致网上交易的客户身份模糊。再加上计算机加密技术的进步，这一切都使网上交易存在着流动性和隐蔽性，税务当局搜集掌握资料的难度日益加大。

二、电了商务的国际税收筹划

企业可以利用因特网隐匿性和流动性的特征进行国际税收筹划。

（一）利用电子商务的隐置性进行税收筹划

1. 避免成为居民公司

如澳大利亚的居民概念是指：①该公司是澳大利亚法人单位；②非法人的外国公司在澳大利亚从事经营且管理中心设在澳大利亚。在澳大利亚利用电子商务从事经营的跨国公司可以将管理中心设在澳大利亚以外，这样就成为了该国的非居民，只就来源于该国境内的所得纳税。此外，由于电子商务交易货物的支付地、缔结合同地、供货地等很难确定是否来源于澳大利亚，因此，公司可以减少许多税收负担。

2. 避免成为常设机构

如日本遵循经济合作发展组织对常设机构的定义，但该定义没有对非居民因特网网址是否构成常设机构作出解释。外国公司通过因特网销售货物或劳务给日本顾客，并在日本设置辅助机构用于接受订货和售后服务，这种辅助机构既没有存货，也不代表外国公司对外签订合同，依法不能认定为常设机构，从而不能认定其所得来源于日本，日本政府征税就无从下手。

3. 规避税收地域管辖权

如新加坡执行税收地域管辖权，即外国公司通过因特网向新加坡顾客销售货物及劳务，是否应缴纳商品及劳务税，取决于该商品及劳务是否在新加坡销售，以及是否在新加坡办理过税务登记。因此，外国公司可以规避这些税收。

（二）利用电子商务的流动性进行税收筹划

1. 组建国际避税地虚拟公司

例如，芬兰和阿根廷都有权对发生在各自境内的运输或支付行为征税。因此，芬兰的企业与阿根廷公司间进行的电子交易，可以选择在巴哈马的虚拟公司（virtual corporation）作为交货地点，从而利用巴哈马的国际避税地优惠。由于电子商务的流动性极强，选择一个税收负担低的交易地点非常容易。

2. 网址上的“电话回复中心（call back center）”

例如，欧洲的增值税法规定，提供货物应在发送地征税。这样，欧洲各国对非欧洲国家利用因特网为其提供的劳务无权征税，欧洲各国可通过电话或其他方式，预约非欧洲国家为其进行网络服务。这种为其提供劳务的网址就成为“电话回复中心”。

3. 跨国公司的转移价格

电子商务的时效性进一步促进了企业集团内部功能的一体化，公司的职能如产品开发、销售、融资等成本费用能更轻易、快捷地以网上交易的形式分散到各国的子公司。因此，各国税务当局对经济活动的发生地及活动情况更加难以掌握。

第五节　企业海外投资税收筹划

这里主要讲的是企业在海外投资过程中进行的税收筹划，利用税收协定的优惠政策进行的税收筹划，通过投资于避税港进行税收筹划等相关案例。

一、投资于百慕大的税收筹划

如何通过投资于百慕大进行税收筹划？

避税港是跨国公司无不热衷的地方。形形色色的避税港又由于地理位置、经济发展水平、商业环境以及税收协议编结的情况各不相同，因此，跨国公司也会有所选择。目前，世界上实行低税率的避税港有百慕大、开曼群岛、巴哈马、马恩岛、中国香港等。

百慕大地处北美，位于北大西洋西部群岛，是一个典型的避税港，在百慕大注册一个公司，两天内就可以完成全部手续。并且，政府不征公司所得税和个人所得税，不征普通销售税。只对遗产课征2%～5%的印花税；按雇主支付的薪金课征5%的就业税、4%的医疗税和一定的社会保障税；对进口货物一般课征20%的关税。另外，百慕大针对旅游业兴盛的特点，征收税负较轻的饭店使用税、空海运乘客税。

百慕大的政治及经济一直都非常稳定，因而受到跨国公司的普遍青睐。百慕大的银行、会计、工商、秘书等服务的品质，在所有的避税天堂中，都居于领先地位。

【案例11－4】 某企业A，其业务模式主要通过制造子公司B进行产品生产，再由销售子公司C通过购买B公司的制造产品向海外出售来实现利润。由于两个子公司要分别缴纳25%的企业所得税，企业税收负担比较重。2008年度，B公司实现利润1000万元，C公司实现利润800万元。请计算B、C两个公司每年需要缴纳的企业所得税并提出纳税筹划方案。

B公司需要缴纳企业所得税250万元（1000×25%），C公司需要缴纳企业所得税200万元（800×25%），合计缴纳企业所得税450万元（250+200）。

由于该企业的主要销售对象均在海外，该企业可以考虑将C公司设置在所得税税率比较低的避税港，假设为D公司。D公司的企业所得税税率为10%。B公司的产品以比较低的价格销售给D公司，D公司再将其销售给海外客户。假设2008年度B公司实现利润500万元，将500万元的利润转移至D公司，D公司实现利润1300万元。这样，B公司需要缴纳企业所得税125万元（500×25%），D公司需要缴纳企业所得税130万元（1300×10%），合计缴纳企业所得税255万元（125+130），减轻税收负担195万元（450－255）。当然，商品从B公司所在国转移至D公司所在国需要花费一些费用和缴纳一些税收，如果这些税费的总额低于195万元，则该纳税筹划仍然可以为该企业带来利益。如果投资于百慕大，由于没有所得税，其税收负担会更轻。

二、投资于开曼群岛的税收筹划

开曼群岛位于加勒比海西北部，毗邻美国。开曼群岛有两大经济支柱，一是金融，二是旅游。金融收入约占政府总收入的40%，国内生产总值的70%，外汇收入的75%。开曼群岛课征的税种只有进口税、印花税、工商登记税、旅游者税等简单的几种。30多年来没有开征个人所得税、公司所得税、资本利得税、不动产税、遗产税等直接税。各国货币在此自由流通、外汇进出自由，资金的投入与抽出完全自由，外国人的资产所有权得到法律保护，交通运输设施健全，现已成为西半球离岸融资业的最大中心。至 20 世纪 90 年代初，全世界最大的 25 家跨国银行几乎都在那里设立了子公司或分支机构，在岛内设立的金融、信托类企业的总资产已超过 2500 亿美元，占欧洲美元交易总额的 7%，涉及 56 个国家。开曼群岛的商业条件非常健全，银行、律师事务所、会计师事务所相当发达，并且有大量的保险管理人才。

三、投资于英属维尔京群岛的税收筹划

英属维尔京群岛位于波多黎各以东 60 英里，是一个自治管理、通过独立立法会议立法的、政治稳定的英属殖民地，它已经成为发展海外商务活动的重要中心。该岛的两项支柱产业是旅游业及海外离岸公司注册。世界众多大银行的进驻及先进的通信交通设施使英属维尔京群岛成为理想的离岸金融中心。目前，已有超过 250000 个跨国公司在英属维尔京群岛注册，这使英属维尔京群岛成为世界上发展最快的海外离岸投资中心之一。

英属维尔京群岛的公司注册处设备先进而且工作相当高效。岛上有完善的通信系统，交通和邮政服务也是一流。在英属维尔京群岛注册的公司，在全球所赚取的利润均无须向当地政府缴税，印花税也被免除；岛上没有任何外汇管制，对于任何货币的流通都没有限制。跨国公司除了每年向政府缴纳一笔营业执照续牌费外，无须缴纳任何其他费用。公司不需每年提交公司账册或做周年申报，也不需每年召开董事大会。股票公司可以发行有票面价值或无票面价值的股票、记名股票或不记名股、可回购以及有表决权和无表决权股票。政府对注册公司给予了最大限度的财产保护，分许自由的资金转移。

百慕大、开曼群岛、英属维尔京群岛都是以对各类所得实行低税率为主要特点的避税港。另外，也有一些国家或地区则是因税收协议网络发达和对外资有较为优惠的政策而成为“准避税港”，成为国际控股、投资公司、中介性金融公司和信托公司建立的热点地区。这些国家或地区有荷兰、瑞士、荷属安地列斯、塞浦路斯等。跨国公司在这些地区设立控股公司、投资公司和中介性金融公司，利用这些国家税收协议的发达网络，获得较多的税收协议带来的好处。比如荷兰，它已同德、法、日、英、美、俄等 40 多个国家缔结了全面税收协议，对以上协议国均实施低税率的预提税。例如，该国的股息税率是 25%，但对协议国则降为 5%、7.5%、10% 或 15%；利息和特许权使用费则不征税。其中对丹麦、芬兰、爱尔兰、意大利、挪威、瑞典、英国、美国等国家的股息预提税限定为零。此外，对汇出境外的公司利润，也可以比照股息享受低税或免税的优惠。荷兰税法规定，居民公司所取得的股息和资本利得按 35% 的公司所得税税率课征，但对符合一定条件的公司中的外资部分所取得的股息和资本利得按所占比例全额免征公司税。

四、利用不同国家之间税收协定优惠政策的税收筹划

不同国家之间签订的双边税收协定往往规定了避免双重征税的措施，或者规定了一些鼓励双边投资的税收优惠政策。但是这种税收优惠往往只给予签订协定的两个国家的居民，第三国的居民不能享受该税收优惠政策。

A 国和 B 国签订了双边税收协定，其中规定 A 国利用不同国家之间的税收民从 B 国取得的投资所得可以免征预提所得税，B 国居协定的优惠政策的税收筹划民从 A 国取得的投资所得也可以免征预提所得税。中国和 A 国签订了双边税收协定，规定中国居民与 A 国居民从对方国家取得的投资所得同样可以免征预提所得税。但中国和 B 国之间并没有税收协定，中国和 B 国规定的预提所得税税率是 20%。中国某公司甲在 B 国投资设立一子公司乙，该子公司 2006 年度的税后利润为 1000 万元，公司决定将其中 60% 的利润分配给母公司。请计算该笔利润应当缴纳的相关税款，并提出纳税筹划方案。

该笔利润汇回中国需要缴纳预提所得税 120 万元（1000 ×60% ×20%）。

为了避免缴纳该笔税款，甲公司可以考虑首先在 A 国设立一家全资子公司丙，将甲公司在 B 国乙公司中的股权转移到 A 国的丙公司，由 A 国的丙公司控制 B 国的乙公司。这样，B 国的乙公司将利润分配给 A 国的丙公司时，根据 A 国和 B 国的双边税收协定，该笔利润不需要缴纳预提所得税；同样，当 A 国的丙公司将读笔利润全部分配给甲公司时，根据中国和 A 国的双边税收协定，也不需要缴纳预提所得税。这样该笔利润就减轻了 120 万元的税收负担，如果设立丙公司以及进行相关资金转移的费用小于 120 万元，该纳税筹划方案就是有利的。

本章小结

国际税收筹划的条件在于各国税收方面的差异。因为国际税收不同于国家税收之处，就在于每一国家内部都有较为统一的税法，而各国之间税法则存在差异。转让定价筹划法是跨国公司价格战略的一个重要组成部分，同时也是跨国税收筹划的主要手段。同样，国际租赁已成为跨国纳税人减轻税负的重要方法之一。此外，跨国投资者可以通过在低税区或适用低税率的地区设立各种企业组织机构，达到跨国税收筹划的目的。

复习思考题

1. 国际税收筹划与国内税收筹划的区别主要表现在哪些方面?
2. 简述国际税收筹划的条件。
3. 简述国际税收筹划的一般方法。
4. 简述跨国公司税收筹划的方法。
5. 电子商务从哪些方面给传统税收带来了冲击?其税收筹划有哪些形式?

参考文献

[1] 禹奎、丁芸：《新编纳税筹划技巧与案例》，大连出版社 2010 年版。

[2] 韩雪：《税务筹划》，立信会计出版社 2009 年版。

[3] 李淑霞：《纳税筹划》，上海财经大学出版社 2019 年版。

[4] 盖地：《税务筹划》，高等教育出版社 2013 年版。

[5] 盖地："宏观视野下的税收筹划"，《税务纵横》，2003 年第 8 期。

[6] 盖地：《税务会计与税务筹划》，中国人民大学出版社 2019 年版。

[7] 何其质：《税收筹划疑难问答》，经济管理出版社 2008 年版。

[8] 刘振彪：《税收筹划实务与案例》，清华大学出版社 2013 年版。

[9] 庄粉荣主编：《实用税收筹划》，西南财经大学出版社 2015 年第五版。

[10] 庄粉荣：《纳税筹划实战精选百例》，机械工业出版社 2014 年版。

[11] 童锦治：《税收筹划》，科学出版社 2017 年版。

[12] 应小陆、赵军红：《税务筹划》，复旦大学出版社 2016 年版。

[13] 蔡昌：《税收筹——理论、实务与案例》，中国人民大学出版社 2018 年版。

[14] 蔡昌："税收筹划的起源与发展"，《财会信报》，2017 年 7 月 3 日。

[15] 蔡昌：《最优纳税方案设计——税收筹划思想与实践》，中国财政经济出版社 2007 年版。

[16] 梁文涛：《纳税筹划》，北京交通大学出版社 2019 年版。

[17] 中国注册会计师协会：2019 注会教材《税法》，中国财经经济出版社 2019 年版。

[18] 刘颖：《轻松过关 1：税法》，北京科学技术出版社 2019 年版。

[19] 梁俊娇：《税收筹划第七版》，中国人民大学出版社 2019 年版。

[20] 田一灵："浅谈企业所得税税收筹划方法"，《中国管理信息化》，2019 年第 22 期。

[21] 任秀梅："企业所得税纳税筹划研究"，《纳税》，2019 年第 13 期。

[22] 王振：《企业所得税纳税筹划 88 经典案例》，东北财经大学出版社 2017 年版。

[23] 薛刚：《税收筹划》，经济科学出版社 2017 年版。

[24] 王爱莉："对如何使用预算管理进行企业所得税纳税筹划探讨"，《纳税》，2018年第32期。

[25] 白凯月："S公司税收筹划研究"，《山西大学》，2019年。

[26] 计金标：《税收筹划》，中国人民大学出版社2019年版。

[27] 全国注册税务师执业资格考试教材编写组：《2019年度全国注册税务师执业资格考试教材·税法1》，中国税务出版社2019年版。

[28] 全国注册税务师执业资格考试教材编写组：《2019年度全国注册税务师执业资格考试教材·税法2》，中国税务出版社2019年版。

[29] 中国注册会计师协会：《2019年度注册会计师全国统一考试辅导教材·税法》，经济科学出版社2019年版。

[30] 解宏：《企业纳税案例策略与案例解读》，化学工业出版社2009年版。

[31] 翟继光、张晓冬：《企业纳税筹划实用技巧与典型案例分析》，立信会计出版社2019年版。

[32] 黄凤羽：《税收筹划——策略、方法与案例》，东北财经大学出版社2014年版。

[33] 廖奎：《企业纳税筹划大全》，立信会计出版社2007年版。

[34] 张中秀、李丽莉：《纳税筹划》，企业管理出版社2006年版。

[35] 张中秀：《税收筹划教程》，中国人民大学出版社2005年版。

[36] 高金平：《税收筹划操作实务》，中国财政经济出版社2006年版。